U0531154

"山东省高校人文社会科学研究计划"项目"海岛资源环境承载力与经济发展程度协调度研究"（J14WE24）相关研究成果。

山东省高等学校人文社会科学研究计划项目·青年项目

县域海岛
综合承载力与经济发展

张然 孙婧 范辉 著

XIANYU HAIDAO:
ZONGHE CHENGZAILI YU JINGJI FAZHAN

中国社会科学出版社

图书在版编目（CIP）数据

县域海岛：综合承载力与经济发展 / 张然，孙婧，范辉著．
—北京：中国社会科学出版社，2017.6
ISBN 978-7-5203-0569-3

Ⅰ.①县… Ⅱ.①张…②孙…③范… Ⅲ.①岛—县级经济—区域经济发展—研究—中国 Ⅳ.①F127

中国版本图书馆 CIP 数据核字（2017）第 121335 号

出 版 人	赵剑英
责任编辑	赵 丽
责任校对	韩天炜
责任印制	王 超

出　　版	中国社会科学出版社
社　　址	北京鼓楼西大街甲 158 号
邮　　编	100720
网　　址	http://www.csspw.cn
发 行 部	010-84083685
门 市 部	010-84029450
经　　销	新华书店及其他书店
印　　刷	北京君升印刷有限公司
装　　订	廊坊市广阳区广增装订厂
版　　次	2017 年 6 月第 1 版
印　　次	2017 年 6 月第 1 次印刷
开　　本	710×1000　1/16
印　　张	15
插　　页	2
字　　数	210 千字
定　　价	66.00 元

凡购买中国社会科学出版社图书，如有质量问题请与本社营销中心联系调换
电话：010-84083683
版权所有　侵权必究

目　录

第一章　导论 ………………………………………………………（1）
　第一节　研究背景及意义 …………………………………………（1）
　第二节　研究综述 …………………………………………………（4）
　第三节　研究思路、研究内容与研究方法 ………………………（31）
　第四节　主要创新点 ………………………………………………（35）

第二章　理论基础及相关概念界定 ………………………………（37）
　第一节　理论基础 …………………………………………………（37）
　第二节　相关概念界定 ……………………………………………（53）
　第三节　本章小结 …………………………………………………（57）

第三章　县域海岛综合承载力与经济发展基本面分析 …………（58）
　第一节　县域海岛各系统承载力分析 ……………………………（58）
　第二节　县域海岛经济发展分析 …………………………………（81）
　第三节　本章小结 …………………………………………………（105）

第四章　县域海岛综合承载力与经济发展评价体系构建 ………（107）
　第一节　构建思路 …………………………………………………（107）
　第二节　指标选取依据及解释 ……………………………………（108）
　第三节　评价体系框架 ……………………………………………（120）

第四节　本章小结 …………………………………………（122）

第五章　县域海岛综合承载力与经济发展定量评价 ……………（123）
　　第一节　综合承载力指数与经济发展指数测算 …………（123）
　　第二节　综合承载力指数与经济发展指数测算结果分析 …（134）
　　第三节　本章小结 …………………………………………（160）

第六章　县域海岛综合承载力与经济发展相关性与
　　　　　耦合度分析 ………………………………………（162）
　　第一节　相关性分析 ………………………………………（162）
　　第二节　耦合度分析 ………………………………………（165）
　　第三节　本章小结 …………………………………………（177）

第七章　县域海岛综合承载力与经济发展相互影响分析 ………（179）
　　第一节　面板数据模型构建 ………………………………（179）
　　第二节　面板数据回归结果分析 …………………………（187）
　　第三节　本章小结 …………………………………………（197）

第八章　研究结论与对策建议 ……………………………………（199）
　　第一节　研究结论 …………………………………………（199）
　　第二节　对策建议 …………………………………………（205）

研究展望 ……………………………………………………………（214）

参考文献 ……………………………………………………………（216）

第一章

导　论

第一节　研究背景及意义

一　研究背景

进入21世纪，各国在海洋方面的开发与竞争进入新的阶段。党的十八大报告明确提出："提高海洋资源开发能力，发展海洋经济，保护海洋生态环境，坚决维护国家海洋权益，建设海洋强国。"国家"十三五"规划提出，要"进一步壮大海洋经济，优化海洋产业结构，发展远洋渔业，推动海水淡化规模化应用，扶持海洋生物医药、海洋装备制造等产业发展，加快发展海洋服务业。发展海洋科学技术，创新海域海岛资源市场化配置方式"。

海岛因其特殊地理位置而被认为是实施海洋战略的"桥头堡"，同时，海岛作为海洋和陆地的"天然桥梁"，在海洋资源开发中起到基地和中转站作用，同时，海岛本身也是海洋经济开发中重要的"增长极"，对海洋渔业、海洋生态工业、风电业、旅游业等方面贡献巨大。2012年《全国海岛保护规划》统计显示，中国海岛资源相对丰富，全国500m^2以上的海岛有7300多个，包括2个海岛市、14个县域海岛，海岛陆域总面积约80000km^2。

从国际范围来看，传统海洋强国如日本、英国、西班牙等对海岛已进行了长时间科学研究和合理的开发利用和保护；同时，国际上一些岛屿国家也十分关注其自身可持续发展，在长期研究和实践过程中，对海岛保护和开发等方面的规划相对完善，已形成多种相对成型的海岛开发模式，并建成旅游型、交通型、工业型等功能型海岛，如夏威夷、新加坡、巴哈马、马尔代夫等。这些国家能充分发挥海岛核心作用和辐射作用，拉动海岛相关海域整体海洋产业发展，从而达到以点带面、经济整体发展的效果，这对于中国海岛开发利用具有重要借鉴价值。

中国政府对海岛保护和开发利用进程较慢，在20世纪90年代以后才有了较快进展。尽管起步较晚，但国家对海岛保护和开发利用非常重视，陆续出台多项法律法规加以规范。2003年出台的《全国海洋经济发展规划纲要》对海岛及邻近海域开发利用进行了定位，并规范了海岛发展方向："海岛是中国海洋经济发展中的特殊区域。在国防、权益和资源等方面有着很强的特殊性和重要性。海岛及邻近海域的资源优势主要是渔业、旅游、港址和海洋可再生能源。由于海岛经济总体基础薄弱，生态系统脆弱，发展海岛经济要因岛制宜，建设与保护并重，军民兼顾与平战结合，实现经济发展、资源环境保护和国防安全的统一。海岛及邻近海域的主要发展方向是：加大海岛和跨海基础设施建设力度，加强中心岛屿涵养水源和风能、潮汐能电站建设；调整海岛渔业结构和布局，重点发展深水养殖；发展海岛休闲、观光和生态特色旅游；推广海水淡化利用；建立各类海岛及邻近海域自然保护区。"2009年12月，中华人民共和国第十一届全国人民代表大会常务委员会第十二次会议通过《中国海岛保护法》，在国家法律层面对中国海岛保护和开发利用规定了基本原则。在该法律框架下，2012年国务院批复，国家海洋局发布了《全国海岛保护规划》，对有居民海岛和无居民海岛在保护和开发利用方面制定了具体目标和区划，并将海岛资源和生态调查评估、海岛典型生态系统和物种多样性保护、领海基点海岛保护、海岛生态修复、海岛淡水资源保护与利用、海岛防灾减灾等列为重点建设工程。

在相关法律和规划框架下，中国海岛开发管理水平迅速提高。整体来看，海岛利用主要集中在有居民海岛，并以县域海岛为核心。各县域海岛经济发展迅速，2014年数据显示，中国12个县域海岛陆域面积仅占全国陆域面积0.044%，而GDP总额占全国GDP总额0.35%。同时，全国14个县域海岛成立了"全国海岛联席会议"，讨论和解决海岛保护和开发利用等重要议题。在2007年第14届全国海岛联席会议上，14个县域海岛签署了《南澳宣言》，第一次以宣言形式提出海岛开发和利用应"从海岛的环境资源特色中，寻求发展的优势，探索发展的出路；必须确立环保、生态经营海岛的理念，从环保的角度思考产业的选择和空间的延伸，形成环境与经济发展良性循环，推动海岛的全面、可持续发展"。其后在2009年、2011年、2012年和2013年各届海岛联席会议上对海岛基础设施建设、海岛规划建设、新技术材料、节能环保技术等作为议题讨论，并达成共识。

从实践来看，尽管各县域海岛经济发展迅速，但中国县域海岛开发利用尚处于初级阶段，开发利用模式相对单一，多数海岛仍以海洋捕捞养殖、船舶制造等产业为主，受海岛自然资源限制严重，并对海岛环境产生了较为显著的负效应。近年来，县域海岛积极推动产业升级转型，海岛海水淡化工程、海洋能源利用、海岛旅游等科技型和服务型产业快速发展，但海岛相对落后的基础设施严重限制相关产业的发展。因此，县域海岛开发利用与其自身资源环境和基础设施等矛盾日益突出，协调海岛开发利用强度与其资源环境和基础设施等承载力之间关系成为国家海洋战略的热点和重点。

鉴于此，本书以全国县域海岛为样本，对各县域海岛资源环境和基础设施等承载力与经济发展之间关系进行研究，以期为海岛承载力与开发利用实现协调发展提供一定的参考。

二 研究意义

县域海岛承载力与经济发展相互作用、相互影响，县域海岛可持续发展应建立在两者相互协调共进基础之上。本书选取全国县域海岛为研究对象，以可持续发展理论为核心，依据专家评分和县域海岛客观数据，采用实证分析方法对县域海岛综合承载力与其经济发展进行评价，依据评价结果进行耦合关系和影响关系测评。本书对中国县域海岛保护和开发利用具有一定的理论意义和现实意义。

本书理论意义在于：第一，本书对县域海岛进行实证研究，以县域海岛多个年份相关统计数据为研究依据，对县域海岛从纵向和横向进行数据分析和对比，在评价过程中选取多个指标，通过专家打分确定各指标权重，对统计数据进行标准化处理以聚合评价，并对评价结果进行耦合度和相互影响分析，相关研究对县域海岛保护和开发利用提供了较翔实的理论依据。第二，本书采用多种定量分析方法，从多个角度对县域海岛综合承载力、经济发展等进行评价，既借鉴了已有文献中的权威模型，又构建了新的计量模型，对该领域研究方法使用和推广具有一定的参考价值。

本书现实意义在于：第一，以各县域海岛综合承载力指数和经济发展指数二维变动特征为依据，将县域海岛归纳为四种类型，并针对不同类型县域海岛耦合关系和相互影响关系分析各类型县域海岛发展规律，有利于相关部门对同类型县域海岛进行统筹和综合管理。第二，与其他传统海洋国家和海岛国家相比，中国海岛保护和开发利用尚属起步阶段，海岛资源开发利用具有巨大潜力。本书对县域海岛资源、环境、基础设施等综合承载力及经济发展进行客观评价，并根据各县域海岛开发利用中主要问题提出对策，对提升中国县域海岛可持续发展水平具有一定现实意义。

第二节　研究综述

一　海岛各系统承载力

国内外学者首先将承载力理论应用到资源科学及环境科学等领域，之后将该理论应用于海岛等相对特殊的地理环境中，以期对海岛总体承载力水平进行定量分析。从已有文献来看，海岛承载力研究中主要集中在资源承载力和生态承载力两个方面，对基础设施等社会系统承载力研究相对较少。

(一) 资源承载力

20世纪30—60年代，一系列恶劣环境公害事件相继出现，引起人们对环境承载问题的关注。承载力概念被社会学、人类学等多领域专家关注和研究，并得到了整个国际社会的重视。联合国教科文组织（UNESCO，1979）在20世纪70年代末提出资源承载力概念："在可以预见的期间内，利用该地区的能源及其他自然资源和智力、技术等条件，在保证符合其社会文化准则的物质生活水平条件下，该国家或地区能持续供养的人口数量。"该组织对承载力内涵的界定侧重于资源因素对人口承载水平。这一时期的研究，主要以环境或资源单因素承载力研究为主。

在资源承载力评价过程中，相关研究主要集中在不同地区旅游资源、水资源、旅游环境等承载力方面，以对该地区资源可持续利用提供依据。在旅游资源方面，国内外研究主要集中在资源承载力和资源合理利用方面。李植斌（1997）以舟山群岛为研究对象，分析了舟山群岛的资源特点以及资源开发问题，对海岛优势资源的合理利用进行探讨。李占海（2000）以中国海岛旅游资源实行规范为基础，将旅游资源进行分级分类，并对海滩资源进行定量评价。Manning（2002）则通过制定指标和旅游质量标准体系对美国加利福尼亚金门旅游区中恶魔岛（Alcatraz）旅游资源承载力进行评估，研究结果显示在不影响旅游者旅游质量标准前提下，海岛资源承载力与旅游人数密集程度呈反向相关关系。杨晓燕（2005）对长三角区域旅游自然资源进行现状分析和整理，并根据分析结果从资源吸引力方面提出相应对策，旨在实现旅游资源的整合。刘肖梅（2007）以海岛旅游资源的有限使用和合理利用为研究对象，研究海岛旅游资源的归属问题、价格问题以及市场结构问题，并对海岛旅游资源的可持续利用影响因素做相应总结，并为其发展提出较为合理的建议。汪侠等（2007）采用多层次灰色系统分析法对海岛旅游资源的开发潜力进行相应评价，并据此从资源利用角度提出发展建议和对策。黄震方等（2008）研究指出海岛旅游资源的存量是生态旅游的基础，也是重要考虑因素。要实现生态旅游资源合理利用，应对资源利用现状进行合理分析，构建生态旅游资源评价体系，根据评价结果对海岛旅游资源进行合理的区分和利用。Santana-Jiménez 等（2011）对 Canary 海岛旅游资源稀缺拥挤程度进行实证研究，构造旅游需求模型，分析海岛资源存量和流量数据来评估旅游者密集度对旅游资源需求的影响，其研究方法对以自然风光旅游景区承载力研究有重要理论参考价值。Zacarias 等（2011）将承载力计算应用到葡萄牙普拉亚都法鲁海滩管理中，并试图以旅游资源承载力评估海滩旅游过程中在不破坏海滩生态、社会和文化环境等因素条件下海滩所容纳的最佳游客数量。Navarro Jurad 等（2012，2013）认为旅游目的地开发必须考虑该旅游地资源增长极限与承载能力，该学者在其论文中通过建立旅游地可持续性综合评价指标，将可持续性评估结果分为强和弱两种类型，利用该综合评价指标对沿海海域、海岛等区域进行评估；在此基础上，该学者对开发相对完备的旅游地 Costa 进行了实证研究，通过建立指标评估旅游者中因旅游过分拥挤而放弃旅游的人数比例，来评估旅游者社会经济阈值特征对旅游地资源承载力影响程度。Hamzah（2013）研究了马来西亚东海岸 Perhentian Kecil 岛旅游资源承载力问题，该海岛旅游者以独立散客为主，通过采集该岛 20 世纪 90 年代中期以来时间序列数据，运用弹性理论，分析影响该海岛资源承载力外生变量与该海岛当地响应之间关系，结果显示外生变量对当地响应影响呈非线性变化，而非传统旅游地资源发展所呈现特征。基于研究结果，应考虑海岛旅游地资源的复杂性而重新制定海岛研究规划和开发框架。Lorenz（2013）、Mashayekhan 等（2014）分别对海岛内低地河流和森林公园等地区旅游承载力进行核算，根据数据结果分析对该地区旅游容纳能力进行估算，并对该地区旅游资源开发利用提供依据。

在海岛水资源方面，国内外学者都进行了一定的研究。郑绳诗（1990）研究指出海岛水资源较为匮乏，一般依赖于降水。在水资源开发与合理利用方面，应综合治理，实行合理开发、科学利用、生态保护和有效管理。程祖德（1990）针对目前对于海岛水资源开发利用的两种观点进行阐述，并表明水资源的开发与利用要以水资源存量为基础，遵循经济发展规律，开发水利基础设施，实现海岛经济发展。周发毅（1993）通过资料的搜集和整理，对研究对象辽宁省海岛水资源进行分析。选取降雨量、水文条件等因素评价海岛水资源匮乏的根源，并结合水资源的供需状况，对开发利用海岛水资源提出相应的对策和建议。赵奎寰（1993）以中国海岛水资源的现状为基础进行分析，分析结果显示海岛面积、海岛土层和石层条件都对水资源造成一定影响。乐志奎（1996）以舟山群岛为研究对象，对其水资源状况和水源质量进行调查分析，结果显示水资源与社会、经济和生活关系密切，因此对于水资源的保护是重中之重，应采取科学合理的措施加强保护水资源，防止水污染现象日益加重。陈成金等（1999）以舟山群岛为实例评价舟山水资源状况，提出改善海岛水环境，实现海岛水资源可持续发展的目标需要政府和企业合力完成，政府应从政策角度给予大力支持，企业应从实施角度给予大力配合。李宜革（2003）在研究水资源承载力表现的基础上，进一步阐述了其内涵和影响因素，并指出水资源是制约海岛经济发展的因素，应根据其开发利用的结构特点，综合考察在社会和经济环境中的地位和作用。范南屏等（2007）针对海岛水资源匮乏问题，提出合理开发利用新型水资源的目标，合理应用海水淡化技术和污水回用技术，实现海岛水资源可持续利用。苏志强等（2010）研究指出海岛水资源目前遭受严重污染和破坏，比较科学的解决对策就是加强立法、完善污水回收处理系统、合理开发地下水等。陈松华（2010）以舟山群岛水资源为考察对象，分析海岛水资源表现和现状，提出要提高水资源利用率应积极规划，做好节水净水工作，保证海岛地区水资源的合理利用率。王晨等（2011）以海岛水资源为研究对象，现状分析显示水资源匮乏、水资源利用率低、污染严重等问题触目惊心。改变现状可以采取的措施包括实施海水淡化工程，涉及多水源联网供水系统，保障水资源的供给和需求，并保障水资源的合理利用。张俊娥、高季章（2012）研究指出随着海岛关注程度的增加，水资源的供给问题也成为学者研究焦点。以典型的海岛水资源供给模式为基础，探讨水资源利用现状的表现特点，针对研究结果提出解决海岛水资源开发程度不一的问题需要从资源总量、经济发展条件、水资源条件和科技水平等多个角度入手，实施合理的水资源利用方案，提供水资源持续利用保障。Dang 等（2012）研究指出在进行水资源合理规划过程中，要多方面考虑资源环境表现，综合评定，最终提出较为适宜的发展方案。王锐浩（2014）以非常规水资源为研究对象，以桂山岛为实例，利用模糊综合评价方法，对桂山岛水资源进行定量考核，针对存在的问题和不足，提出改进措施。裴古中（2014）研究指出中国海岛数量较多，特点各异，水资源总量整体较少，并以浙江省桃花镇委研究对象，考察海岛城镇中水资源利用状况，分析其现存问题和不足，探索适合广大海岛城镇的合理规划和建议。张秀芝（2015）对海岛水资源的利用模式进行考察，经过分析和研究，提出加大海水利用力度，实现海水多功能用途，以缓解海岛水资源匮乏现象。聂汉江等（2015）以海岛型城市舟山为例，研究舟山非常规水源开发及利用状况，借鉴国内外先进管理经验，为舟山非常规水资源开发利用提供指导，重点集中在政府立法、金融融资、市场规模和规范化等方面。

　　国外对海岛开发利用实践中，将海岛规划并开发成旅游型海岛是其主要方向，而海岛有限的容纳能力与日益增多的旅游者已经构成矛盾，因此，国外学者较早就围绕海岛旅游环境承载力进行了多层面的研究。Getz（1983）和 O'reilly（1986）在 20 世纪 80 年代即对海岛旅游环境承载力进行了总结和归纳，在综合之前旅游容量等概念基础上，将海岛旅游环境承载力规范为在不改变海岛持续发展状态的前提下，既能满足海岛当地居民生活生产活动，又能满足旅游者旅游感受双重目标下海岛所能容纳的人口数量，同时，他们主张将旅游环境承载力概念推广到政府或私人海岛旅游规划中。Saveriades 等（2000）指出旅游业会对海岛产生多方面的影响，而海岛承载力又会影响到旅游者数量和旅游感受，其在论文中以塞浦路斯共和国东海岸线海岛旅游地为例，以旅游者感受为主要评价要素，对当地旅游环境承载力建立模型并进行评估。Cocossis H.（2002）讨论了承载力概念及其在海岛旅游规划和管理中的应用，并选取了印度 Goa 岛、希腊 Rhodes 岛和 Mykonos 岛、克罗地亚 Vis 岛以及毛里求斯等进行案例研究，并根据不同案例海岛旅游环境承载力分析该海岛旅游潜力，并指出尽管当前对海岛旅游环境承载力评估方法有限，但海岛旅游环境承载力分析对海岛旅游规划有指导意义。戴丽芳等（2012）选取平潭岛为案例，对其旅游环境承载力进行实证分析，论文采用之前学者旅游环境承载力预警标准，并结合定性和定量方法，选取平潭岛旅游环境承载力评价指标并对平潭海岛旅游承载力进行综合评价，结果表明：平潭岛旅游环境承载力当前处于轻度超载状态。Jiang 等（2014）则对黄土高原多山地区旅游环境承载力进行分析，采用能值分析方法对该地区承载力进行核算，对山地等地形旅游区开发利用提供科学参考。郭力泉等（2015）以舟山群岛为研究对象，分析其旅游环境承载力，并指出科技进步是解决旅游环境承载力的重要手段。针对舟山群岛现状，提出其创新发展的动力和对策，从根本上解决旅游环境问题。

（二）生态承载力

生态承载力在 20 世纪早期的美国实验室或野外生物种群中就进行了一定数量实证研究，但该研究并没有得到学者普遍的关注。早期的研究注重于海岛生物、地理等学科方面。Macarthur 和 Wilson（1963）研究了海岛封闭系统内动物与系统资源均衡条件，并建立了"海岛封闭系统动物地理学均衡理论"，其研究也得到了其他生物地理学家的关注，并助推了生物圈计划（MAB）。Simberloff（1974）提出海岛生物地理学和生态学一般均衡理论，并将海岛生物地理学与系统学结合，使海岛均衡理论在资源、环境、生态等多个系统得到推广和应用。20世纪 90 年代以后，学者将承载力概念研究纳入生态要素，提出生态承载力概念，使承载力研究不仅针对资源因子或环境因子，而且针对整个生态系统进行综合研究。Rees（1996）对生态承载力进行重新界定，认为承载力应以可持续发展为中心，综合资源、环境、生态系统等要素，以及体现为该地区能供养的人口数量等指标来做出评价。

Seidll 和 Tisdell（1999）从马尔萨斯的人口理论对承载力进行重新探讨，认为承载力应分析整个生态系统水平下对人口的供容能力，并提出人文承载力的概念。中国学者高吉喜（2001）对生态承载力也进行了界定，认为生态承载力应包含多方面的内容，即生态系统的自我维持和调节能力、资源和环境子系统的供容能力以及具有一定生活水平的人口数量。因此，该时期对承载力内涵相关理论研究已基本形成共识，即承载力应综合资源、环境、生态、人口等多因素分析，为21世纪之后承载力的研究提供了理论支撑。

随着中国海洋战略的实施和海岛开发的兴起，国内学者从多角度、多层面对海岛生态承载力进行了研究。张耀光等学者（2000）较早对海岛承载力进行了探索和初步研究，其重点关注了海岛水产资源对人类所需蛋白质的供给能力，其通过对长海县海水养殖所提供的蛋白质分析与长海县人口增长预测分析，研究了长海县人口容量和承载力水平。其研究对后期学者研究提供了新的思路，也使学者对海岛承载力相关问题加以关注。狄乾斌（2007）等对大连长海县海岛水产资源承载力进行评估，结合其水产资源利用状况，计算了其水产资源承载力值，并进一步分析水产资源承载力与长海县人口、经济发展相关关系。程静跃（2009）以舟山群岛为样本，通过分析其现有经济和生态状况，运用生态足迹分析模型和能值分析方法，选取舟山市1997—2006年和1992—2006年统计年鉴数据，分析其生态足迹和能值数据，结果显示舟山市1997—2006年人均生态足迹需求呈上升趋势，同时舟山市能值结果表明其自给率低、环境负载率高。白玉翠（2009）采用生态足迹分析方法，对长海县域海岛土地资源承载力进行计算，其通过对长海2003—2007年数据分析发现长海县土地承载力和生态足迹均保持良性增长。田红霞等（2010）以大连市长海县为例，针对海岛土地承载力特殊性，对海岛土地重新归类，并将研究样本从耕地扩展至建设和非建设用地，并参照海岛水资源承载力，对海岛土地承载力进行了估算。刘述锡等（2010）选择长山群岛进行研究，对承载力研究进行了回顾，并对海域生物资源承载力界定概念，基于P-S-R指标体系，选取海域整体承载力、海洋生态环境承载力、渔业资源可持续利用为评价目标指标，筛选并建立长山群岛生物资源承载力评价指标体系。李蕾等（2011）在其研究中以山东省长岛县为样本，根据生态足迹方法评估长岛县生态足迹和承载力，结果显示长岛县当前尚处于生态盈余状态，但土地和化石能源生态足迹过大，提出开发风电和水电、发展循环经济等建议。吴涛（2013）在其论文中以广东省南澳岛为样本，提取南澳岛近 20 年土地利用信息，并采用生态足迹模型，对南澳岛土地利用及生态承载力响应关系进行分析。刘明（2013）认为对海岛承载力进行科学评估是海岛有效保护和利用的前提，其在论文中综合阐述了岛群资源、环境和生态承载力理论与方法框架，并提出海岛开发和保护的措施设想。涂振顺等（2014）则对无居民海岛生态承载力进行评价，其构建了无居民海岛生态承载力评价指标体系，包括海岛环境纳污、资源供给和外界支持等主要要素，对无居民海岛功能定位提供科学依据。

在生态承载力评价过程中，在可持续发展理念被提出并不断完善进程中，近年来，国内外学者对海岛生态承载力相关研究更注重海岛资源、环境及生态系统所能持续供容一定生活水平的人口数量的能力。Cole 等（2009）采用综合因素分析方法，对 Aruba 岛资源承载力选取多个指标进行综合评价，并指出 Aruba 岛资源承载水平以及 Aruba 岛开发利用的合理进程。Prato T.（2009）将生态承载力评价纳入模糊自适应管理中，其选取保护区承载力为研究对象，对保护区各分区内社会和生态承载力与其生态系统一致性进行评价，以确定不同的管理措施对保护区的生态承载能力所产生的效果。Byron（2011）也试图将生态承载力评估整合到管理中，即基于生态系统管理（EBM），该学者以美国罗得岛州养殖业为研究对象，在两个牡蛎养殖生态区域中建立区域平衡（Mass-balance）模型，并计算不同区域生态承载力数据以期对当地养殖户及利益相关者提供科学依据。Huang 等（2011）通过建立指标体系评价模型，采用层次分析方法，对中国海南岛资源承载力进行实证分析并提出了应对对策。Nam 等（2010）采用了能值分析方法，对韩国西南海岸的无人海岛（Woosedo）承载力进行估算，结果显示，按照国家人均能值标准，该无人岛大约容纳 1034 名达到当前韩国人均能值水平的居民。Zhang 等（2012）也采用了能值分析方法，对中国青岛市一无人岛——大岛的环境承载力进行评估。Zhang 等（2014）、Cao 等（2014）对中国吉林省四平地区和海南国际岛水资源生态承载力进行实证研究，采用系统动力学方法、层次分析方法和模糊系统评价方法对承载力进行核算，并对核算结果进行分析以判断该地区经济发展趋势。

（三）基础设施等社会系统承载力

承载力研究开始于资源、生态等自然系统，随着研究范围不断扩大，社会系统承载力逐步被纳入承载力研究中。从已有文献来看，社会系统承载力相关研究数量较少，主要集中在道路、通信、能源供应、商业设施等基础设施承载力方面，研究案例集中在旅游地区和城市。

旅游地区基础设施承载力相关研究起步较早。G. Braun 等（1987）以奥地利阿尔卑斯山中一个湖村奥西阿赫（Ossiach）为案例，通过连续采集表征旅游者个体需求和行为数据，建立需求感知模型，对该地区基础设施承载力进行测评。J. Mcgrath 等（1999）在第 14 届澳大利亚海岸与海洋工程会议中发表研究，以澳大利亚北部金沙滩海岸带为案例，研究该地区基础设施承载力提升对当地旅游经济所产生支持效果。进入 21 世纪以后，旅游地区承载力研究更为综合化，资源、环境和基础设施等多系统综合承载力研究数量增多。Maggi 等（2010）以意大利南部海滨旅游地区为案例，通过考察游客密度、设施使用频率、土地开发强度、废弃物排放量、城市化发展强度等数据，测评该旅游地区综合承载力（TCC），并根据研究结果从提升基础设施能力和限制旅游者数量两个角度提出对策建议。Soller 等（2013）首先界定旅游地区承载力概念，并回顾相关研究方法，选择 Alegre 协会旅游地 Caminhos Rurais 为案例，对该地基础设施承载力现有水平和应有水平进行测算。魏超等（2013）以南通市海岸带为样本，采用"驱动力—压力—状态"模型，构建海岸带综合承载力评价体系，并选取多年数据进行测评，发现各县市海域与陆域综合承载力差别较大，控制污染物、提升基础设施服务能力是提升综合承载力关键。孙芳芳等（2014）以广东大鹏半岛为案例，选取社会经济、资源和环境三大系统，对该地区承载力进行评价，研究发现该地区资源和环境系统承载力较强，但以基础设施为核心的社会系统承载力脆弱。

在旅游地区综合承载力研究过程中，研究样本逐渐扩大到城市层面，对城市基础设施承载力以及城市综合承载力相关研究逐渐增多。N. Zhao等（2009）采用主成分分析法选取评价指标，以1986—2006年北京市基础设施数据为依据，对北京市基础设施承载力进行测评，并针对当前基础设施服务能力不足提出对策建议。董俊丽等（2012）构建山东经济社会承载力，并通过专家咨询法测算出经济社会承载力中经济发展承载力和社会进步承载力，经济发展承载力对人口承载力影响在减弱，社会进步承载力则制约作用不断增强。石忆邵等（2013）对城市综合承载力相关研究进行了回顾和综述，并指出城市综合承载力阈值在一定时空条件及资源环境约束下是存在的，并提出运用"状态指数法"来识别城市综合承载力主要限制性因素。朱颐和等（2015）运用聚类分析方法，对19个城市交通、污水处理等基础设施承载力进行测评，比较发现武汉市基础设施承载力远不能满足经济社会发展需要。王国恩等（2016）首先对城市容量概念和研究方法进行梳理，在归纳中国城市容量研究现状基础上，对城市容量研究进行展望，并强调城市用地、交通等基础设施承载力已成为城市容量研究的主要课题。

近年来，海岛基础设施建设发展较快，对海岛基础设施等社会系统承载力研究逐渐增多。苏盼盼（2014）以舟山海岸带为例，构建海岸带社会、经济和自然三个维度因子等综合承载力评价体系，参照AD-AS模型改进为SAD-SAS模型，并将评价结果按照五类等级进行评价。朱正涛（2015）基于云模型改进模糊综合评价方法，以青岛市灵山岛为样本，选取20个评价指标，对其进行评价。

(四) 海岛综合承载力研究述评

海岛承载力是海岛开发建设的基础，也是海岛可持续发展的关键，对海岛承载力相关研究数量较多。综合以上国内外研究文献可以看出，学者对海岛承载力研究已经达到一个较高的水平，在研究范围方面，不仅包含资源、生态等海岛综合系统层面承载力，而且包括水产资源、水资源、生物资源等资源系统或生态系统所包含子系统层面承载力；在研究方法方面，相关文献在定性分析基础上，采用生态足迹、能值分析、层次分析、压力响应评价等多种定量方法；在研究样本方面，相关文献主要选择城市或省域范围海岛进行实证分析。这些文献为海岛综合承载力相关研究提供了理论和方法支持。但相关研究对于海岛基础设施承载力，例如交通运输、能源供应、信息网络等承载水平涉及较少，从海岛可持续发展角度理解，基础设施承载力是提升海岛整体发展水平的重点；同时，相关文献在样本选取方面相对单一，以单个海岛资源或生态相关数据分析为主，研究结果中横向和纵向对比相对欠缺。

二 海岛经济发展

海岛经济发展是推动海岛整体发展的动力基础，国内外学者对海岛经济发展也关注较多，相关研究主要集中于海岛整体经济发展状况、海岛主导产业（或支柱产业）发展程度等方面。

(一) 整体经济发展状况

Elek等（1993）对1987年后斐济岛自由化和多元化经济改革进行研究，论文首先对比1987年前斐济采取"家长式"干预政策下的经济状况与当前斐济所采取外向型和放松管制政策下的经济状况，结果显示斐济自由化和多元化经济政策已取得显著效果，该经济改革方案对类似海岛经济调控有重要参考价值。于庆东（1999）以中国海岛发展的历史为基础，从总体发展水平、产业结构布局和海岛资源角度入手，针对山东省长岛县发展特点，总结出海岛经济发展特点和经济类型。张曙光（1999）对中国12个海岛县的经济发展情况进行研究和分析，并根据经济发展程度将海岛县区进行类型划分，指明各类型海岛经济发展异同点。张耀光（2008）对中国 12 个地域海岛县进行分析与研究，对海岛的海域位置、海洋资源和市场环境进行因素评价，结果表明这些因素对海岛经济发展程度都有一定的影响，海岛经济发展深受研究者关注。采用主成分分析法对 12 个海岛县进行评估和排序，并提出发展建议和对策。吴强等（2008）针对中国岛屿丰富的特点对海岛经济展开研究，并指出海岛经济目前资源与环境不协调导致经济总体发展程度不高，经济发展表现不尽如人意。通过对海岛经济发展的数据研究，指出推行科学合理的海岛经济开发模式，不破坏生态和资源承载力才是有效之举。王明舜（2009）研究指出海岛凭借其自身特点成为海洋经济发展的"触探石"，在国家政策指导下，评价海岛经济发展程度，指出资源优势是海岛经济发展的内在动力，产业结构调整是海岛经济发展的持续推动力，科技发展是海岛经济发展的新契机。王明舜（2009）对中国海岛地区的经济状况进行分析，并将海岛经济发展程度分为三种不同模式：可持续发展模式遵循因岛制宜原则，更多考虑生态环境承载力因素；生态经济模式遵循生态系统原则，更多考虑生物与生物，生物与环境之间的关系因素；岛陆一体化模式遵循区域经济理论，更多考虑海域和陆域之间产业发展。陈东景等（2010）对 12 个海岛县经济发展水平进行了综合评价，分别以海岛县总量指标和人均指标构建评价体系，以 2008 年各海岛县数据为依据，在对各指标评价基础上计算了这些指标的基尼系数，结果发现各海岛县无论在总量指标还是在分量指标均差距较大，分量指标比总量指标基尼系数要低，各海岛县经济发展水平不均等程度较高。韩增林、狄乾斌（2011）研究以海洋经济地理为基础进行相应研究。研究结果表明海岛地区的经济快速发展有利于中国经济整体发展，海岛经济发展程度与中国经济发展呈正相关关系。Peng 等（2012）以越南政府批准 2020 年前"越南海岛经济发展总规划"文件为背景，对越南海岛整体经济特征进行分析，并指出当前越南海岛经济以基础设施建设为重点，以海岛旅游业和渔业为龙头产业，研究指出越南海岛经济给中国投资和区域经济带来机遇。秦伟山、张义丰（2013）研究指出海岛的特点决定着海岛经济地位的重要性，海岛经济的发展模式以及资源与生态的协调和优化都是目前研究的热点。在研究领域方面，国内外学者对于可持续发展都较为关注，国内学者还对海岛经济系统化发展也进行积极探索，但总体来看，在海岛形成要素间的相互作业和关系之间的成果较少，是未来海岛发展研究的瓶颈。马仁峰、梁贤军（2013）以浙江省为例探索中国海岛县经济发展路径。研究指出浙江省海岛县产业结构随着经济发展变化显著，政府优惠和支持政策科学地指导了海岛经济发展。以资源承载力为基础，针对海岛发展特点，选择优势产业培育产业发展，有利于海岛经济的可持续发展。刘艳等（2014）对12个海岛县区经济发展综合情况进行分析，创建以28个指标为内容的评价体系，采用主成分分析法对研究对象进行分析，结果显示经济发展水平综合考察结果中崇明为最优，而辽宁省长海县仅排第九位，总体经济发展水平还有待进一步提升。宜磊（2014）研究指明"十二五"规划中已经将海洋经济列入重要发展战略内容，海岛经济对海洋经济的促进作用日益增加，在此背景下，海岛经济的发展成为研究重点。海岛发展模式、生态环境和生态系统等方面的特点影响中国海洋经济发展，继而影响经济发展。Prakash等（2015）以受到生态、经济及自然灾害脆弱性影响的Lakshadweep海岛为研究对象，在分析该海岛经济发展现状基础上，对印度政府环境与森林部（MoEF）1991年实施的海岸管理区（CRZ）进行数据集成分析，并基于海岛利益相关者感知评估该海岛海岸带综合治理措施效果。

无人岛是指没有人居住的海岛，其生态资源比较丰富，因此成为旅游观赏胜地，近几年来，国内外针对无人岛经济发展也有一定的研究。陈秋明（2009）以无居民海岛为研究对象，研究指出无居民海岛在生态环境、自然资源和能源资源方面都具有较强的优势。通过采用层次法创建评价指标体系，进行指标量化，并根据结果进行评价和等级划分，最终确定无居民海岛的开发类型。研究结果显示，无居民海岛的发展程度与生态环境等影响因素关系更为密切。何松琴等

(2012) 以舟山市无人岛为研究对象进行研究，基于资源承载力和资源优势，在国家《海岛保护法》的约束下，针对无人岛保护和管理现存的问题和不足，分别提出建立海岛管理机构和信息系统，建立专用资金推动海岛日常管理等建议和对策。黄琳等（2012）以具体的无居民岛屿岱山县为研究对象，针对其地理优势、要素分布情况和目前开发利用程度，分析目前无人岛中的优势和劣势，探讨岛屿可持续发展的途径和对策。张杰等（2012）对舟山群岛中有开发价值的十个无人岛进行分类研究，分别从区域概况、资源状况和功能定位等方面进行分析和总结，研究指出开发过程中要以政府政策为指导，科学规划无人岛资源利用和开发，促进海岛经济发展整体水平的提升。石海莹等（2013）对海南省无人岛的开发情况进行总结和分析，鉴于海南岛海域较广，在自然、生态和社会发展现状等方面具有较强的优势，因此从生态、环境、资源、行政管理等方面提出适宜的发展对策和建议。陈予荷等（2014）研究指出国家对海洋权益问题日益重视。无人岛的资源相对来说比较丰富，但鉴于归属和权责问题，其开发方式和生态资源和基础设施有待完善。因此在旅游业推动海岛经济发展过程中，应对生态环境进行合理保护，确定好所有权和使用权，推动海岛经济整体发展。张盼盼等（2014）在研究中国无人岛开发模式的基础上，将无人岛以投资主体、海岛利用和发展程度、海岛发展驱动力和发展依托区域进行分类，旨在针对不同类型海岛实施不同的发展对策，促进无人海岛整体经济社会发展。

（二）主导产业发展状况

合理的产业结构是海岛经济发展不可缺少的环节。稀缺的资源结构要求海岛必须实施不平衡发展战略，即重点扶持主导产业发展，以主导产业带动整体经济发展，因此，主导产业的发展深受国内外研究学者关注。Mclindon（1989）针对海岛经济进行研究，研究表明鉴于海岛自身的特殊性实施统一的经济发展政策存在着不合理性，在开放经济环境下海岛发展对于支柱产业依赖程度加深，在制定发展规划过程中主导产业的关注度应为优先。Mcallister 等（1993）研究海岛开放程度和运行机制,结果表明对开放性海岛而言,基础设施配套程度、物流设施、产业结构等对海岛发展有一定制约作用。罗民刚(1996)以广东海岛为研究对象,针对其资源条件和开发条件、优势资源和限制因素进行合理评价,指出广东海岛在港口工业、海洋水产业、旅游业等方面发展潜力较大,应培育成该海岛的支柱产业。Paler 等(1998)选取菲律宾群岛作为研究对象,研究菲律宾群岛的工业发展状态。基于两个实例表明快速增长的经济发展步伐对菲律宾群岛的产业结构影响较大,其以矿产为主的支柱产业应随经济环境变化做出相应调整,促进产业合理持续发展。

  进入 21 世纪以来,随着经济发展环境发生变化,海岛支柱产业也发生一定调整,此领域的研究成果进一步增多。张耀光、陶文东(2003)以海洋资源开发和海岛经济发展为主要研究对象,通过对三次产业结构重心轨迹的动态描述反映了海岛县产业结构的特点和影响因素,并指出第二、三产业是目前海岛发展的支柱产业。张耀光等(2005)选取中国 12 个海岛县为研究对象,研究其地理位置,海洋与生态资源状况,海岛开发程度等现状,结果显示海岛县之间发展程度各不相同。海岛县的经济总体来看大部分属于资源型经济,因此海洋生物等产业为海岛的主导产业,但以旅游为主的第三产业近年来发展迅速。楼东等(2005)以舟山群岛为研究实例,追溯经济发展三个阶段,分析表明 1992 年前的第一阶段是渔业为主导产业;1993—1998 年第二阶段以第三产业为主导产业,尤其是旅游业表现突出;21 世纪以来以港口及临港工业为主导,涉及第二产业和第三产业。在今后发展中要以海岛资源和区位优势为基础,发展环保型产业和低耗水型产业。Bradley(2006)追溯了现代海岛区域的经济发展,以爱尔兰岛为研究对象,对其经济发展过程和现状进行分析,研究结果显示市场竞争、产业结构等因素影响岛屿发展波动。在海岛经济没进入繁荣时期,支柱产业的作用尤为重要。王广成(2007)采用生态经济模型对长岛县生态系统结构进行研究,结果显示长岛县的第三产业为该海岛县的主导产业,并对长岛县的生态经济发展有促进作用。杨占法、吴强

(2008)研究指出海岛经济发展以资源存量为基础,主要着眼于海洋渔业。以长岛县和辽宁省长海县的经济发展模式为研究对象,采用比较分析方法探求海岛经济发展的支柱产业,对现存问题进行进一步思索和探究。罗迎新、陈碧珊(2008)以广东南澳县为研究对象,通过具体海岛县的考察,采用定性与定量方法,对该县的现状和问题进行分析。结果显示南澳县的支柱产业为第三产业,为加快合理发展步伐,应制定科学的规划和制度,提供相应的法律保障,促进目标的实现。关晓吉、王广成(2008)以山东长岛县为实例进行研究,以长岛县的现状为基础分析其产业结构特点,结果显示长岛县产业发展要继续扶持第二产业,在资源承载力允许的前提下,继续发展第三产业,巩固其主导产业地位。Taylor等(2009)对1999年至2005年Galapagos海岛大型游艇、新型豪华酒店及人口增长等经济及人口数据进行分析,结果发现Galapagos岛GDP在6年间增长了78%,海岛旅游业作为该岛主导产业,是该岛经济增长的主要驱动力,但该岛屿本地人口增长及新增外来人口大大减弱了经济增长对人均家庭收入的提升。Ashton(2009)以棉兰老岛为研究对象,构建海岛区域工业生态系统,考察对象岛屿发展现状及问题。结果显示环境外部力量、生态系统内部因素以及产业结构优化程度都是研究对象岛屿发展的重要影响因素。棉兰老岛的支柱产业以第一产业为主,第二产业和第三产业发展稍显劣势,基于系统发展角度,进一步发展第二、三产业不失为可行之举。杨邦杰、吕彩霞(2009)研究发现中国海岛资源相对而言比较丰富,在国家资源、国防等方面都有较为重要的作用。海岛保护与利用问题导致以旅游业为主导产业的发展遭遇瓶颈,在今后发展过程中要在政府法案的推动下,严格规范主导产业发展,实现海岛可持续目标。王明舜(2009)研究指出随着海岛产业结构优化程度逐渐增强,海岛产业结构形态特点各异,总体形成了三、二、一的格局,以旅游业为主的第三产业占据主导产业地位并对海岛经济发展作用显著。Ellison(2009)追溯了太平洋西海岸岛屿发展历程,并与密克罗尼西亚联邦、马歇尔群岛等岛屿地区进行比较,结果显示太平洋西海岸群岛特点各异,其中海洋资源相对较为丰富,支柱产业大多为第一产业和第二产业。俞金国、王丽华(2010)以长海县为研究实例,对海岛县的产业结构进行研究。研究结果显示长海县第一产业为其支柱产业,第二、三产业的发展有待于提升,应继续加快产业结构优化进程。王文净、任伟海(2010)以舟山群岛为研究对象,分析海岛客观价值和资源状况,对于目前海岛支柱产业的发展应给予重视,合理规划海岛发展,改善环境和生态条件,加强科技开发和利用,促进海岛整体可持续发展水平。

自2010年以来,国内外学者持续对海岛主导产业或支柱产业进行研究,以促进海岛产业结构进一步优化。李泽等(2011)以2008年中国12个海岛为研究对象,采用层次分析法进行横向分析,分析结果表明综观12个海岛县,普陀区的旅游资源最优,长岛县则较差。产业结构方面,大多数海岛县的主导产业都转向第三产业,第二产业和第一产业的比重逐渐下降。Wolcott(2011)从农业生态学角度出发对海岛经济进行研究,尤其针对历史悠久的海岛,如复活节岛。针对人口发展演变、资源基础和产业结构进行深度分析,建立两态模型和三态模型,模型分析结果显示三态模型比两态模型更具有优势,对于产业结构等方面的研究更有说服力。张耀光(2011)对中国12个海岛县的产业结构进行研究,研究结果显示,12个海岛中有6个海岛以第三产业为支柱产业,占了海岛县的一半。其余海岛第三产业的比重也在逐年增加,有望转为支柱产业。Seetanah(2011)研究指出,综观全球海岛经济,尽管各个海岛发展程度和发展模式各有特点,但大部分海岛的支柱产业表现在以旅游业为主的第三产业方面。海岛旅游业作为支柱产业有利于海岛实现其可持续发展。赵锐等(2011)研究指出海岛县经济占有重要地位,在海岛县经济运行过程中,优势产业结构的优化程度是其重要影响因素。以2007年研究数据显示,大部分海岛县的支柱产业为第一产业。Muchdie(2011)选取千岛之国印度尼西亚为研究对象,研究各岛屿发展模式的相关性、可行性和实用性。通过构建单一区域和区域内的投入产出模型分析海岛区域经济发展结构,结果表明海岛经济发展与产业结构关系密切。张广海、包乌兰托亚（2012）研究指出海岛休闲渔业是近年来海岛发展的主导产业。其研究在对海岛休闲渔业进行基本知识阐述后分析和探索海岛休闲渔业的优劣势，探讨海岛休闲渔业发展的前景和对策。Havice（2012）选取巴布亚新几内亚为研究对象。以金枪鱼捕捉为主导产业的该岛面临的问题主要在于资源的有限性和全球金枪鱼市场的竞争强度增加。经过考察和分析，提出对于以金枪鱼为主的第二产业应更好地实施许可证交易，保护海洋资源并促进经济可持续发展。朱坚真、吕金静（2012）研究指出中国海岛数量较多，发展规模参差不齐，在开发模式上不适合采用统一规整的模式。在发展规划中应从多方面考虑，尤其是产业结构方面，要加强支柱产业发展，加快海岛经济发展步伐。方春洪（2013）以中国12个海岛县为实例，采用计量方法对其发展变迁进行度量。结果表明中国海岛县大部分以第三产业为支柱产业，尤其是海岛旅游业表现显著，与之配套的海岛旅游资源也成为目前关注的焦点。张广海等（2013）在分析中国海岛县经济发展过程中，主要研究产业结构的演变规律。针对中国12个海岛县产业发展特点，运用迭代方法分析研究对象的空间格局，结果表明海岛县的格局模式不同，但总体来看，第一产业和第二产业趋于衰退，第三产业成为空间布局调整的重点和主要支柱产业。Dornan和Newton（2014）研究对象为太平洋岛屿，研究指出太平洋岛屿正面临一系列发展挑战，包括产业结构升级、市场容量增加、区域服务配送等。综合考虑各种挑战和发展瓶颈，针对研究结果提出加速主导产业引导与发展，提升产品及旅游服务质量和水平，都是合理的可选之举。金嘉诚等（2014）研究指出海岛的发展是中国经济发展重要组成部分，在海岛经济发展模式中，经济支柱主要表现在第一产业。采用灰色关联度分析法对梅山岛进行研究和分析，结果显示巩固发展支柱产业依然是海岛发展的关键。Storai和Cristofari（2014）对以新能源开发和产业集聚为主要目标的海岛进行研究，结果表明区域政策的推动力作用显著。在提升小型岛屿如科西嘉岛的竞争力方面，提升产业发展水平，科学使用可再生能源等措施是解决瓶颈问题的合理之举。Weishan（2014）以中国 12 个海岛县的发展现状为基础，对海岛县发展的三次产业结构进行历史性追溯，对其演进过程进行合理评价，并指出由于各个海岛县发展程度不一，支柱产业分布侧重点不同，其中大部分海岛仍以第一产业为主，但第二产业和第三产业的地位在逐渐上升。

（三）海岛经济发展研究述评

综合来看，针对海岛经济发展相关研究较多，一部分侧重于对整体经济数据的考察与衡量，另一部分侧重于对主导产业发展状况研究。从整体数据角度出发，对海岛经济发展程度进行分析和评价，并指出由于海岛的特殊性，其发展不仅是中国海洋经济发展的重要组成部分，而且是中国经济整体发展的推动力。对于无人岛方面，国内外学者也进行了一定的研究。无人岛的生态资源比较丰富，是旅游观赏胜地，但鉴于归属和权责问题，其开发方式和生态资源和基础设施有待完善。在开放经济环境下海岛发展对于主导产业依赖程度加深，但是在海岛产业结构和主导产业研究过程中，国内外学者观点不一。国内外学者选取了多个海岛作为研究对象，如国外的太平洋岛屿、印度尼西亚、爱尔兰岛、菲律宾群岛等，国内的山东长岛、舟山群岛等，单个海岛的特殊性决定了其产业结构表现不一致。针对中国海岛发展而言，海岛县的经济总体来看大部分属于资源型经济，随着海岛产业结构优化程度逐渐增强，海岛产业结构形态特点各异，第一、二、三产业作为主导产业的情况各有不同。随着旅游经济的发展，很多海岛逐渐形成了三、二、一的格局，更多海岛倾向于以旅游业为主的第三产业占据主导产业地位。在样本选取方面，国内学者既有基于整体视角，选择 12 个县域海岛产业发展相关数据进行分析，也有基于局部视角，对某个县域海岛产业状况进行评价。

三 海岛承载力与经济发展关系

海岛各系统承载力与经济发展相互影响，海岛可持续发展应建立在两者相互协调共进基础上。国内外学者对两者之间关系主要通过构建可持续发展综合指数进行测算和评价,以资源、经济、社会等支持系统为主要评价内容,并在研究过程中尝试采用多种定量分析方法分析海岛整体可持续发展程度。

(一)两者关系评价及对策建议

在研究海岛综合承载力与经济发展时,大部分学者都提出两者的结合是可持续发展的必要。周红英等(1998)以山东典型海岛之一——长岛县为研究对象,结合海岛生物资源特点,从资源总量、资源分布以及资源需求等多个角度对生物资源多样性进行研究。研究结果显示,实现海岛生物多样性应充分考虑海岛经济发展因素,两个方面协调发展才是可行之举。张少萍、陈涛(1999)以山东长岛县为研究实例,探索其主导产业海洋渔业的发展策略,提出海洋渔业的发展要充分考虑到资源、环境和经济因素,调整产业结构,发展生态渔业。宁凌(2001)以海岛资源的一般特性为研究基础,指明海岛资源的有限性和海岛开发能力的可拓展性是海岛实现可持续发展的主要影响因素。研究以广东省海岛县为对象,针对其海岛特征,明确指出要实现海岛经济发展必须充分考虑生态和资源承载力状况。黄民生(2002)重点考察福建省海岛发展现状,针对海岛环境脆弱性,提出要加强保护海岛生态环境,为促进经济发展提供基础。Ghina(2003)以小型岛屿的可持续发展状态为研究对象,通过对马尔代夫群岛现状研究,指出海岛发展面临的众多挑战,其中环境的脆弱性是关注焦点。健康的环境发展应该以生态支持系统为保障,主要是人类和社会经济的协调发展。张登义等(2003)研究指出中国目前海岛发展面临的主要威胁,主要是失衡的海岛开发秩序和手段、环境保护管理体制不健全、国防安全缺乏保障等,并针对三种主要威胁提出解决建议,以期对政策制定者有一定参考价值。彭超等(2005)研究指出海岛分布不平衡,生态遭遇破坏以及权益受到影响等问题对海岛总体发展具有阻碍作用,应针对瓶颈问题建立海岛地区可持续发展保障体系,更加关注法律法规、生态资源、经济发展等方面,实现海岛经济可持续发展。Kerr(2005)研究指出发展可持续是海岛自然生态和经济环境的要求。

研究选取大龟群岛为研究对象，考察该岛资源与环境小范围的可持续，通过建立较为合理的模型，推广到地域更加宽广的岛屿中。孙培立（2007）研究资源与经济发展协调程度问题，以辽宁省长海县为研究对象，在海岛经济功能研究的基础上，构建海岛经济与环境的评价指标体系，采用主成分分析法对主成分进行筛选、赋值、分析与评价，指出要在资源承载力范围内合理发展经济，实现经济与资源协调发展。Velde（2007）研究指出小岛屿的可持续发展主要与其生态和社会经济发展相关。研究以南太平洋的汤加王国和汤加塔布岛为实例，分析和研究了其环境和经济数据，并将其结果整合分析。结果显示生态环境的污染对经济发展起到负相关作用，经济过度发展又破坏了生态环境承载力。吴元欣（2008）以南澳县海岛为研究实例，通过分析现状及现存问题，提出解放思想、加强基础设施建设、加快人才引进、加强规划控制、增强执行力等对策，促进南澳县海岛实现生态、环境和经济协调发展。Consultant 和 Advisor（2009）研究指出鉴于海岛资源、环境与经济的脆弱性，海岛发展已经成为联合国环境与发展会议的重要议题，也称为会议行动纲领内容之一。要实现行动纲领所提出的共同目标，各国应一致行动，必须将经济持续管理与资源合理发展协调管理。

　　部分学者结合海岛可持续发展目标，结合海岛资源状况、空间布局、产业结构等方面对改进两者协调发展程度提出了对策建议。李丽琼（2010）统计全国12个海岛县的数据和资料，研究结果显示12个海岛中有4个经济水平较高；产业结构方面，"二、三、一"的特点比较明显；投资出口等方面，发展势头强劲；可支配收入方面，4个海岛的数值高于附近城区，其余表现都不太理想。鉴于分析结果，提出相应的发展策略，加强原始资本积累，抓住机遇发展区域优势，培育港口产业，关注基础产业，实现海岛资源与经济的可持续发展。柯丽娜（2011）以中国12个海岛县为研究对象，选取2002年至2008年的数据，考察12个海岛可持续发展综合能力，在考察过程中重点评价经济和生态协调程度。评价结果表明，海岛县目前大多处于可持续发展较弱阶段，人力资源和技术等都是海岛发展的难题，未来格局的重大变革必须以生态和经济协调发展为基础。王震、李宜良（2011）研究指出随着海岛区域法律法规的逐渐健全，海岛开发成为关注焦点，但在海岛开发过程中必须具备科学的规划引导和完备的基础保障，才能实现海岛生态和经济的可持续发展。研究以六横岛的开发为例，提出开发过程中成功的经验和存在的问题，以期对其他海岛生态和经济发展提供借鉴。张耀光等（2011）以玉环和洞头两个海岛县为研究对象，在资源、人口、经济和环境几个方面对研究对象进行分析和评价，结果显示，玉环和洞头两个海岛县的国土空间为重点开发区域，但自然资源属于限制开发区域，经济发展属于重点开发区域，因此在规划海岛发展时，应将环境与经济综合考虑，制定合理的政策，实现主体功能定位和谐并协调发展。王奇、夏溶矫（2012）研究海岛地区的可持续发展问题，并指出由于海岛地区具有地理位置的特殊性和生态环境的脆弱性导致其发展必须遵循能源和经济发展承载力的限制，要以低耗能和可持续为原则，大力发展服务行业，促进海岛地区的科学发展。朱德洲（2012）以全国12个海岛县为研究对象，针对其生态经济发展协调都进行评价，结果显示普陀区等四个海岛区的生态经济协调度最差，岱山县和洞头县协调性较差，其余海岛县的生态经济协调处于较好状态。为促进海岛县生态承载力与经济发展相协调，研究构建生态保护模式、修复模式、后备模式等四种模式，更多关注资源与环境的可持续。柯丽娜等（2013）研究指出鉴于海岛自身的特点和复杂多样性，海岛可持续问题目前仍是国内外学术界研究焦点之一。研究立足于海岛的特征，从生存环境等四个层面建立可持续发展评价指标，确定可持续发展的关键因素，并以山东省长岛县为具体实例，针对其现存的问题提出合理的开发规划和发展规划。Ríos-Jara（2013）对海岛旅游环境承载力进行了更精细的研究，其研究选择墨西哥Isabel岛国家公园中SCUBA潜水行业旅游环境承载力（TCC）进行分析，通过对该公园中水下小径生物、地质和景点基础设施和设备、旅游者感受以及其他影响海洋环境的脆弱性要素综合评估，结果表明当前该公园潜水行业理论 TCC 介于 1252—1642 次/年/步道，高于当前实际数值 1000 次/年/步道，因此，需对该项目采取有效的预防管理措施。Maul（2013）以海岛资源、环境与经济发展为研究对象，指出资源的承载力、有限的产业发展潜力和经济发展状况都是评价海岛可持续发展的重要指标。王巍（2013）以山东长岛为实证对象，选取该海岛县的砣矶岛等四个具体岛屿进行数据调研和搜集，在数据分析结果的基础上，从经济、环境、生态等角度出发，定量测算和评价经济与环境发展程度，并针对山东长岛县的具体情况，提出相应合理的对策和建议，促进长岛县综合承载力与经济发展协调发展。Lina 等（2013）研究指出海岛可持续发展具有极高的复杂性和多样性，因此目前没有一个完整的能适用于各个岛屿的模型。研究中可持续发展的评价指标体系虽已经建立，模型涉及资源承载力、海岛环境、海岛发展状况、海岛社会发展和技术发展等方面，但要在所有的海岛中推广仍存在不确定性。柯丽娜等（2013）以海岛生态环境和自然资源为研究对象，考察海岛陆域可持续发展问题，构建四层评价指标，采用熵权法确定权重，识别和评价长海县生态和经济发展的主要影响因素和现状，分析发展瓶颈，并提出问题解决方案。Eric 等（2013）研究指出小型海岛的发展面临众多挑战和机遇。资源存量有限，经济发展潜力不足，科技和人力资源缺乏都严重影响海岛可持续发展前景。针对目前现状和发展瓶颈，必须合理利用资源，调整经济发展步伐。庄孔造（2013）以现有法律法规为指导，遵循规章制度，研究海岛城镇生态承载力和经济发展协调问题。在结合海岛特点构建指标体系过程中，分为环境和海岛两大类，构建生态承载力与经济发展协调发展的综合评价指标体系，并依据评价结果为该岛屿城镇发展提供一定参考。Jucker（2014）研究指出海岛的发展受到资源、环境和经济的重要影响，目前全球气候变化和经济衰退影响海岛可持续发展。研究采用理论和实证相联系的方法对海岛现状进行分析，指出科技引用和发展合作是经济可持续发展的必要因素。通过对现状的分析，得出发展规律，以期对多数海岛发展起到一定借鉴作用。

（二） 两者关系评价方法

国内外学者在评价海岛综合承载力与经济发展协调发展程度过程中，在定性分析基础上采用了多种定量分析方法。张耀光、崔立军（2001）以辽宁省海岛县为研究对象，通过研究该海岛县经济、产业和资源现状，并结合海域、区域和产业分布差异，探讨海洋经济区的布局和发展。通过绘制海洋产业的洛伦兹曲线和产业发展方向层次分析图，对辽宁海洋资源、生态与经济发展进行量化分析。李金克等（2004）针对海岛可持续问题进行研究，以开发与保护并举、可行性、层次性和动态性为原则，采用层次分析法，构建海岛可持续发展三层评价指标体系，从社会经济、海洋产业、资源、环境和可持续发展潜力五个方面对海岛可持续发展问题进行深入探讨。Ambassador 和 Koonjul（2004）采用综合评定法对海岛资源进行管理，研究指出要加强海岛资源，尤其是水资源的管理。研究结果显示，海岛资源的可持续利用要以资源承载力为基础，结合经济发展状况，提出可行的发展建议与对策。张颖辉（2005）以长山群岛为研究对象，通过对现状的分析，以可操作性、区域性、科学性、简明性、稳定性、动态性为原则，构建以生存支撑系统和环境支撑系统为主要内容的可持续发展评价指标体系。采用因子分析法对资源存量、劳动者文化水平、人均收入等影响因素进行分析，并分别从水资源、森林资源和海洋资源三个方面提出资源承载力解决对策，从发展手段、科技投入、产业结构和服务体系四个方面提出经济发展提升对策。Vallega（2007）研究指出对于海岛可持续发展而言，必须综合考虑其经济环境发展背景与政策发展趋势。首先，我们应考虑以二氧化碳为主的生态环境承载力；其次，应考虑经济和社会状况，即所谓的经济效率；最后，应考虑人类生存承载力，尤其是代内公平与代际公平问题。三方面的整合发展才能实现海岛可持续发展。王明舜（2009）研究指出海岛的可持续发展以科学发展观为指导原则，在海岛区域内合理规划资源，实现区域合作与互动，稳定经济发展平衡力，将海岛综合承载力与经济发展程度相结合，促进可持续发展。郭慧丽、陈东景等（2009）以科学性、可操作性、层次性、动态性和保护与开发并重为指标体系设置原则，构建了总体、系统、状态和变量四层指标评价体系，并指出在今后研究中，主观赋权法和客观赋权法的选取影响指标定量计算结果，在实际应用中，客观赋权法更加适用和合理。

自2010年开始，国内外研究学者对所采用研究方法更注重主观评价与客观评价相结合。刘伟（2010）首先对海岛环境承载力相关研究综述，之后采用头脑风暴方法，由专家组筛选出海岛环境承载力评价指标，在所选评价指标基础上又采取德尔菲方法，最终确定29个评价指标，在此基础上，采用层次分析法，对海岛旅游承载力进行综合评价，结果显示海岛综合承载力现状表现处于一般状态，只有与经济发展高度结合并协调规划，才能实现更大程度的提升。王晶等（2010）则在为国家海岛开发与管理会议撰写的论文中采用生态足迹方法，并构建海岛环境承载力评价体系和计算模型，在此基础上选取祥云岛对其环境承载力计算和评价，并对评价结果提出相应发展对策，指明要实现翔云岛的可持续发展必须将承载力与经济发展相结合。丁丽英（2011）在其研究中采用模糊综合评价方法，选取平潭海岛为例，对该岛屿发展状况从经济环境、社会环境和自然环境等子系统进行评价。评价标准结果显示，平潭岛旅游环境承载力总体来看处于轻度超载状态，经济环境承载力和社会环境承载力也均处于轻度超载状态，而自然环境承载力则处于适载状态，资源承载力与经济发展协调发展才是可持续发展的表现。张耀光等（2011）以海岛县的经济发展为研究对象。研究结果显示海岛县的经济布局分为优化开发等四类主体功能区，在此基础上，采用多指标综合加权评价和主成分分析等方法，将陆域和海域资源进行量化分析。肖建红等（2011）首先在传统生态足迹概念基础上界定了区域刚性生态足迹和区域弹性生态足迹含义，并在广义和狭义层面构建了海岛旅游地生态安全模型，并提出海岛旅游地生态安全与可持续发展评估标准。在此基础上，构建海岛旅游生态足迹模型，并以舟山群岛为例进行实证分析。结果显示舟山群岛旅游地生态安全与可持续发展总体评价类型处在"生态不安全—不可持续发展和威胁生态安全—威胁可持续发展"阶段,重视两者关系才是发展的正确选择。林东(2012)在综合学者研究基础上,选取海岛刚性生态足迹、旅游刚性生态足迹和生态承载力三要素评价海岛生态安全,之后建立海岛生态安全系数与生态效率指数评价模型,并确定二维评价标准,在此基础上结合经济发展程度对海岛生态安全进行综合评价。杨松艳(2012)在其研究中首先从海岛环境承载力角度构建综合评价体系,从自然环境、经济环境和社会环境三要素中筛选出30个评价指标,之后结合环境承载力预警理论,将海岛环境承载力预警系统划分为指标、权重、预警区间、预警评价和预控对策五部分,在此基础上,以山东长岛县为例,运用模糊综合评价法对长岛县环境承载力进行预警评估,结果表明目前长岛县环境承载力总体处于弱载状态,长岛县自然环境承载力处于弱载状态、经济承载力处于轻度超载状态、社会环境承载力处于弱载状态,最后根据预警评价结果,从生态环境保护、旅游资源开发、基础设施建设、景区管理等多个角度提出调控对策。王巍(2013)以长岛县为研究对象,着眼于长岛县的经济与环境发展问题,选取南长山岛等四个岛屿为具体调研对象,采取调研和考察等手段对具体岛屿进行数据搜集,构建符合长岛县发展的评价指标体系,运用层次分析等方法对具体岛屿进行分析和评价,得到其协调发展的建议。潘慧琴等(2013)以海陵岛为例,基于"压力—状态—响应"(P-S-R)评价模型,结合专家咨询与因子分析法,首先筛选出广东海陵岛环境承载力评价指标,在此基础上构建评价体系,之后结合层次分析法和熵值法相结合确定评价体系中各指标权重,最后采用综合指数法评估2008—2011年海陵岛承载力状况。研究结果显示,海陵岛环境承载力处于临界安全状态,从压力、状态和响应各方面来看,海岛旅游地产不合理开发、土地利用效率低、改善生态系统措施不及时是导致海岛旅游生态不安全的主要因素。林晓燕等(2014)在综述之前学者对海岛环境承载力相关研究基础上,采用生态足迹方法对广东南澳岛环境承载力进行测度,在研究中引入旅游生态足迹子模型来定量测度南澳岛生态足迹,并通过测度结果对南澳岛可持续性进行评估以分析海岛发展的共性问题，并进而有针对性地提出中国海岛可持续发展对策。Romadhon 等（2014）在其研究中对印度尼西亚 Sapeken 群岛进行研究。为实现 Sapeken 群岛可持续发展，研究采用生态足迹方法对 Sapeken 群岛承载力计算并评价，结果显示 Sapeken 群岛人均生态足迹在增加，但人均生态足迹赤字也在增加。将经济发展程度与生态承载力科学结合，有利于经济、社会和资源的协调发展。周杏雨等（2015）利用"三轴图"与产业结构重心轨迹法对 10 个重要海岛县三次产业变化趋势进行分析，并运用"偏差—份额分析"模型对各海岛县产业结构进行比较，结果发现中国 10 个海岛县可分为四种经济类型。

（三）海岛综合承载力与经济发展关系研究述评

海岛可持续发展是综合承载力与经济发展互促共进的结果，国内外学者在对海岛综合承载力和经济发展研究中，主要通过建立可持续发展综合评价体系，利用该评价体系计算结果对两者关系进行分析。在样本选择上，选取特定海岛进行实证分析，如国内的长岛、长海，国外的大龟群岛、墨西哥群岛等，在评价方法方面，采用层次分析、因子分析和模糊评价法等从资源、生态、环境和经济等方面进行考察，构建相应评价指标体系，针对评价结果提出发展对策。在分析海岛可持续发展综合指数评价结果方面，虽然国内外研究侧重点不同，但不管从生物多样性、生态环境还是从经济发展水平、产业结构方面都可以得出结论，要实现海岛的可持续发展，必须以综合承载力和经济发展协调共进为前提。同时，在促进两者协调发展对策建议方面，对小型海岛资源、环境和经济可持续发展所提出对策建议较多，即对策建议特定性比较强，针对多个特征类似海岛可持续发展对策建议较少。

四 研究综述总结

总体来看，已有文献对海岛综合承载力、经济发展以及两者之间的关系进行了较为深入研究。综合承载力相关研究多以环境承载力和生态承载力为视角，并根据研究目的对各系统承载力研究进行分类和细化,如选取水资源、生物资源等子系统承载力进行测评,结合旅游业对旅游环境承载力进行评估等,但对于海岛基础设施承载力研究涉及较少。经济发展相关研究覆盖海岛整体经济发展状况、产业结构问题以及主导产业发展及演进等多个层面。两者关系相关研究大多构建海岛可持续发展评价体系,以可持续发展指数表征综合承载力和经济发展两者关系,但对两者当前协调发展程度衡量较为粗略。同时,对于两者相互影响及可能导致的协调发展度变化较少涉及。基于对已有文献考察,借鉴相关定量分析方法,本书选取全国12个县域海岛为研究样本,分别建立综合承载力和经济发展评价体系,采集2008—2014年相关指标基础数据,对海岛综合承载力和经济发展进行定量评价,并依据计算结果对两评价指数进行耦合度分析和相互影响分析,以期对县域海岛可持续发展程度进行更精细评价,并对县域海岛开发利用提供对策参考。

第三节 研究思路、研究内容与研究方法

一 研究思路

在参考已有文献基础上,采用层次分析法,构建县域海岛综合承载力评价体系和县域海岛经济发展评价体系,对各县域海岛评价体系各指标进行测评,并聚合得到综合承载力指数和经济发展指数以及各系统层指数,从而奠定本书定量分析的基础。在定量分析过程中,首先对各县域海岛两指数进行初步分析,通过建立二维坐标系,对各县域海岛各年综合承载力指数与经济发展指数二维坐标变动类型进行归纳。其次,对两指数进行深入分析,分别对其协调发展度和相互影响关系进行测算:采用耦合度模型对两指数协调度、综合协调度以及协调发展度进行分析;利用两指数计算结果所形成的面板数据,对县域海岛综合承载力指数与经济发展指数相互影响关系进行分析。根据初步分析和深入分析所测评结果,对县域海岛提升可持续发展提出对策建议。

根据研究思路绘制逻辑框架和技术路线，如图1—1所示。

```
                现有文献基础        相关理论基础
                        ↓        ↓
                    县域海岛基本面
                        ↓
                  县域海岛可持续发展目标
                    ↓              ↓
            综合承载力评价体系    经济发展评价体系
                    ↓              ↓
              综合承载力指数      经济发展指数
                        ↓
                    指数初步分析
                        ↓
                    二维判断等级
                    ↓              ↓
                目标层指数        系统层指数
                        ↓
                     综合分析
                        ↓
                     深入分析
                    ↓              ↓
                耦合度分析        相互影响分析
                ↓       ↓        ↓       ↓
            基础模型  协调发展度  数据检验  影响系数
            及作用机制  测评    及模型构建  测定
                        ↓
                     趋势分析
                        ↓
            提升县域海岛可持续发展程度对策建议
```

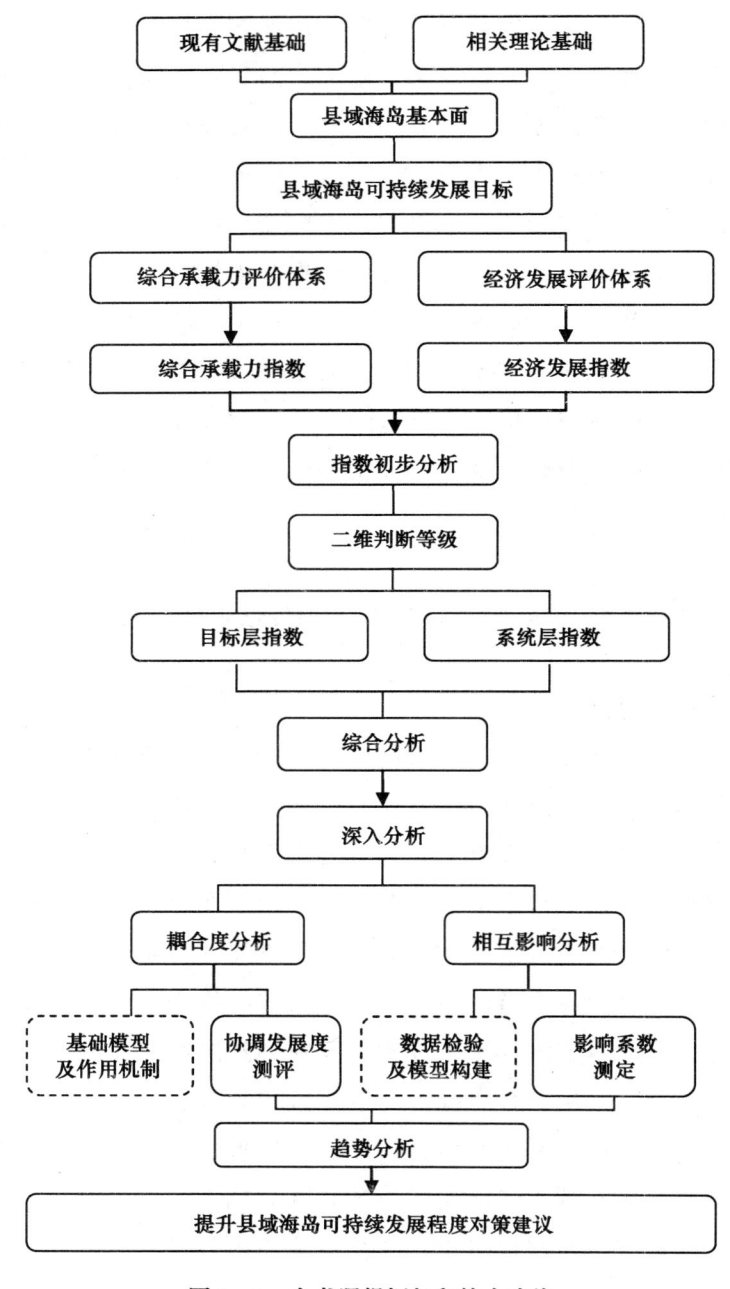

图1—1 全书逻辑框架和技术路线

二 研究内容

根据研究思路，本书以全国（中国台湾除外）12个县域海岛近年来经济发展状况为依据，以可持续发展理论为核心，从可持续发展制约因素和发展程度两个方面，对各县域海岛进行评估，研究内容主要包括以下几个部分。

（一）中国县域海岛综合承载力与经济发展基本面分析

以2014年各县域海岛基础数据为依据，对各县域海岛综合承载力从自然资源、生态环境以及基础设施等系统，对经济发展从整体经济状态、主导产业发展程度以及经济发展所产生扩散效果等指标进行分析，在分析过程中选择多个要素进行横向比较，以对各县域海岛可持续发展水平进行总体把握。

（二）县域海岛综合承载力指数和经济发展指数评价体系构建

以可持续发展理论为依据，采用层次分析思路对海岛可持续发展进行综合评价，将县域海岛可持续发展评价分解为相对独立又彼此影响两大系统，即"综合承载力系统"与"经济发展系统"，以县域海岛综合承载力和县域海岛经济发展为评价体系目标层，在目标层之下建立系统层和要素层。

（三）县域海岛综合承载力指数和经济发展指数初步分析

在构建综合承载力与经济发展评价体系基础上，采用层次分析法确定各指标权重。同时，对2008年至2014年各县域海岛基本数据进行标准化，在此基础上聚合计算各县域海岛样本期内综合承载力指数和经济发展指数，并对各县域海岛两指数及评价体系中各系统层指数计算结果进行初步分析和判断。

（四）县域海岛综合承载力和经济发展耦合度分析

利用各县域海岛综合承载力指数和经济发展指数结果，采用耦合度模型对各县域海岛综合承载力和经济发展协调度、综合发展度以及耦合度进行测评，并根据耦合度结果对影响各县域海岛协调发展因素进行分析判断。

(五) 县域海岛综合承载力和经济发展相互影响分析

利用所有县域海岛样本期内各层级指数，建立面板数据回归分析模型，对县域海岛综合承载力指数与经济发展指数相互影响进行实证分析，根据计算结果分析各层级指数相互影响程度和影响效果，并对两指数相互影响下耦合度发展态势进行预期。

(六) 县域海岛综合承载力与经济发展协调共进对策建议

综合县域海岛综合承载力指数和经济发展指数基本态势、耦合度及相互影响程度，结合评价体系各指标，从所有县域海岛和不同类型县域海岛两个层面提出对策建议。

三 研究方法

在研究过程中，综合使用多种数据获取和分析、归纳分析、横向和纵向比较分析、定量分析和实证分析方法。具体来讲，主要采用以下方法：

(一) 文献法

查阅国内外学者相关研究，整理并评述学者研究现状及动态；查阅各县域海岛统计年鉴、政府工作报告及统计局网站文件，搜集并整理评价体系中相关数据；借鉴学者已建立模型及指标体系。

(二) 问卷调研法

在对指标重要性进行判断时，采用问卷调研法向相关领域专家发放问卷，经匿名打分获得指标重要性判断意见。

(三) 层次分析法

利用层次分析法建立县域海岛综合承载力与经济发展综合评价体系，在目标层之下分别设立系统层和要素层，并根据层次分析建立判断矩阵，利用各指标判断分值计算各指标权重值。

(四) 极差变换法

在对各指标原始数据标准化处理过程中，采用极差变换法将各指标值处理为处于 [0，1] 的标准数据，以进行聚合评分。

（五）耦合度分析方法

借鉴已有文献耦合度模型，对县域海岛综合承载力与经济发展协调度、综合发展度以及耦合度进行测算，并根据耦合度模型各变量作用机制，分析各县域海岛综合承载力与经济发展协调发展程度。

（六）面板数据回归分析方法

为分析县域海岛各层级指数相互影响，对县域海岛样本期各层级指数面板数据进行回归分析，在数据检验和模型检验基础上，构建变系数固定效应模型，根据回归结果分析指数间相互影响程度和影响效果。

第四节　主要创新点

基于对已有文献综合和考察，在以下方面有所创新：

（一）构建县域海岛二维指数评价体系

已有文献多构建海岛可持续发展综合指数评价体系，并根据指数结果进行判断和对策分析，在判断县域海岛可持续发展制约因素与发展因素之间关系时相对粗略。本书将县域海岛可持续发展建立在其综合承载力与经济发展协调共进基础上，并分别建立综合承载力和经济发展评价体系，通过定量测算得到综合承载力指数和经济发展指数，根据评价结果对其进行二维分析，从而对不同县域海岛可持续发展程度判断更为细致。

（二）界定县域海岛综合承载力指数

已有文献中海岛承载力相关研究多以资源承载力和生态承载力为核心，本书以区域综合承载力理论为支撑，将县域海岛承载力系统界定为自然约束力系统和社会约束力系统共同承载结果，前者包括自然资源承载力和生态环境承载力，后者则包括基础设施承载力。

（三）四种类型县域海岛归类分析

已有文献对县域海岛归类多以地理位置、产业结构、经济规模等标准为依据，本书根据样本期内县域海岛综合承载力指数和经济发展指数二维变动特征,将各县域海岛归类为中部集中型、横向演进型、纵向演进型和45°上升型,进一步分析发现不同类型县域海岛两指数耦合关系和相互影响具有各自相似的特征,据此可判断出不同类型县域海岛当前可持续发展程度,从而为不同类型县域海岛提出对策建议提供了理论依据。

(四) 综合使用多种定量分析方法

已有文献已尝试使用多种定性与定量方法对海岛可持续发展进行评价和分析。本书在借鉴已有文献所采用方法基础上,对多个方法进行综合应用,采用层次分析法构建县域海岛综合承载力指数和经济发展指数综合评价体系,在聚合得到各层级指数基础上,采用耦合度模型对目标层指数协调发展度进行测算,并构建面板数据回归模型对综合承载力与经济发展相互影响进行实证分析。各方法之间并不是孤立的,层次分析评价结果奠定了定量分析的基础,耦合度分析对两指数样本期内变动态势进行判定,面板回归分析则对两指数耦合度变动趋势进行预期,各方法之间形成有机联系,与已有文献相比更具综合性。

同时,本书研究样本和数据采集更为全面。已有文献在样本选取和数据采集上,多以单独海岛时间序列数据,或以多个海岛同一截面数据为准。本书选取全国12个县域海岛为研究样本,并依据所构建评价体系中相关指标,采集2008—2014年各县域海岛相关数据整理计算,并由此形成多个样本和时间的面板数据,与已有文献相比,样本选择和数据采集更为全面。

第二章

理论基础及相关概念界定

海岛因其特殊地理位置，对各国在实施海域资源、环境及权益管理方面有重要支柱作用，海岛开发已成为国内外关注热点。但由于海岛自身自然条件、生态环境等方面脆弱性，海岛开发也具有其特殊性，对海岛开发相关研究已扩展到区域经济学、生态经济学、生态系统管理学、资源管理学、环境科学等多个领域。本书以可持续发展理论、综合承载力理论、区域经济发展理论等为理论基础，研究县域海岛自身资源环境和基础设施承载力与经济发展协调共进关系。在本书理论架构上，可持续发展理论是县域海岛综合承载力与经济发展协调共进评价目标，综合承载力理论为评价海岛资源、环境、基础设施等系统承载力提供理论基础，而区域经济发展理论则为评价海岛经济发展提供理论依据。

第一节 理论基础

一 可持续发展理论

可持续发展理论萌芽于20世纪50年代，在经济增长、人口激增及污染严重等压力下，各国学者开始对"单纯追求经济增长"模式重新思考。1962年美国女生物学家 Rachel Carson 所发表的作品《寂静的春天》对传统发展观念率先发难。1972年美国学者 Barbara Ward 和 Rene Dubos 所发表的作品《只有一个地球》及罗马俱乐部所发表的研究报告《增长的极限》中均明确提出"合理的持久的均衡发展"观念。1987年联合国世界与环境发展委员会主席Brundtland发表报告《我们共同的未来》，正式提出可持续发展概念，即"既满足当代人的需要，又不对后代人满足其需要的能力构成危害的发展"，此概念得到各国政府及社会舆论关注和认可（蒙吉军，2005）。1992年"可持续发展战略及行动议程"在巴西里约热内卢联合国环境与发展大会通过，之后在2002年南非约翰内斯堡及2012年巴西里约热内卢联合国可持续发展大会上，各国对可持续发展战略、体制框架、行动议程等不断完善和补充。

国内外学者对多个领域可持续发展均进行了探讨，并从自然属性、社会属性、经济属性、科技属性等多个方面界定和完善了可持续发展概念。综合来看，可持续发展包含两个基本要素，即"需要"以及对此需要的"限制"，在整个系统满足需要的过程中应使得各子系统共同发展、协调发展、公平发展、高效发展以及多维发展。可持续发展已经超越单纯环境系统，成为人类社会中"发展"与"限制发展"问题的基本解决思路。

立足于人类全面发展角度，可持续发展理论内容包括经济系统、生态系统以及社会系统三者的协调统一，即经济效率、生态和谐以及社会公平三位一体。在经济效率方面，以鼓励经济增长为前提，但经济增长应改变传统"高投入、高消耗、高污染"模式，建立在清洁生产和文明消费新型模式上，以追求经济发展质量为目标，提高经济活动效益、节约资源和减少废物。在生态和谐方面，应使得经济建设与自然承载能力相协调，在保护并改善地球生态环境基础上，以可持续方式使用资源和环境，从而建立一种有限制的发展模式，保证人地关系协调共生。在社会公平方面，可持续发展注重全体人类生活质量改善和健康水平提高，公平使用资源和享受经济成果，并强调保障代内与代际、贫国与富国之间的平等自由。综合来看，可持续发展以人的全面发展为本，以经济效率为发展基础，以生态和谐为发展条件，以社会公平为发展目标（如图2—1所示）。

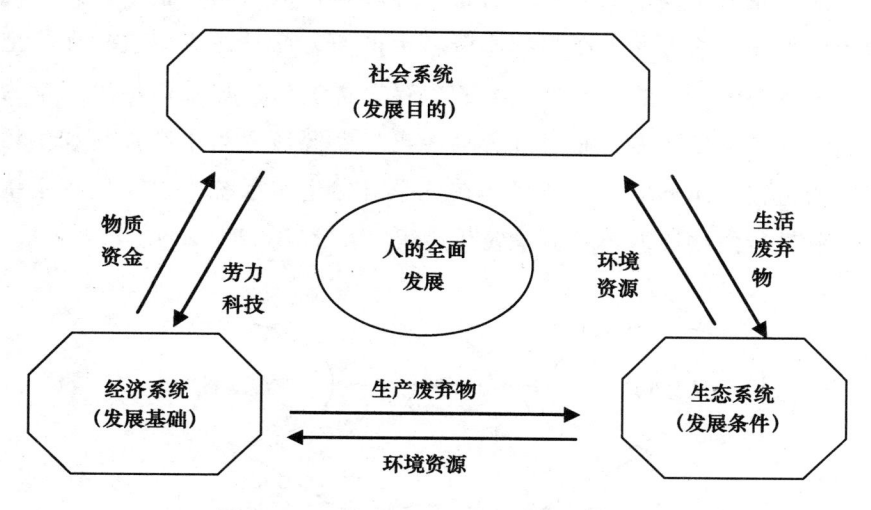

```
                    社会系统
                   （发展目的）

   物质                              生活
   资金    劳力         环境          废弃
          科技   人的全面 资源          物
                 发展

  经济系统      生产废弃物      生态系统
 （发展基础）                  （发展条件）
               环境资源
```

图 2—1　可持续发展理论内容三系统协调

随着理论研究不断深入以及各国实践验证，可持续发展理论逐渐形成以下几个有代表性的基本理论。

（一）资源永续利用理论（循环经济理论）

资源永续利用理论源于 20 世纪 60 年代美国学者鲍丁所提出的"宇宙飞船经济理论"（冯之浚，2013），即地球作为在太空航行中的一艘飞船，若避免资源耗尽及污染毒害造成的飞船坠落，必须改变经济增长模式，由"开环式"转为"闭环式"。"飞船理论"在学者不断研究和改善后，随着清洁生产、绿色消费及废弃物的再生利用等实践推广，在 20 世纪 90 年代以后形成以资源循环利用及避免废物产生为特征的资源永续利用理论，即循环经济理论，其基本原则是"减量化、再利用、再循环"。这一理论试图改变传统线性经济及"先污染后治理"传统发展模式，并通过建立资源开发至利用管理机制、坚持开发与节约并举、升级转型传统产业以及引导合理消费等手段达到资源永续利用目标。

（二）三种生产理论

三种生产理论（叶文虎等，2015）是在马克思所提出的"两种生产理论"基础上发展而来,即由于资源环境稀缺限制,整个世界系统的生产不仅包括人的生产和物质资料生产两方面,还应该包括环境生产。具体来讲,人的生产是人类的生存繁衍过程,物质资料生产指为满足人类生存发展需要而通过劳动将自然资源转变为生产资料和生活资料的过程,而环境生产则强调在整个自然生态系统中以及生物系统内部所进行的物质循环和能量转化过程(如图2—2所示)。

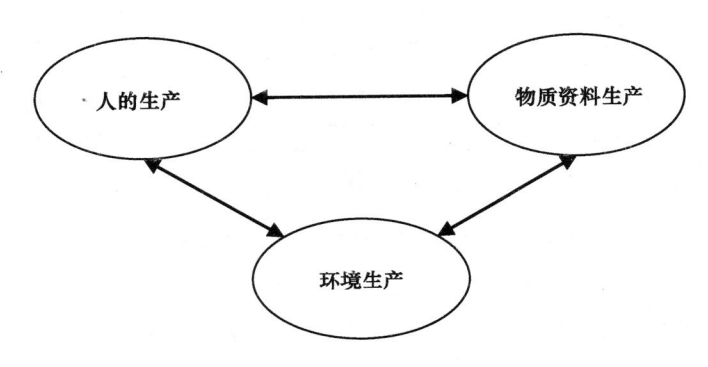

图2—2 三种生产理论关系

由图2—2可知,在当前人与自然之间关系日益恶化背景下,应保证三种生产之间和谐发展。在有限资源环境约束条件下,在环境生产过程中保证利用和改造自然(输出)与补偿和改善自然(输入)相一致,在物质资料生产过程中降低产品生产对自然资源的依赖,减少生产排放废弃物,并研发回收技术,在人的生产过程中适当控制人口出生率,并引导节约和绿色消费。显然,三种生产理论以人类可持续生产为目标,在三种生产中实现物质流与价值流循环和动态平衡。

(三)人地关系协调发展论

人地关系是指人类与地理环境之间的相互关系。国内外学者很早就开始对人地关系进行研究,在分析人地关系运行机制基础上,形成了古代朴素的人地适应思想,主张人与自然"普遍和谐"。但随着人类改造自然能力提升,近代学者逐渐形成人地关系决定理论,主张人认识、利用和改造自然的决定作用。

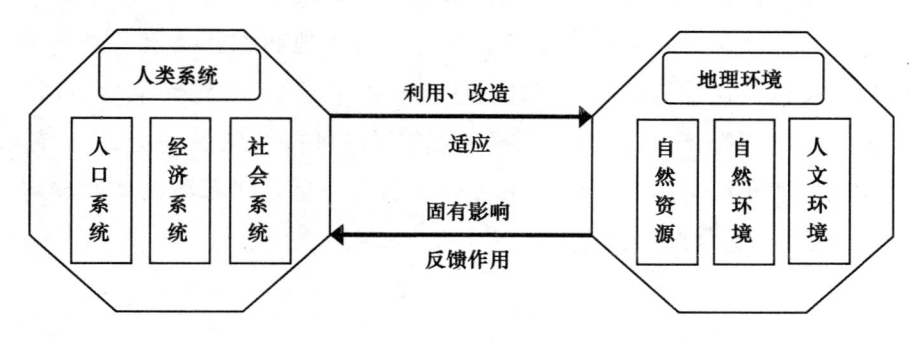

图 2—3　人地关系运行机制

20世纪60年代以后，人地关系严重失调，人类活动对地理环境的破坏严重威胁着人类生存和发展，国内外学者（马乐腾，2012）对人地关系的研究又回归到"协调发展"（如图2—3所示）。与古代朴素的人地关系被动适应相比，人地关系协调发展论是在新科技支持下，利用系统论、控制论、信息论等新思维，人类主动适应环境、改善环境，真正将人类系统和地理环境联结为一个统一整体。

综上可以看出，资源永续利用理论、三种生产理论以及人地关系协调发展论都属于可持续发展理论的范畴，是基于资源环境稀缺性限制条件下，在保证经济增长前提下，追求人类社会与自然环境持续协调发展。同时，这三个基本理论各有侧重，资源永续利用理论重点集中在对废弃物回收处理，三种生产理论重点集中在生产过程中的资源环境输入输出均衡，而人地关系协调发展论则相对更宏观，其重点集中在人类与自然协调和和谐发展。

可持续发展理论表明，若实现某地区经济可持续发展，应保证该地区经济发展制约因素和该地区经济发展协调。具体到中国各县域海岛，尽管近年来中国县域海岛经济开发建设呈加速状态，但海岛经济发展与海岛承载力矛盾日益凸显，海岛经济持续发展面临巨大压力。本书旨在对县域海岛经济发展与其综合承载力进行客观评价，并定量分析海岛经济制约因素与海岛经济发展间协调程度，以期在海岛资源环境制约条件下，对实现县域海岛经济可持续发展提出对策建议。与其他区域相比,海岛环境系统更为脆弱,资源限制程度更为严格。即便海岛与陆地保持开放顺畅供给,海岛本身土地面积就决定了海岛经济总体规模,这使得海岛经济开发建设容错率更低,"先污染后治理"传统发展道路行不通,海岛经济发展必须以可持续发展理论为指导,以海岛资源永续利用和人地关系协调发展为目标,使海岛经济发展与其综合承载能力协调共生。

二 综合承载力理论

可持续发展是系统制约因素与发展程度协调作用的结果。承载力理论通常作为系统制约因素研究的支撑理论。承载力概念较早使用于工程、建筑等学科,用以计算建筑地基所承受建筑物临界载荷。20世纪20年代,Park 和 Burgess 在人类生态学杂志首次提出"生态承载力"(王开运,2007),即"在某一特定环境条件下(主要指生存空间、营养物质、阳光等生态因子的组合),某种个体存在数量的最高极限"。在20世纪60年代以后,人类面临资源短缺、环境污染以及粮食危机和水质恶化等问题,不同研究领域学者,如韩俊丽(2004)和蓝丁丁(2007)等,相继提出资源承载力、环境承载力以及土地承载力、水资源承载力等概念,用于衡量一定时期某区域资源供给、环境容量等限制条件下,在确保该区域资源合理开发利用和生态环境良性循环发展前提下,可持续承载一定人口数量、经济强度及其他社会总量的能力。这一阶段研究通常将社会系统承载力纳入到资源承载力中,并认为社会系统通过提供经济资源和智力资源以承载经济发展强度。

20世纪90年代后期,随着区域经济迅速发展和社会系统日益复杂,国内外学者,如谭文垦(2014)和史宝娟(2014)等,认为社会系统不仅提供基础性人才和经济资源,还要为容纳人口和保证经济发展提供基础设施、公共服务以及公众安全等,因此主张将社会系统承载力从资源承载力中独立出来,并进而研究某区域以环境承载力、资源承载力以及社会条件承载力等为内容的综合承载力。随着综合承载力相关研究不断深入和细化,其研究内容形成了两个基本理论,一是立足于微观视角,针对典型区域,例如城市,进行的综合承载力理论研究;二是立足于宏观视角,基于系统和要素之间关联性与整体性特征进行的综合承载力理论研究。

(一) 城市(区域)综合承载力理论

城市是国内外学者关注较多的典型区域。城市既是经济和文化中心,也是人口数量密集、资源消耗和环境污染严重的中心。随着城市人口急剧增长及城市规模迅速扩张,城市可持续发展成为区域生存发展的关键环节,而城市可持续发展的基础是城市综合承载力。城市综合承载力应提供城市人口生存、经济发展所需基本资源环境和生态条件,同时还应提供城市人口就业、安全以及全面发展所需社会经济条件。因此,城市综合承载力应包括资源承载力、环境承载力、生态系统承载力、基础设施承载力、安全承载力、公共服务承载力六种承载力。这六种承载力各有侧重,但应相互配合,以最大限度满足整个区域可持续发展,避免"短板效应"。其中,资源承载力、环境承载力和生态承载力构成该区域自然约束力系统,而基础设施承载力、安全承载力和公共服务承载力则构成该区域社会约束力系统(如图2—4所示)。

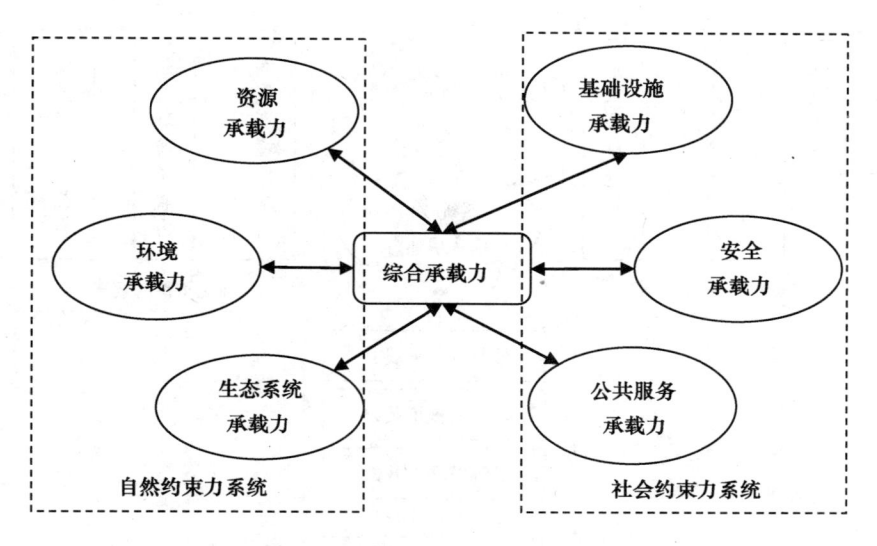

图2—4 城市(区域)综合承载力理论框架

由图 2—4 可知，某区域承载力评价应综合其自然承载力和社会承载力。资源、环境及生态系统等自然承载力是该区域地理环境和资源禀赋等基础性承载力；基础设施、安全和公共服务等社会承载力则是决定该区域发展规模和发展速度关键因素。城市（区域）综合承载力理论为本书县域海岛承载力评价提供重要理论支撑。县域海岛既具有资源、环境及生态系统等方面脆弱性，也具有人口集中、资源稀缺和污染严重等城市特征，因此，县域海岛承载力一方面应包括海岛资源、环境等系统承载力，另一方面也应包括县域海岛基础设施、公共服务等承载力。

（二）系统要素综合承载力理论

系统要素综合承载力理论是在资源环境承载力理论基础上发展而来。系统要素综合承载力理论以系统论为指导，强调系统与要素以及要素与要素之间的整体性和关联性，构造承载力系统中各关联子系统，并以各子系统中要素承载力为评价基础，进而依据系统与要素之间逻辑结构衡量系统综合承载力。系统与要素以及要素与要素之间应保持协调，形成整体合力（如图 2—5 所示）。

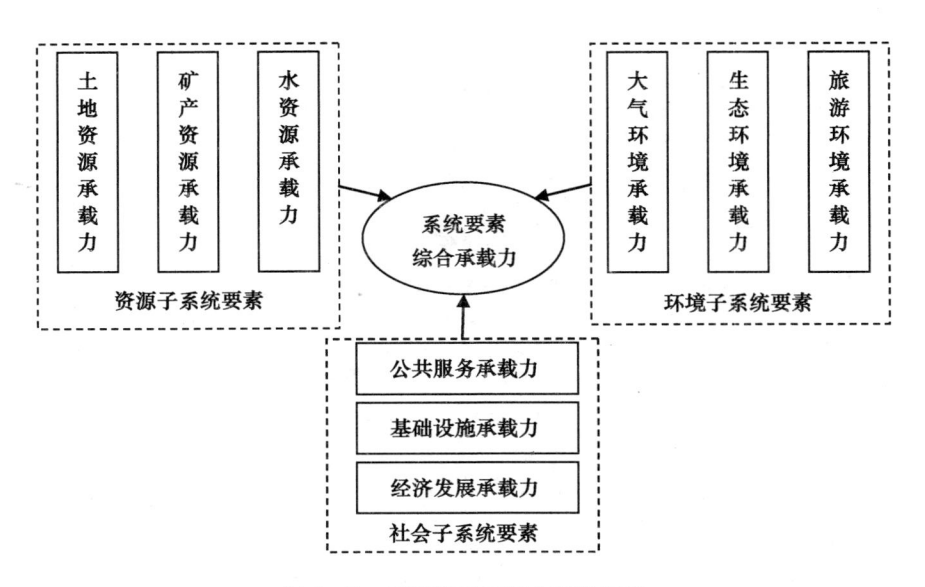

图 2—5　系统要素承载力理论框架

图 2—5 中，综合承载力系统包括资源子系统、环境子系统和社会子系统三个有机部分。资源子系统中以土地资源、矿产资源和水资源为关键要素，环境子系统中以大气环境、生态环境和旅游环境为关键因素，社会子系统以公共服务、基础设施和经济发展为关键因素。根据研究目标，选取具体定量或定性方法对每个关键因素承载力从不同方面综合评价，进而确定各子系统承载力以及系统综合承载力。系统、子系统以及各要素承载力是一个完整的有机整体，各要素之间并不是完全独立，而是相互影响，相互配合。同时，综合承载力强调各要素有机协调可有效提升系统承载力水平，尤其是社会系统中智力资源和经济资源可有效提升资源和环境效率，从而相对扩大了资源和环境承载力阈值。

综上可知，城市（地域）综合承载力理论与系统要素综合承载力理论是在资源或环境等单要素承载力理论基础上发展而来，在传统资源和环境承载力基础上加入社会承载力，以综合衡量系统整体承载力状况。与城市综合承载力相比，系统要素综合承载力理论架构视角更宏观，应用范围更广泛，为县域海岛综合承载力研究提供理论支撑和评价思路。从系统要素角度出发，县域海岛综合承载力系统亦是一个多元素组合的整体系统，可分为资源子系统承载力、环境子系统承载力以及社会子系统承载力，可根据海岛自身特征选择土地资源、淡水资源、大气环境、生态环境以及基础设施、公共服务等要素进行评价。同时，综合承载力与可持续发展是相辅相成的。综合承载力是可持续性发展的基础，综合承载力提高是实现可持续发展的必要条件。县域海岛可持续发展应建立在海岛综合承载力不断提升基础之上。

三　区域经济发展理论

区域经济是在一定区域内经济发展的内部因素与外部条件相互作用而产生的生产综合体。县域海岛相对封闭和独立，海岛内各系统相对脆弱，若保持海岛系统全面综合持续地发展，需综合考虑海岛制约因素和发展因素两方面共同作用。综合承载力理论为海岛可持续发展制约因素研究提供了理论支撑,区域经济发展理论则可为研究海岛系统发展程度提供理论依据。

区域经济发展理论是区域经济学研究内容重要分支。区域经济学由经济地理学逐步演化而来,以德国经济学家杜能(1986)在其著作《孤立国同农业和国民经济的关系》相关研究为起始,各国学者从各个角度和层面不断完善和深化,逐渐形成新经济地理学派、新制度学派以及区域管理学派三个研究流派。区域管理学派是区域经济学与管理学相互结合而形成的新学派,其成果代表了区域经济学研究的新进展。区域管理学派主要集中在区域经济发展管理、区域人口管理和区域环境管理等方面,在各国学者区域管理相关研究成果基础上形成了区域经济发展理论。

区域经济发展理论依据区域经济不同发展思路,可分为区域经济均衡发展战略理论和区域经济非均衡发展战略理论两大类。区域经济均衡发展战略理论以英国发展经济学家罗森斯坦·罗丹提出的"大推进理论"和美国经济学家纳克斯提出的"平衡发展理论(恶性循环理论)"为代表,主张在各产业和各地区同时进行投资,以促进各产业和各部门协调发展,并且在互补性产业和地区之间形成相互支持。但均衡发展战略理论并没有考虑区域资源、环境等约束条件限制,按照均衡发展战略理论进行全面大规模投资,忽略了不同产业和不同地区之间比较优势差异。因此,区域经济均衡发展战略缺少可操作性,区域经济非均衡发展战略理论成为当前区域经济发展理论中主流理论。比较有代表性的区域经济非均衡发展战略理论主要有不平衡发展理论、增长极理论以及累积因果理论(如图2—6所示)。

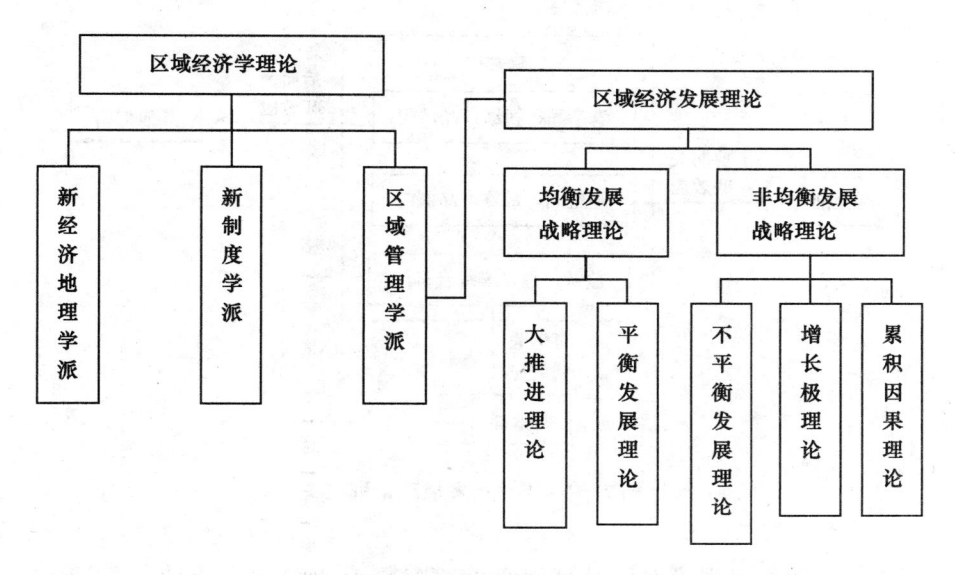

图 2—6　区域经济学理论框架

（一）不平衡发展理论

不平衡发展理论是美国经济学家赫希曼（1991）在其著作《经济发展战略》中提出的。该理论认为由于各地区地理条件、自然资源丰裕程度、产业结构等差异明显，区域经济发展是不平衡的，应集中有限的资源和资本，优先发展"主导部门"，并通过关联效应，即各产业部门客观存在的相互影响和相互依存效果，带动其他产业部门发展（如图 2—7 所示）。

由图 2—7 可知，不同地区主导部门的选择，主要依据该部门关联效应强度，以便通过该主导产业的扩张和优先增长产生溢出。不同类型主导部门会产生不同类型关联效应，通常可分为前向关联效应、后向关联效应以及旁侧关联效应。通常情况下，主导产业后向关联效应主要由农产品或初级产品生产部门为主导部门引致，前向关联效应则主要由制造品或最终产品生产部门为主导部门引致，而旅游或地产等服务产业部门为主导部门时则主要引致旁侧关联效应。但在不均衡发展过程中，应防范主导部门过度发展而加剧贫富差距或导致恶性循环。

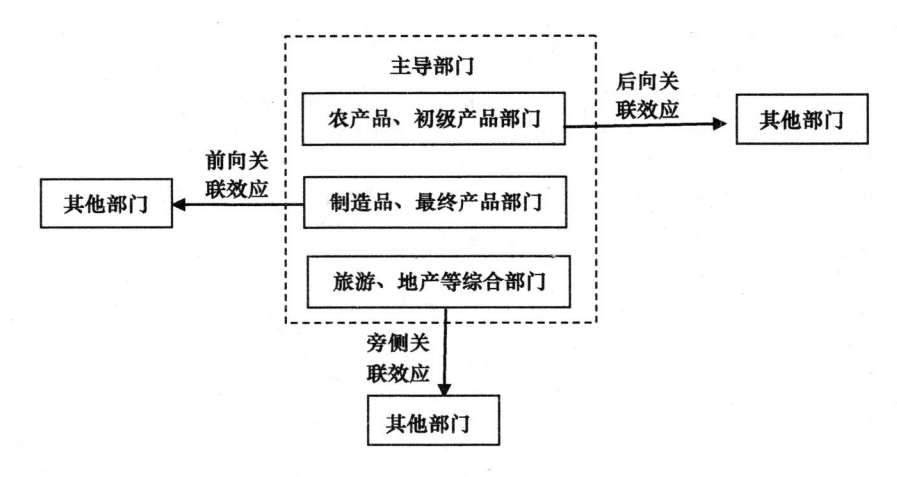

```
        ┌─────────────────────────────┐
        │         主导部门              │
        │  ┌───────────────────┐      │  后向关
        │  │ 农产品、初级产品部门 │──────联效应──→ 其他部门
        │  └───────────────────┘      │
   前向关 │  ┌───────────────────┐      │
其他部门 ←联效应─│ 制造品、最终产品部门 │    │
        │  └───────────────────┘      │
        │  ┌───────────────────┐      │
        │  │ 旅游、地产等综合部门 │      │
        │  └───────────────────┘      │
        └──────────────│──────────────┘
                   旁侧关
                   联效应
                      ↓
                   其他部门
```

图 2—7　不平衡发展理论框架

不平衡发展理论对于县域海岛经济发展有重要参考价值。县域海岛受地理条件和自然条件限制，不具有大规模全面投资可能性，应根据县域海岛自身特点和优势选择主导部门，并通过关联效应使主导部门优势扩散到其他部门，以保持县域海岛持续全面发展。因此，在对县域海岛经济发展进行评价时，主导部门经济发展状况应作为县域海岛整体经济发展重要评价指标。

（二）增长极理论

增长极理论最早是由法国经济学家弗朗索瓦·佩鲁提出的。增长极是根据物理学中"磁极"概念引申而来，即不同经济空间存在类似于磁场中的磁极，可产生强大的吸引力或排斥力，一方面吸引该经济空间资本、技术、人才等生产要素向极点聚集，另一方面在极点发展到一定程度时会将各优质生产要素扩散至外围，从而提升整体经济空间发展程度。因此，经济空间中增长极对整体经济发展作用巨大，经济增长不应该在不同的部门、行业或地区按相同的速度均衡增长，而应该保证经济空间中增长极优先和快速发展（如图2—8所示）。

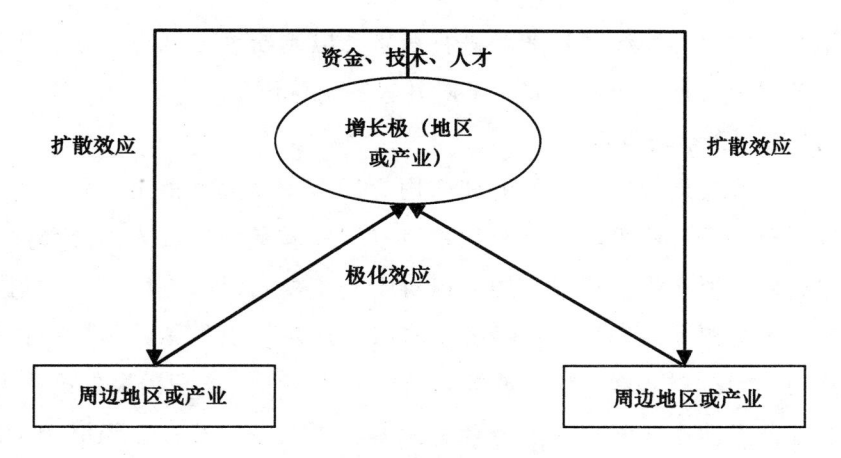

```
                    资金、技术、人才
                    ┌─────────┐
    扩散效应         │ 增长极(地区 │        扩散效应
                    │  或产业)  │
                    └─────────┘
                         ↑
                      极化效应
        ↓                                    ↓
    ┌──────────┐                        ┌──────────┐
    │周边地区或产业│                        │周边地区或产业│
    └──────────┘                        └──────────┘
```

图 2—8　增长极理论框架

由图 2—8 可知，增长极对其他部门所产生的吸引和排斥作用分别称为增长极极化效应和增长极扩散效应，分别代表周边地区或产业与增长极之间资金、技术和人才的不同流向。在制定具体发展战略时，应首先将条件较好的地区或产业培育成增长极，这个时期增长极主要产生极化效应，即吸引周边地区或产业资金、技术、人才等要素向增长极集中，促使增长极优先快速发展。在增长极发展到一定程度之后，应调整增长极发展战略以使其产生扩散效应，使增长极快速发展所集聚的资金、技术和人才等反向输出到周边地区或产业，进而带动整体经济空间升级优化。同时，佩鲁认为经济发展的主要动力是技术进步与创新，因此，作为增长极的产业应集中于那些规模较大、增长速度较快、与其他部门的相互关联效应较强的产业，佩鲁将具有这些特征的产业称为推进型产业。在佩鲁增长极理论基础上，其他学者针对增长极选择标准进行了新的研究和发展，如"点轴开发理论"和"网络开发理论"，将增长极从点扩展到线，并进而扩展到面。

增长极理论与不平衡发展理论有一定的相似性，但增长极理论更注重研究增长极选择的标准和依据，即如何确定不平衡发展理论的"主导部门"。根据增长极理论，规模较大、增长速度较快以及与其他部门关联效应较强的产业即可作为该地区经济发展增长极，因此，可依据该标准对县域海岛各产业进行甄别,以判断该县域海岛增长极产业,并进而根据该产业发展状况对其进行定量评价。

(三) 累积因果理论

不平衡发展理论和增长极理论均对均衡发展战略提出质疑,并提出区域经济发展应采取非均衡发展战略,强调了增长极或主导部门通过关联效应所产生的积极作用,但对于非均衡发展战略所产生的消极影响并没有深入研究。瑞典经济学家缪尔达尔提出的累计因果理论对非均衡发展战略可能产生的消极影响进行了分析。累积因果理论认为,社会经济各因素之间存在着循环累积的因果关系,某社会经济因素的变化会引起另一社会经济因素的变化,而后一因素的变化又会反过来强化前一因素的变化,从而引起累积性循环发展趋势(如图2—9所示)。

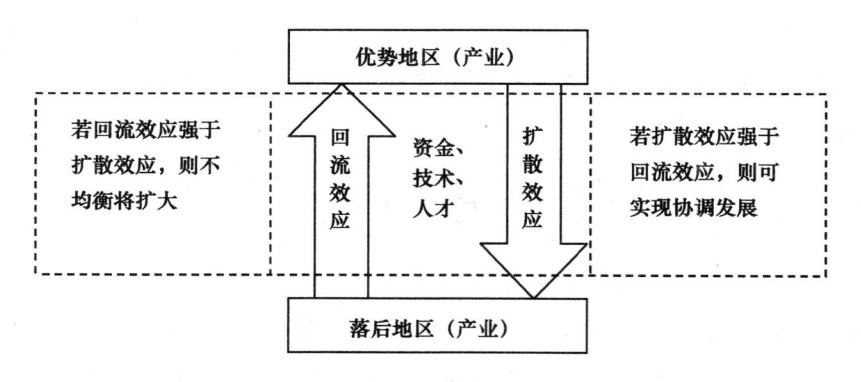

图2—9 累积因果理论框架

由图2—9可知,区域经济不均衡发展战略同样遵循累积性循环发展规律。在市场力量作用下,主导部门或增长极,即优势部门,由于资金、技术等要素优先注入,发展速度会进一步加快,从而强化了优势部门与周围地区或产业的不平衡。在累积效应下,这种不平衡将产生两种相反的效应,即回流效应和扩散效应,这两种效应对应于优势地区与落后地区之间资金、技术和劳动力等要素双向流动。如果回流效应强于扩散效应,则优势地区和落后地区不均衡将继续扩大,而如果扩散效应强于回流效应,则优势地区和落后地区可实现协调发展。累积因果理论在区域经济非均衡发展战略理论基础上提出了区域经济非均衡协调发展理念,即受地理条件、自然条件以及经济条件等限制,区域经济发展战略应根据该区域特点选择和培育主导部门或增长极,即优势部门,在非均衡发展战略实施初期,允许回流效应强于扩散效应,以保证优势部门优先和快速发展。但在优势部门发展到一定程度,应调整非均衡发展战略,使扩散效应强于回流效应,从而保证优势地区和落后地区协调发展。

累积因果理论重视改善区域经济非均衡发展可能带来的消极影响,并以区域经济协调发展为目标,这与可持续发展理论所追求的目标是一致的。同时,累积因果理论也强调了区域经济各因素之间循环累积的因果关系,并且在各因素相互作用与反作用下,引起区域经济累积性循环发展。县域海岛经济发展也遵循制约因素与发展因素相互循环累积规律,而且只有制约因素与发展因素协调循环累积,才能实现县域海岛真正可持续发展。在构建县域海岛经济发展度综合评价体系时,县域海岛优势部门与落后部门之间的协调性应考虑在内。

综上可以看出,县域海岛因其特殊性,在区域经济发展中更适宜实施非均衡发展战略,即依据海岛自身资源环境和基础设施承载力,培养和扶持主导产业部门,发挥其关联效应和扩散效应,并防止极化效应和回流效应,以主导产业带动整体经济发展,并进而推动县域海岛整体可持续发展水平。

四 本书整体理论架构

可持续发展理论、综合承载力理论以及区域经济发展理论构成本书基本理论支撑。这三个理论之间联系密切,相辅相成。可持续发展理论是三者的核心和基础,也是县域海岛开发与建设的目标;县域海岛可持续发展建立在综合承载力与经济发展协调共进基础上,综合承载力理论是县域海岛综合承载力评价的理论支撑,而区域经济发展理论则是县域海岛经济发展评价的理论支撑,综合承载力理论与区域经济发展理论为可持续发展提供了发展基础和发展动力。

具体到本书相关内容，如图 2—10 所示。首先，依据可持续发展理论，将县域海岛可持续发展建立在制约因素与发展因素协调共进基础之上，并分别以综合承载力衡量制约因素，以经济发展程度衡量发展因素。其次，依据综合承载力理论和区域经济发展理论，分别构建县域海岛综合承载力评价体系和县域海岛经济发展评价体系，以期得到各县域海岛综合承载力指数和经济发展指数以及评价体系系统层级指数，各层级指数奠定了本书定量分析的基础。最后，依据可持续发展理论，对综合承载力指数和经济发展指数进行耦合分析和相互影响分析，根据定量分析结果对各县域海岛可持续发展程度进行判断，以期针对各县域海岛可持续发展程度提出有参考价值的对策建议。

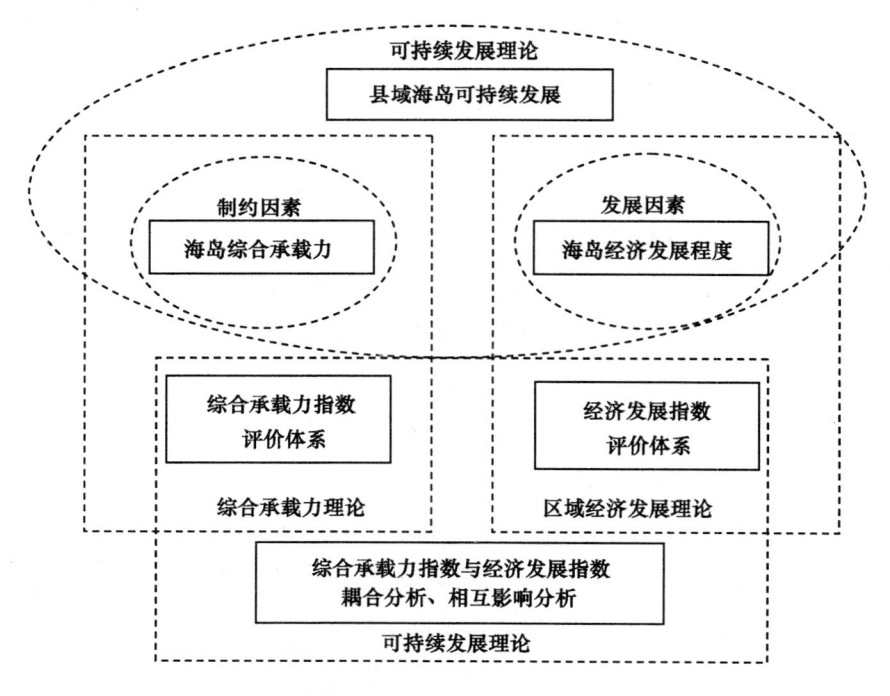

图 2—10　本书整体理论架构

第二节 相关概念界定

在研究过程中多次使用某些专有名词，其中包括常用的一般性概念，但在不同领域存在一定程度的争议性；同时还包括本书提出的名词，在此予以明确和界定。

一 县域海岛

根据2012年《全国海岛保护规划》统计数据，中国拥有总面积大于500平方米的海岛7300多个，海岛陆域总面积近8万平方千米，全国有居民海岛约500个，2007年人口约547万，海岛地区年生产总值近2300亿元。鉴于98.5%以上海岛居民集中居住在全国各县域海岛行政区划内，同时考虑到研究过程中数据取得难易度，故选取全国县域海岛为研究样本。

《中华人民共和国宪法》对中国行政区划做出了明确规定。依据《宪法》第三十条："中华人民共和国的行政区域划分如下：（一）全国分为省、自治区、直辖市；（二）省、自治区分为自治州、县、自治县、市；（三）县、自治县分为乡、民族乡、镇。直辖市和较大的市分为区、县。自治州分为县、自治县、市。"县域海岛是被国家行政区划为县（区或县级市）级单位的海岛群，县域海岛集中了多个大小不等的有居民和无居民海岛，是海岛居民的主要居住地，也是海岛经济开发建设集中区域。

从现有研究文献来看，传统意义上全国共有14个县域海岛，不包括福州市琅岐经济区和珠海万山海洋开发试验区，也不包括厦门市各区和海南岛各县（区或市）；同时，玉环、东山已修建海堤与陆地相连，实际已成为半岛县，多个海岛县已与大陆有路桥相通，但习惯上仍将其视为县域海岛。这些县域海岛分别隶属于辽宁、山东、上海、浙江、福建、广东以及中国台湾（如表2—1所示）。县域海岛总体陆地面积为3500平方千米，海域面积约60000平方千米，聚集了98.5%

海岛居民，并在海洋养殖、捕捞、临港工业、能源、旅游等多个产业贡献巨大。考虑到县域海岛数据可取得性，选择除中国台湾之外的12个县域海岛为研究样本。

表2—1　　　　　　　　　中国县域海岛及所属省份

所属省份	县域海岛（县、区等）	所属省份	县域海岛（县、区等）
辽宁	长海县	山东	长岛县
浙江	定海区	上海	崇明县
	普陀区	福建	平潭区
	嵊泗县		东山县
	岱山县	广东	南澳县
	玉环县	中国台湾	金门县
	洞头区		澎湖县

二　综合承载力指数

县域海岛在国家海洋战略中起关键作用，同时也是海洋经济发展重要的增长极。县域海岛一方面要满足当地居民生活需要和生产发展，另一方面要满足数量不断增加的短期外来者的各种需求。县域海岛综合承载力是在满足当地居民和短期外来者需要基础上，确保海岛资源系统合理开发利用，生态环境系统良性循环发展，以及社会经济系统持续稳定进步的能力。与当前学者研究较多的资源环境承载力相比，本书所界定的县域海岛综合承载力将海岛社会和经济系统提供的基础设施、安全和服务等因素纳入承载力整体评价体系中，是一种更加综合和多元的承载能力。这种能力以海岛资源、环境等条件为基础，以智力、经济等条件为保证。从可持续发展理论角度分析，县域海岛综合承载力是海岛可持续发展各种制约因素的综合体，是海岛自然资源、环境容量、生态条件、基础设施、公共安全和服务等各种因素共同作用的合力。图2—11是县域海岛综合承载力指数界定示意图。

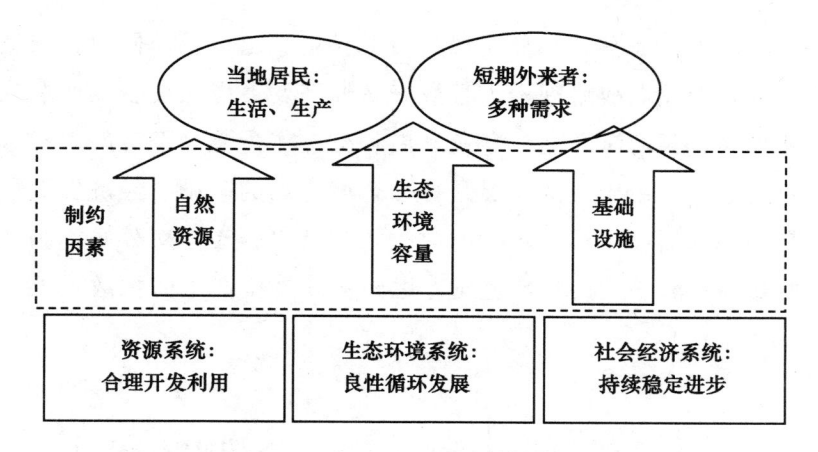

图 2—11 县域海岛综合承载力指数界定

由图 2—11 可知，县域海岛综合承载力是在自然资源系统、生态环境系统以及社会经济系统合理有序利用和发展基础上，为满足海岛当地居民及短期外来者各种需求而提供自然资源、环境容量、基础设施等各种制约因素的能力。这种能力反映在自然资源、生态环境和基础设施等数量的丰裕和质量的高低，对该区域经济发展具有显著的约束作用。

为定量评价县域海岛综合承载力，将以综合承载力为目标层，以自然资源系统、生态环境系统和基础设施系统为系统层指标，并选取多个要素层指数，构建县域海岛综合承载力指数评价体系。

三 经济发展指数

根据可持续发展理论，县域海岛可持续发展是海岛制约因素与发展程度协调作用的结果。县域海岛综合承载力用以评价海岛各种制约因素共同作用的效果，县域海岛经济发展则评价海岛各种发展因素状况。县域海岛经济发展指数是评价海岛经济发展的综合性指标，是对海岛当前整体发展水平的衡量，不仅关注县域海岛整体经济规模，如 GDP 及其增长幅度等，也注重海岛经济结构状况，如三次产业结构、海岛城乡收入结构、产业内不同类型行业结构等，还要重视海岛经济发展的推动力，如县域海岛居民消费、投资、出口等。同时，依据区域经济非均衡发展战略理论，县域海岛经济发展应保证主导产业优先和快速发展，县域海岛主导产业发展状况应作为海岛经济发展指数评价的重要内容。由于经济发展是社会全面发展的基础，经济发展成果将扩散到城乡居民生活、政府财政收入以及提升当地对外吸引力，因此，县域海岛经济发展指数还应考虑经济发展所产生的扩散效果（如图2—12所示）。

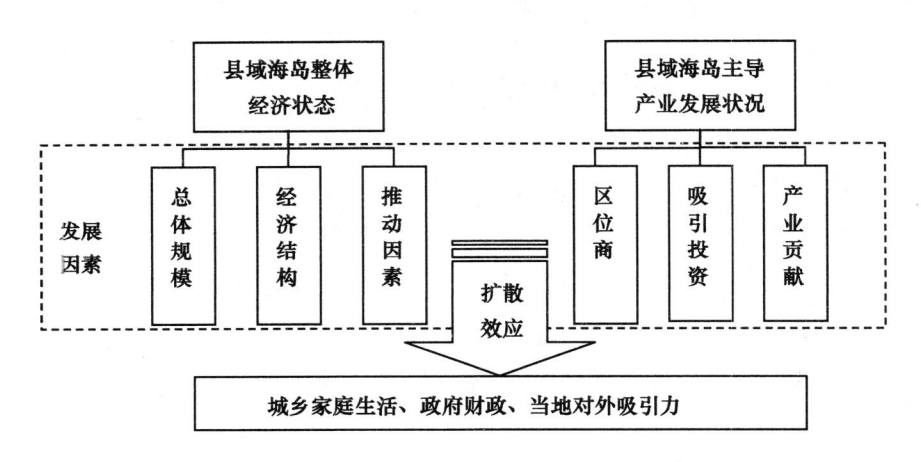

图2—12 县域海岛经济发展指数界定

如图2—12所示，将经济发展指数定义为县域海岛整体经济状态、主导产业发展状况以及经济发展扩散效应的综合反映。为定量评价县域海岛经济发展指数，以其为目标层，以县域海岛整体经济状态、主导产业发展程度和经济发展扩散效果为系统层指标，并在各系统层之下选取多个要素层指标，构建综合评价体系。

其中，县域海岛主导产业是在海岛区域经济发展中起主导作用的产业，这些产业产值通常在该县域海岛总产值中占有较大比例，产业就业人数在该县域海岛总就业人数中比重较大，同时该产业具有较强的产业关联效应，该产业优先发展将带动其他产业共同发展。鉴于数据的可得性，将采用当前使用较多的区位商方法确定各县域海岛主导产业，在此基础上，将主导产业发展状况纳入县域海岛经济发展评价体系中。

第三节　本章小结

可持续发展理论、综合承载力理论以及区域经济发展理论是本书研究的理论基础。可持续发展是县域海岛开发建设的目标，也是本书研究的目的，同时，可持续发展是发展过程中各种制约因素与发展程度协调作用的结果。因此，为了实现县域海岛可持续发展目标，应对县域海岛制约因素和发展程度以及两者之间的协调发展程度进行评价。综合承载力理论和区域经济发展理论分别为县域海岛制约因素和发展程度评价提供了理论依据。依据以上理论基础，结合研究目标，界定了县域海岛、县域海岛综合承载力指数、县域海岛经济发展指数等概念，并结合数据可取得性选取全国（中国台湾除外）12个县域海岛为研究样本，以期对各县域海岛可持续发展程度进行定量分析和研究。

第三章

县域海岛综合承载力与经济发展基本面分析

中国县域海岛开发建设已全面展开，各海岛因其地理、资源、人文等特殊性吸引大量短期外来者涌入，县域海岛综合承载力与经济发展之间矛盾日益明显。本章将通过采集和分析2014年各县域海岛相关数据，对县域海岛综合承载力和经济发展基本状况进行定性分析。

第一节 县域海岛各系统承载力分析

依据综合承载力理论及所界定概念，县域海岛综合承载力是海岛内资源系统、环境系统以及社会经济系统等综合作用的合力。依据系统论中系统与要素之间的逻辑关系，县域海岛综合承载力可分解为自然资源系统承载力、生态环境系统承载力以及基础设施系统承载力。本节对县域海岛自然资源、生态环境以及基础设施等基本状况进行分析，以期对县域海岛当前综合承载力基本状况予以判断。

一 自然资源系统

自然资源涵盖范围广泛，包括土地资源、森林资源、水资源、矿产资源、海洋资源、生物资源、气候气象资源等多个种类，从再生性角度分析，既包括可再生类型自然资源，也包括不可再生类型自然资源。县域海岛独特的区位因素决定了其特殊的自然资源系统，与其他地区相比，县域海岛拥有相对丰裕的海洋资源、风力和太阳能资源，但其土地资源、淡水资源相对稀缺，同时，各县域海岛还拥有一定的森林资源和矿产资源等。

（一）海域及陆域资源

县域海岛所辖区域包括两大部分，即陆域范围和海域范围。陆域范围是县域海岛居民聚集地及经济开发建设基地，也是为短期外来者提供各种服务的核心区域；海域范围则是县域海岛居民进行各种海洋捕捞、养殖、临港工业、海洋旅游等各种经济活动的作业对象。县域海岛陆域和海域范围在一定程度上决定了居民和短期外来者数量以及各种经济活动开发强度。

表3—1是2014年各县域海岛陆域与海域资源总面积以及人均面积统计表，在陆域资源中分别统计了耕地以及林地等不同类型土地总面积及人均面积。从统计数据来看，大部分县域海岛辖域内部陆域面积与海域面积不平衡，所辖海域面积远远超过陆域面积。以长岛县和嵊泗县为最明显，其县域面积99%以上是海域，陆域面积占县域总面积不足1%；相对均衡的县域海岛有定海县、玉环县和东山县。同时，比较各县域海岛陆域不同类型土地资源，林地面积与耕地面积相比也差异较大。以长岛县、嵊泗县和南澳县为例，其林地面积是耕地面积的15倍以上，耕地面积相对较大的是崇明县、普陀区和平潭区。林地面积与耕地面积的不均衡反映出海岛地形与区位因素的差异性。

根据表3—1，横向比较各县域海岛人均数据，不同县域海岛人均海域面积差异较大，但人均陆域面积差距较小。不考虑崇明县，人均海域面积最大的是长岛县，其值为0.204平方公里，而人均海域面积最小的定海区，其值仅为0.002平方公里，两者相差100倍以上；而人均陆域面积最大的崇明县（0.207公顷）仅是人均陆域面积最小的洞头区（0.076公顷）的2.7倍。陆域面积是县域海岛居民生活和生产活动的基础，一定面积的土地容纳人口数量有限，各县域海岛人均陆域面积的相似在一定程度上反映出各海岛居民已趋于达到峰值。

表 3—1 2014 年县域海岛陆域与海域资源主要指标统计

县域海岛	海域（平方公里）		陆域（公顷）					
			土地		耕地		林地	
	总面积	人均面积	总面积	人均面积	总面积	人均面积	总面积	人均面积
长海县	10324	0.143	14204	0.196	1366	0.019	6733	0.093
长岛县	8700	0.204	5727	0.135	167	0.004	2533	0.060
崇明县	—	—	141100	0.207	50647	0.074	25307	0.037
定海区	875	0.002	53106	0.138	10667	0.028	28667	0.075
普陀区	6269	0.019	45860	0.142	9059	0.028	15234	0.047
嵊泗县	8738	0.112	8600	0.110	260	0.003	3910	0.050
岱山县	4916	0.026	32650	0.174	4454	0.024	14888	0.079
玉环县	1930	0.004	37850	0.088	6933	0.016	17070	0.040
洞头区	2652	0.020	10030	0.076	1156	0.009	4613	0.035
平潭区	6000	0.014	37191	0.089	8764	0.021	10707	0.026
东山县	1800	0.008	24834	0.116	2853	0.013	7060	0.033
南澳县	4600	0.075	10800	0.176	515	0.008	7776	0.127
合计	56804	0.057	421952	0.137	96841	0.021	144498	0.059

资料来源：根据各县域海岛 2014 年《国民经济和社会发展统计公报》、2015 年《政府工作报告》以及《土地利用整体规划》搜集整理得到；崇明县由于整体县域范围在东海海域以外，其海域面积未进行统计；"合计"栏总面积为汇总值，人均面积为各县汇总值进行算术平均；人均值计算取 2014 年各县域海岛户籍人口为总人口数量。

将各县域海岛作为整体与中国及世界人均数据进行横向比较（如图 3—1 所示）。

单位：公顷　　■ 世界　☒ 中国　□ 县域海岛

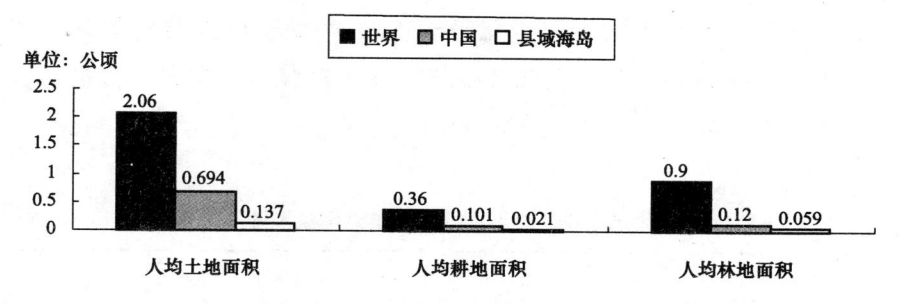

图3—1　世界、中国与国内县域海岛人均土地、人均耕地及人均林地比较

可以看出，中国县域海岛整体上在人均土地、人均耕地以及人均林地等方面与中国人均值差距明显，与世界人均值差距更大。其中，县域海岛人均土地和人均耕地面积为中国人均值的1/5左右，不足世界人均值的1/15。因此，与其他区域相比，县域海岛土地、耕地及林地等资源非常稀缺，而这些资源无法实现空间移动，同时这些资源一旦被严重破坏，短期内难以再造或恢复，这大大限制了县域海岛生活与生产活动的空间及强度。

综合县域海岛陆域与海域资源基本面数据，无论从单个海岛陆域与海域资源对比，还是对12个县域海岛同类型资源进行横向对比，抑或是将县域海岛整体与中国或世界进行横向对比，县域海岛陆域与海域之间以及县域海岛之间不均衡性明显，同时，县域海岛土地、耕地及林地资源处于严重稀缺状态。

（二）水资源

从自然资源角度出发，县域海岛水资源主要包括两大部分，即常规水资源及非常规水资源，常规水资源主要包括县域海岛地表水和地下水，非常规水资源主要包括雨水和雾水等。县域海岛中除崇明县以外，均被海域包围，与大陆隔离，海岛自身水循环系统非常脆弱，常规水资源和非常规水资源均来自大气降水。在县域海岛大陆引水或海水淡化等人工供水系统建立之前，县域海岛水资源非常匮乏。根据联合国对水资源丰裕程度划分标准，人均水资源量低于1667 m^3，高于1000 m^3，属于水源紧张地区；人均水资源量介于500 m^3 至1000 m^3 之间属于贫水地区；人均水资源量低于 500 m³ 属于严重贫水地区。表 3—2 是各县域海岛人均水资源量及年均降水量统计数据，并根据联合国标准将县域海岛人均水资源类型加以归类。

表 3—2　　　　　　　　县域海岛人均水资源量及年平均降水量

县域海岛	人均水资源量（m³）	类型	年均降水量（mm）	县域海岛	人均水资源量（m³）	类型	年均降水量（mm）
长海县	341	严重贫水	366	岱山县	394	严重贫水	1168
长岛县	146	严重贫水	560	玉环县	527	贫水	1451
崇明县	2173	充足	1004	洞头区	389	严重贫水	1250
定海区	808	贫水	1332	平潭区	481	严重贫水	1200
普陀区	547	贫水	1274	东山县	445	严重贫水	1103
嵊泗县	149	严重贫水	1090	南澳县	353	严重贫水	1383
				合计	382	严重贫水	1115

资料来源：根据县域海岛《水资源公报》《供水现状调查报告》《海洋功能区划报告》搜集整理得到；同时参考陈国伟（2006）《浙江省海岛地区供水配置探讨》相关数据；崇明县人均水资源量是采用中国人均数据；合计数据是根据各县域海岛数据汇总后算术平均得到。

由表 3—2 可知，县域海岛自然资源系统中水资源匮乏严重。除崇明县以外，其余各县域海岛人均水资源量均在 1000 m³ 以下，即属于贫水类型，其中长海县、长岛县等 8 个县域海岛属于严重贫水类型，这使得县域海岛整体人均水资源量仅有 382 m³，即整体处于严重贫水类型。相关数据可绘制图 3—2。

由图 3—2 可知，县域海岛整体人均水资源量约是中国人均水资源量 2173 m³ 的 1/6，世界人均水资源量的 1/22。考虑到工业用水以及短期外来者水资源需求，县域海岛水资源匮乏将大大限制海岛开发与建设，县域海岛若要实现整体持续发展，必须通过规划建设大陆引水或海水淡化等供水工程来提高海岛整体供水能力。

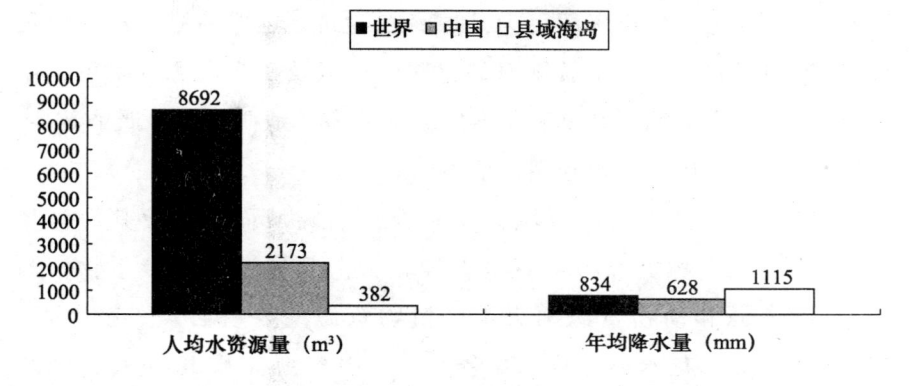

图 3—2　世界、中国与县域海岛人均水资源量及年均降水量比较

县域海岛水资源来自大气降水，降水对海岛水资源系统循环与扩充起关键作用。从表 3—2 各县域海岛年均降水量数据来看，除了位于北方的长海县和长岛县，其余各县域海岛年均降水量均超过了 1000mm，县域海岛整体年均降水量达到 1115mm，这个数值超过了全国年均降水量 628mm 和世界年均降水量 834mm。但由于县域海岛受日照和海风影响较大，水面蒸发量普遍高于大陆地区 10% 左右，使得作为海岛常规水资源的地表径流平均径深比大陆地区地表径流平均径深少 20% 左右，县域海岛降水无法使岛上水资源系统得到全面补充和改善。各县域海岛可针对相对丰裕的降水资源，发展降水搜集和保存技术，如建立水库及屋顶集雨工程等。

因此，县域海岛自然资源系统中水资源整体处于严重贫水状态，同时，相对丰裕的大气降水并不能有效提高海岛水资源系统整体存量水平，再加上县域海岛经济开发强度提升及外来者数量快速增加，县域海岛水资源也稀缺严重。

（三）其他类型自然资源

如前所述，自然资源涵盖范围广泛。除了土地资源、水资源之外，县域海岛自然资源系统还包括矿产资源、生物资源、气候气象资源及地质地貌资源等。

县域海岛矿产资源相对贫乏，主要以石英、金刚砂等砂石资源以及建筑石料为主。矿产资源可为县域海岛建筑、制造等第二产业发展提供关键原材料，但由于县域海岛特殊区位以及矿产资源的不可再生性，同时对矿产资源的开发利用通常会造成海岛地质和地形严重破坏，因此，县域海岛矿产资源利用价值不高。

县域海岛因其广阔的海域面积和狭窄的陆域面积，使其海洋生物资源与陆域生物资源种类数量差异较大。县域海岛陆域生物资源包括植物资源和动物资源两大类，植物资源主要有谷类、蔬菜类、果类、林木类、花木类，共100余种，其中药物资源30余种；陆域动物资源主要有鸟类、兽类、昆虫类等80余种，其中药物资源40余种。县域海岛海域面积广阔，年平均气温在10—22℃之间，水质优良且养分充足，优质的自然条件使得海洋生物种类繁多，数量也非常庞大。县域海岛海洋生物资源包括各种藻类植物、浮游生物、软体动物、节肢动物、鱼虾贝类等，其种类10万余种，是陆域生物资源的5000多倍，其中，浙江省县域海岛辖区内舟山渔场是中国最大的渔场。因此，县域海岛陆域生物资源与海域生物资源差别较大，海域生物资源是县域海岛生物资源的优势，陆域生物资源种类和数量相对贫乏。

县域海岛因其特殊的区位因素而形成某些气候气象类自然资源。受海洋洋流影响，各县域海岛普遍具有充裕的潮汐能资源，以洞头县为例，其年平均潮差达4.01米，属于典型的强潮区。同时，县域海岛受海洋气流影响，风力普遍较大，如长岛县年平均风速达6.86m/s，全年大于17m/s以上大风天气约70天，南澳年平均风速达到8.54m/s，素有"风柜"之称。良好的风力资源为县域海岛建立并发展风电项目提供得天独厚的条件。再者，县域海岛整体日照时间充足，例如北方的长海县年均日照时数超过了2700小时；南方县域海岛年日照时数相对略少，如定海区日照时数为2300小时，但与同纬度其他地区相比，县域海岛年均日照时数普遍更长，因此，县域海岛太阳能资源也相对充裕。潮汐能、风能及太阳能均属于清洁能源，同时又是可再生能源，县域海岛风能、潮汐能及太阳能等气候气象资源有效利用是县域海岛开发建设的重要环节。

各县域海岛在长期地壳运动进程中，并在其相对封闭和独立的演化系统中，逐渐演变形成各具特色的地质地貌，配合海湾、沙滩、石滩等海洋特色景观，再衬以各县域海岛当地民俗、宗教等独特人文背景，形成县域海岛别具一格的自然人文风光旅游资源。自然旅游资源是县域海岛旅游产业的基础，也是县域海岛整体开发建设的关键环节。但相对于数量不断增加的外来旅游者群体，县域海岛旅游资源及配套难以支撑，供需矛盾日益激化。

（四）自然资源系统承载力小结

通过对县域海岛自然资源要素中土地资源、水资源、矿产资源、生物资源、气候气象资源及地质地貌资源等基本面分析，可以看出，县域海岛不同类型自然资源丰裕程度差别较大。与其他地区相比，县域海岛土地资源、水资源人均占有量非常低，属于严重匮乏状态，但县域海岛在海域面积、海洋生物资源以及海洋类气候气象资源方面相对丰裕，县域海岛自然资源承载力是各种类型自然资源要素共同作用的结果，后文将对不同类型自然资源综合承载力进行定量分析。

二 生态环境系统

与自然资源类似，生态环境也是涵盖多种要素的复合系统。通常情况下，生态环境系统是某个区域中生物与其生存繁衍的各种条件总和，可分为生态要素和环境要素两个大类。具体到县域海岛生态环境，是指县域海岛居民及外来者生产、生活及进行其他活动所依赖的各种空间、陆地及水域要素。与自然资源相比，生态环境更强调人类与其之间的关系。生态环境要素的质量会受到人类各种活动影响而下降。生态环境质量水平可通过大气质量、水质量、森林覆盖率、污染（废水、废气等）处理等进行衡量。

表 3—3　　　　　2014 年县域海岛生态环境主要要素统计

县域海岛	空气优良天数	近岸海域水质	海洋沉积物	森林覆盖率	环境噪声均值（分贝）	等级	城市污水处理率
长海县	236	以Ⅰ类和Ⅱ类标准海域为主	达到Ⅰ类标准	44%	50.1 以下	一类	65%
长岛县	280	基本达到Ⅰ类和Ⅱ类标准	达到Ⅰ类标准	60%	54.3 以下	一类	75%
崇明县	340	以Ⅰ类标准海域为主	达到Ⅰ类标准	22%	60 以下	二类	85%
定海区	343	劣Ⅳ类标准	达到Ⅰ类标准	51%	51.2 以下	一类	85%
普陀区	330	以Ⅳ类和Ⅲ类标准为主	达到Ⅰ类标准	52%	51.6 以下	一类	80%
嵊泗县	333	以劣Ⅳ类和Ⅳ类海域为主	达到Ⅰ类标准	46%	54.3 以下	一类	88%
岱山县	344	以劣Ⅳ类海域为主	达到Ⅰ类标准	46%	51.2 以下	一类	82%
玉环县	338	以劣Ⅳ类海域为主	基本达到Ⅰ类标准	51%	54.9 以下	一类	86%
洞头区	344	以劣Ⅳ类和Ⅳ类海域为主	基本达到Ⅰ类标准	47%	60 以下	二类	87%
平潭区	245	以Ⅰ类和Ⅱ类标准海域为主	达到Ⅰ类标准	38%	60 以下	二类	80%
东山县	365	以Ⅰ类和Ⅱ类标准海域为主	达到Ⅰ类标准	36%	55 以下	一类	82%
南澳县	352	以Ⅰ类和Ⅱ类标准海域为主	达到Ⅰ类标准	82%	56.1 以下	二类	80%

资料来源：根据县域海岛《2014 年统计公报》、县域海岛所在地市《2014 年环境状况公报》以及所在省《2014 年海洋环境公报》等搜集整理得到。

（一）海岛空气质量

空气质量是某个地区空气污染程度的综合反映，空气质量好坏受当地气象、地形等自然因素与生产和生活行为等人工因素的综合影响，同时，空气质量又直接影响到当地各种经济行为。近年来，随着中国空气质量问题日益严重，空气质量也已成为县域海岛生态环境要素中重要考评指标之一。

根据国家2012年出台的《环境空气质量指数（AQI）技术规定（试行）》（HJ 633—2012），空气质量指数替代原空气污染指数（API）标准，并分为六个等级，等级越高，代表空气污染程度越严重（如表3—4所示）。

表3—4　　　　中国空气质量指数（AQI）等级标准

AQI值	空气质量等级	人类活动	AQI值	空气质量等级	人类活动
0—50	一级；优	各类人群正常活动	150—200	四级；中度污染	一般人群适量减少户外运动
50—100	二级；良	极少数敏感人群减少户外活动	200—250	五级；重度污染	儿童、老年人及心肺病人停止户外运动
100—150	三级；轻度污染	儿童、老年人及心肺病人减少户外锻炼	>300	六级；严重污染	一般人避免户外活动

资料来源：根据中华人民共和国《环境空气质量指数（AQI）技术规定（试行）》（HJ 633—2012）整理得到。

2014年县域海岛空气质量状况整体较好。除长海县、长岛县及平潭区以外，其余各县域海岛空气质量优良率均超过90%，尤其是东山县，空气优良率达到100%，东山县也成为"2014中国深呼吸小城100佳"的县份，被称为"美丽中国国土气候旅居名片"。从地理分布来看，南方县域海岛空气质量水平明显优于北方县域海岛，长海县与长岛县全年空气质量优良率仅为65%和77%，距国家规定85%优良率环保城市标准尚有较大差距。从季节角度来看，县域海岛冬春季空气质量低于夏秋两季，尤其是北方两个县域海岛，冬季空气质量不达标天数是其他季节的两倍。空气污染给县域海岛居民生产生活行为及外来者旅游等带来严重负面影响。

（二）海洋生态环境

县域海岛所辖海域面积远远大于陆地面积，嵊泗、长岛等县域海岛海域面积占全县总面积99%以上，县域海岛海洋环境也是其生态环境系统基本要素之一。海水水质及海洋沉淀物质量直接影响到县域海岛海洋渔业和养殖业等第一产业以及海上运动和娱乐等第三产业。现以海洋环境统计中较常用的近岸海域海水水质和海洋沉淀物两个指标对县域海岛海洋环境进行初步分析。

依据国家《海水水质标准》（GB 3097—1997）和《海洋沉积物质量》（GB 18668—2002），海水水质和海洋沉积物分别分成了四类和三类等级（如表3—5所示）。

表3—5　　　　中国海水水质标准和海洋沉积物质量等级

海水水质	适用功能	海水沉积物
一类	海洋渔业水域，海上自然保护区和珍稀濒危海洋生物保护区	一类
二类	水产养殖区，海水浴场，人体直接接触海水的海上运动或娱乐区，以及与人类食用直接有关的工业用水区	
三类	一般工业用水区，滨海风景旅游区	二类
四类	海洋港口水域，海洋开发作业区	三类

资料来源：依据国家《海水水质标准》（GB 3097—1997）和《海洋沉积物质量》（GB 18668—2002）整理得到。

各县域海岛海域中海洋沉淀物质量等级整体优良，达到或基本达到一类质量等级，满足要求较严的自然保护区或濒危生物保护区等不同用途。但不同县域海岛近岸海域水质差别较大，近岸海域水质较差的县域海岛主要集中在浙江省，海域水质主要以四类甚至是劣四类为主。全国近岸海域海水水质一、二类水质占总近岸海域面积 77% 左右，浙江省六个县域海岛远远低于这个比例，舟山市所辖 4 区县总体一、二类海域面积仅占总近岸海域面积 15%，尤其是定海区，其近岸海域水质监测结果全部为劣四类等级。因此，浙江省县域海岛相关海洋产业发展面临极大环境压力。其余县域海岛近岸海域水质则相对较好，达到或基本达到一类和二类海水水质等级标准。

（三）其他生态环境要素

除了县域海岛空气质量和海洋环境，表 3—3 中还统计了 2014 年各县域海岛森林覆盖率、环境噪声以及城市污水处理率等指标。

县域海岛整体环境系统相对孤立封闭，森林对维持和调节县域海岛生态环境系统起着至关重要的作用。各县域海岛也非常重视现有森林的保护及人工林木的培育再造，并提出了各具特色的森林工程项目，如长岛县建立的森林公园、嵊泗县推行"再造绿岛"工程、岱山县推行"森林岱山"项目、东山县推行"四绿"工程等。各县域海岛森林覆盖率整体较高，除上海崇明县以外，其余县域海岛森林覆盖率达到 35% 以上，长岛县和南澳县则分别达到 60% 和 82%。对县域海岛森林覆盖率进行简单算术平均，其值接近 45%，是 2014 年全国森林覆盖率 22% 的两倍，相对丰裕的森林资源在一定程度上提高了县域海岛生态环境承载能力。

随着交通运输系统不断升级，环境噪声问题日益严重，已成为影响一个地区生态环境系统的重要因素。为保障城乡居民声环境质量，国家在 2008 年针对居民社会生活现状制定了《声环境质量标准》（GB 3096—2008），用于评价声环境质量，并规定了五类声环境功能区噪声限值，如表 3—6 所示。

表 3—6　　　　　　　　中国声环境功能区类型及噪声限值

声环境等级	昼间噪声限值（分贝）	功能区类型
零类	50	康复疗养区等特别需要安静的区域
一类	55	以居民住宅、医疗卫生、文化教育、科研设计、行政办公位主要功能，需要保持安静的区域
二类	60	以商业金融、集市贸易为主要功能，或者居住、商业、工业混杂，需要维护住宅安静的区域
三类	65	以工业生产、仓储物流为主要功能，需要防止工业噪声对周围环境产生严重影响的区域
四类	70	交通干线道路两侧一定距离之内，需要防止交通噪声对周围环境产生严重影响的区域

资料来源：依据国家《声环境质量标准》（GB 3096—2008）整理得到。

县域海岛整体声环境质量较好，其中 8 个县域海岛昼间噪声限值在 55 分贝以下，即达到一类声环境等级，其余 4 个县域海岛达到二类声环境等级。因此，县域海岛整体声环境可满足各类居住、商业、科教以及行政办公等多种功能，但在规划康复疗养类功能区应需谨慎选址。

随着县域海岛经济开发强度增加以及短期外来者数量激增，海岛污水和固体垃圾等数量不断增加。由于县域海岛各系统相对封闭，自净和循环能力都较差，污水和固体垃圾等处理不当将对县域海岛整体生态环境带来严重负面影响，尤其是污水处理不当，将直接污染并破坏海岛水资源及近岸水域系统。根据表 3—3 中 2014 年各县域海岛污水处理率数据，县域海岛污水处理整体状况不乐观，城市污水处理率大多数集中在 80%—90% 区间，低于 2014 年中国城市 90.2% 污水处理率平均水平，而长海县和长岛县污水处理率仅达到 65% 和 70%。县域海岛污水处理能力亟待提高。

（四）生态环境系统承载力小结

生态环境各要素及整体系统是县域海岛综合承载力的重要组成部分，各要素质量等级直接影响到县域海岛综合承载力总体水平。通过选取县域海岛空气质量、近岸海域海水质量、森林覆盖率、环境噪声以及污水处理率等生态环境要素进行分析，从各县域海岛数据横向对比角度来看，各县域海岛之间不同要素质量等级既有较大差异性，也有一定相似性。例如，北方海岛空气质量明显劣于南方海岛，而浙江东海海域县域海岛海水水质明显劣于其他县域海岛；但各县域海岛在森林覆盖率、环境噪声以及污水处理率等方面差别不大。将各县域海岛数据与中国其他地区数据对比来看，县域海岛生态环境既包括优势要素，也包括劣势要素。例如，大多数县域海岛空气优良率、森林覆盖率及环境噪声等优于中国其他地区，但一些县域海岛在海域水质、污水处理率等方面明显劣于中国其他地区。由此可见，各县域海岛生态环境要素共同作用所产生的承载力水平也会存在较大差异，本书将建立生态环境评价体系对其进行定量分析和比较。

三 基础设施系统

基础设施是为当地居民生产生活以及满足外来者各种需求所提供的物质工程设施，是保证该地区社会经济活动正常运行的服务系统。基础设施系统也是涵盖多种要素的复杂系统，通常包括交通（运输和邮电）、供水供电、商业服务、文化教育、卫生事业及科研与技术服务等各种市政公用设施和公共服务设施。从不同国家经济发展历程看，基础设施建设既是一国经济发展不可缺少的物质条件，也是刺激衰退期经济走出低谷的重要投资领域。

依据要素综合承载力理论，基础设施与自然资源和生态环境系统类似，基础设施系统各要素共同作用结果也是某地区综合承载力的重要决定因素。从可持续发展角度理解，基础设施属于制约因素，基础设施整体质量水平将直接限制当地社会经济发展强度和持续性。随着县域海岛经济发展强度不断提高以及外来者数量不断增加，县域海岛基础设施系统面临巨大压力，公路、船运、港口等交通资源、商业服务设施、供水供电等供应压力凸显。

（一）交通类基础设施

广义的交通包括运输和邮电两大类。运输和邮电要素已成为当前经济发展的必需和先决条件，是地区基础设施建设的关键性要素。一个地区只有配备良好的运输和邮电条件，才能有效和畅通地与其他地区交流与合作，促进社会分工和规模经济的形成，并进行有效资源配置和提供各种服务。因此，运输和邮电条件直接决定该地区基础设施系统承载力，并进而影响到该地区综合承载力强度。

表3—7　　　　2014年县域海岛公路和水路运输状况统计

县域海岛	货运量（万吨）		客运量（万人）		公路通车		货运船舶（艘）	民用汽车数量（万辆）
	总量	水路	总量	水路	里程（km）	密度（km/100km²）		
长海县	560	186	1077	228	302	210	30	0.49
长岛县	417	317	348	226	142	250	52	0.53
崇明县	1700	382	3800	1200	980	70	50	9.20
定海区	9921	6482	5500	1500	746	140	653	6.21
普陀区	7655	6480	7784	2824	580	130	504	9.01
嵊泗县	1646	1474	584	200	171	200	169	0.69
岱山县	3062	2226	1827	631	401	120	278	1.16
玉环县	2274	1274	3002	199	617	160	147	7.70
洞头区	1524	605	1058	140	220	220	70	3.42
平潭区	736	300	3397	800	578	140	50	1.65
东山县	600	80	500	120	230	90	20	1.12
南澳县	380	201	300	80	206	190	35	0.22

资料来源：根据县域海岛《2014年统计公报》、县域海岛所在省《2014年统计年鉴》等搜集整理得到；公路密度根据公路通车里程与海岛陆地面积比值得到。

运输是借助运输工具，进行有目的的位移。根据运输方式不同，运输可分为公路运输、铁路运输、海运以及空运等方式；运输还可根据运输标的不同分为货运和客运两大类。县域海岛因其自身地理条件限制，难以发展大规模的铁路运输和空运方式，实践来看，当前仅普陀区机场运输能力较高，2014 年普陀区机场完成客运量 53.8 万人次，其他县域海岛中，崇明县和平潭区设有军事机场，长海县有短途民用机场，2014 年仅有 450 架次飞机，而铁路运输尽管已经在某些县域海岛规划建设中，但当前难以形成规模运力。因此，县域海岛运输方式主要通过公路运输和水路运输两大类，兼顾货运和客运。表 3—7 是 2014 年各县域海岛公路和水路运输方面相关数据。

由表 3—7 可知：首先，县域海岛水路和公路运输均承担重要运输任务，但水路和公路对货运和客运不同类型所起作用差异较大。各县域海岛货运以水路运输方式为主，数据显示，除长海县、崇明县、洞头区与东山县之外，其他各县域海岛 50% 以上货运是通过水路运输完成的，普陀区、嵊泗县甚至高达 85% 以上。而大多数县域海岛客运量主要是通过公路运输方式，公路运输客运量占总客运量 60% 以上。其次，各县域海岛之间运力差距较大。2014 年定海区货运量高达 9921 万吨，是南澳县货运量的 20 倍以上，在客运量方面，普陀区客运量也是南澳县客运量的 20 倍以上。从 2014 年公路通车里程、货运船舶以及民用汽车数量统计数据来看，不同县域海岛差距也非常大。鉴于交通运输是地区基础设施的基本要素，交通运输能力差异将直接影响各县域海岛经济发展程度。最后，县域海岛与全国其他地区相比，其总体运输能力具有一定优势。尽管受条件限制，县域海岛难以发展铁路和空运等运输方式，但其水路和公路运力具备较强实力。县域海岛凭借港口优势，水路运力优势明显；其公路运力与全国其他地区相比也具备一定优势。例如，2013 年全国公路密度为 45.4 公里/百平方公里，而县域海岛公路密度均超过这一数值，长海县、长岛县、嵊泗县及洞头区公路密度甚至超过 200 公里/百平方公里。因此，县域海岛交通运输尽管相互横向比较差异较大，但与全国其他地区相比仍具备一定优势，较好的运输能力为县域海岛经济发展提供了必要的保障。

交通除包括运输大类，还包括邮电类基础设施。邮电在中国是邮政和电信的总称，并作为一大类进行数据统计。20 世纪 90 年代末邮电正式分营，邮政发展遭遇各种冲击，电信则迅速发展，并对经济发展起到至关重要的作用。鉴于此，对县域海岛邮电基础设施基本面分析主要以电信领域相关数据为主（如表 3—8 所示）。

表 3—8　　　　　2014 年县域海岛电信类基础设施统计

县域海岛	固定电话		移动电话		互联网宽带接入	
	用户数（万户）	部/百户	用户数（万户）	部/百人	用户数（万户）	部/百户
长海县	2.2	76.5	6.0	82.4	1.2	41.7
长岛县	1.0	63.8	8.5	196.0	1.1	70.2
崇明县	21.5	71.7	92.7*	136.3*	17.4	58.0
定海区	19.2	131.7	78.8	204.0	19.5	133.8
普陀区	13.5	121.6	52.3	161.9	12.3	110.8
嵊泗县	2.6	84.8	10.2	130.6	2.3	75.0
岱山县	5.9	82.3	22.1	116.8	5.2	72.5
玉环县	16.8	121.8	82.3	191.3	18.6	134.9
洞头区	1.7	39.8	11.6	87.4	2.4	56.2
平潭区	8.2	68.3	36.8	87.9	6.1	50.8
东山县	4.5	73.3	21.2	99.1	3.5	57.0
南澳县	1.8	76.1	7.3*	118.7*	1.0	42.3
合计	98.9	84.3	429.8	134.4	90.6	75.3

资料来源：根据县域海岛《2014 年统计公报》邮电相关数据整理，其中，带 * 号数据是根据县域海岛所在省《2014 年统计年鉴》平均数计算得到；合计栏中用户数是各县域海岛数据加总，每百人持有数据是各县域海岛数据加总后算术平均得到。

根据表 3—8，可以看出：首先，各县域海岛不同类型电信业务中移动电话用户数量最多，如长岛县和洞头区，移动电话用户是固定电话用户的 8.5 倍和 6.8 倍。其次，对各县域海岛数据横向对比，各县域海岛电信设备发展程度差别较大。以每百人所持有移动电话数量为例，长海县每百人持有 82.4 部移动电话，而定海区每百人持有 204 部移动电话，相差 2 倍以上。电信设备是电信服务能力的基础，电信设备数量的差异反映出不同地区电信服务能力的差异，同时对该地区基础设施系统及综合承载力均产生重要影响。最后，将各县域海岛电信设施每百人或百户持有数量数据汇总并与同期全国其他地区进行对比（如图 3—3 所示）。

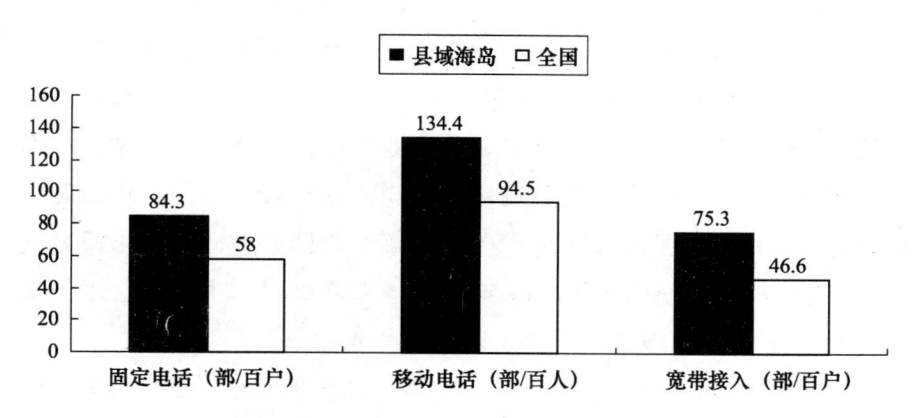

图 3—3 2014 年全国与县域海岛电信设备每百人（或百户）拥有数量对比

资料来源：根据《2014 年中国国民经济和社会发展公报》及表 3—8 整理得到。

由图 3—3 可知，县域海岛每百人（或百户）拥有固定电话、移动电话以及宽带接入数量均超过了全国平均水平，其中每百户宽带接入数量是全国平均水平的 1.6 倍，电信服务能力以电信设备为基础，县域海岛整体电信服务能力优于全国平均水平。电信设备是地区经济发展关键性基础设施之一，良好的电信服务能力可有效保障县域海岛经济保持较快发展水平。

综合县域海岛交通运输和交通邮电类基础设施基本状况，可以看出各县域海岛均非常重视交通类基础设施建设，但各县域海岛交通类基础设施发展差异较大，从而影响到各县域海岛综合承载力。与全国其他地区相比，县域海岛在公路及水路等运输条件及电信设备条件具有一定的优势。

（二）供水供电及商业服务类基础设施

水电等基础能源供应是地区经济发展的动力保障，商业服务设施则为地区经济发展提供基本平台和融通渠道，水电供应和商业服务类基础设施也是地区基础设施承载能力的重要影响要素。

从县域海岛经济发展实践来看，县域海岛尽管受到资源条件和地理条件等因素限制，但各县域海岛并没有走单一化经济发展道路，形成了三次产业综合发展经济体，因此，县域海岛水电供应及商业服务等基础设施承载能力直接影响到三次产业发展程度及发展持续性。尤其是近年来各县域海岛旅游业等第三产业发展迅速，短期外来者数量快速攀升，使得县域海岛水电供应及商业服务需求压力快速增加，而由于水电供应及商业服务类基础设施建设周期较长，短期内供给能力增加有限，因此，县域海岛在水电供应及商业服务方面供需矛盾日益明显。表3—9汇总统计了2014年各县域海岛供电基本状况，限于数据可取得性，表3—9未统计各县域海岛供水状况。

由表3—9可知：首先，各县域海岛全社会供电水平尽管增长幅度有一定差别，但总体处于上升趋势。除了长岛县以外，其余各县域海岛全社会总供电量同比均为正值，岱山县、洞头区及平潭区增长率均超过10%，供电能力的提升为各县域海岛经济发展提供基本动力保障。其次，从各县域海岛供电结构角度分析，工业供电是社会总供电量主体部分，多数县域海岛工业供电量达到社会总供电量50%以上，尤其是玉环县，其工业供电量占总供电量达到78%；同时，工业供电同比增长率总体上超过居民照明供电同比增长率，各县域海岛工业供电同比增长率平均值为7.06%，而居民照明供电同比增长率平均值为4.29%。再次，从县域海岛人均照明供电量来看，各县域海岛人均照明供电量差别较大，如玉环县人均照明供电量是嵊泗县的2.3倍，这

表 3—9　　2014 年县域海岛供电基本状况统计

县域海岛	全社会总供电量（亿度）	同比增长率（%）	工业供电量（亿度）	同比增长率（%）	居民照明供电量（亿度）	同比增长率（%）	人均照明供电量（度）
长海县	1.27	2.1	0.26	22.8	0.68	4.6	939.0
长岛县	0.95	-4.8	0.20	-20.2	0.48	5.2	1127.9
崇明县	23.26	2.4	14.56	-3.2	4.25	15.8	623.1
定海区*	20.40	3.9	10.99	8.6	3.18	-12.2	828.4
普陀区	14.81	4.9	7.68	9.8	2.88	3.0	891.8
嵊泗县	4.05	0.1	3.59	0.6	0.46	-0.2	590.0
岱山县	6.17	19.1	5.03	23.8	1.14	-3.1	606.8
玉环县	38.54	5.1	29.90	5.5	5.77	0.8	1341.2
洞头区	2.42	11.7	1.03	18.9	0.85	10.3	642.5
平潭区	5.16	15.7	0.49	1.5	3.21	6.8	767.4
东山县	10.61	9.9	8.55	8.3	2.06	17.3	962.6
南澳县	2.10	2.5	0.96	8.3	0.60	3.2	980.4
合计平均	10.81	6.05	6.04	7.06	2.13	4.29	858.4
全国	55233	3.8	40650	3.7	6928	2.2	506.4

资料来源：根据县域海岛《2014 年统计公报》供电相关数据整理；带 * 号定海区数据是根据《2014 年舟山市统计公报》与其他三个县区统计公报计算得到；人均照明供电量是按照县域海岛户籍人数对居民照明供电量进行平均得到；合计平均栏数据是各县域海岛数据加总后算术平均得到；全国数据是根据《2014 年中国国民经济和社会发展公报》搜集并计算得到。

种差距反映出不同县域海岛供电能力强弱，并直接影响到该县域海岛基础设施承载能力水平。最后，将各县域海岛供电状况相关数据与全国总体供电水平进行对比，可以看出 2014 年县域海岛社会总供电量、工业供电量及居民照明供电量同比增长率均超过全国各相应指标同比增长平均水平，同时，各县域海岛总体人均照明供电量为 858.4 度，超过全国人均照明供电量506.4度。各县域海岛与全国总体水平相比，在供电能力方面具有一定的优势，但考虑到各县域海岛居民供电除满足当地居民生活所需，还需满足迅速增长的短期外来者各种需要，各县域海岛总体供电能力仍面临巨大压力。

商业服务类基础设施涵盖面较为广泛，包括餐饮住宿、娱乐休闲、服装百货、装修装饰等多种专业商场或综合性大商场，商业服务类基础设施为当地居民及外来者生产生活及满足其他需要提供必要的容留场所及融通平台，不同地区商业设施服务能力显然也影响到该地区整体基础设施承载能力水平。各县域海岛近年来对商业类基础设施建设尤为关注，规划并积极投资建设多个市场、商超、酒店及旅行社等，并不断改善和升级商业设施服务质量。以各县域海岛限额以上，即年销售额在200万元以上餐饮住宿机构为例，各县域海岛限额以上综合性酒店数量不断增加，且规模不断扩大，服务能力达到或基本达到四星或五星服务标准。如崇明县2014年限额以上餐饮住宿机构达20家，总营业额接近2.2亿元，可提供3100个床位和8100个餐位。

综合县域海岛供水供电及商业服务类基础设施基本状况，可以看出各县域海岛之间差距仍比较大，但总体优于全国平均水平。考虑到相关设施建设周期较长，同时各县域海岛相关设施建设空间有限，而进入海岛的外来者数量呈加速上升趋势，相关基础设施供需矛盾将不断扩大，供水供电及商业服务类基础设施能力有可能成为县域海岛综合承载力的"短板"。

(三) 其他类基础设施

基础设施系统除了交通（运输和邮电）、供水供电、商业服务等基本要素之外，通常还包括文化教育、卫生及科研与技术服务等基础设施，文化教育、卫生及科研类基础设施为地区经济和社会发展提供基本智力支持和健康保障。从不同地区发展实践来看，某地区学校、医疗卫生机构以及科研机构等设施数量与该地区经济发展程度呈正相关关系。

具体到各县域海岛相关基础设施方面，各县域海岛近年来持续加强文化教育、卫生、科研技术等基础设施方面建设。在文化类基础设施方面，县域海岛建设配备了文化馆、文化站、影剧院、图书馆等；在科研基础设施方面，县域海岛投资建设了高新技术研发中心、工程技术开发中心等。但总体来看，各县域海岛在文化和科研类基础设施方面参差不齐，统计数据较少，将主要以各县域海岛学校和医疗机构统计数据进行分析。

表 3—10 是 2014 年各县域海岛学校和医疗机构基本情况统计。

表 3—10　　　2014 年县域海岛学校及医疗机构基本情况统计

县域海岛	学校数量（所）				医疗机构		
	幼儿园	小学	中学（含高中）	普通高中	县级医院（所）	总床位数（张）	每万人病床数（张）
长海县	18	8	8	1	5	215	29.69
长岛县	11	9	2	1	2	246	57.81
崇明县	37	29	37	7	4	3150	46.18
定海区	36	20	13	3	5	2374	61.85
普陀区	37	12	12	3	9	1632	50.53
嵊泗县	10	8	3	1	2	326	41.81
岱山县	20	13	7	3	3	560	29.81
玉环县	117	21	23	5	5	1645	38.24
洞头区	19	8	7	1	2	173	13.08
平潭区	73	69	27	10	2	1132	27.06
东山县	125	30	9	2	4	740	34.58
南澳县	13	16	5	1	1	186	24.76

资料来源：根据各县域海岛《2014年统计公报》教育和卫生相关数据整理，南澳县数据参考《2015年汕头市统计年鉴》得到。每万人病床数是根据截至2014年总病床数与户籍人口数计算得到。

由表3—10可知，各县域海岛均密切关注当地居民基础教育，根据当地生源数量及社区分布配套了多家幼儿园和小学启蒙教育机构，同时在整合教育资源基础上配套了初中和高中。根据公报数据统计，各县域海岛适龄生源入学率和升学率接近100%。但受地理条件限制，各县域海岛内高等教育机构几乎没有。分析县域海岛医疗机构统计数据可以看出，尽管各县域海岛均建设和配备了多个医疗机构，但从整体来讲，县域海岛乡镇级医疗机构较多，县级医院数量偏少。从病床统计数据来看，各县域海岛每万人病床数差别较大，不同县域海岛间差别近3倍；与全国平均水平横向比较来看，2014年全国每万人病床数达到47.67张，而各县域海岛平均水平只有37.95张，因此，县域海岛医疗配套存在一定短缺。由于县域海岛每万人病床数仅仅以海岛户籍人口为总数，并没有考虑到各县域海岛不断增加的外来者，如果加上外来者对医疗卫生方面的需求，县域海岛医疗卫生类基础设施面临较大压力。

综合县域海岛教育、卫生以及文化科研类基础设施基本状况可知：首先，不同县域海岛在相关基础设施数量及其服务能力方面存在一定差异，浙江省县域海岛相关设施较为完备；同时，各县域海岛因其地理资源条件限制，相关设施以提供基础性服务为主，高精尖服务难以实现。其次，县域海岛与全国其他地区相比，相关基础设施整体服务能力仍存在一定差距，县域海岛相关基础设施供需矛盾日益凸显。

（四）基础设施系统承载力小结

基础设施为当地社会和经济发展提供基本条件，基础设施各要素及整体系统直接影响到县域海岛综合承载力水平。综合以上对县域海岛交通、供水供电、商业设施、教育、卫生等多种基础设施要素分析，可以看出，县域海岛基础设施主要呈现出两个特点：一是县域海岛内基础设施各要素服务能力参差不齐。县域海岛运输和通信、电力供应、教育等服务能力较强，在满足当地居民基本需求基础上尚有一定富余以满足外来者需求，但商业设施、医疗机构等服务能力相对不足。二是各县域海岛之间基础设施要素及系统服务能力差距也较大。从地域来看，上海及浙江各县域海岛基础设施服务能力整体水平较高，北方两县及福建以南县域海岛基础设施配备相对不足。

第二节　县域海岛经济发展分析

县域海岛综合承载力对县域海岛制约因素进行了综合分析，而县域海岛可持续发展应建立在县域海岛制约因素与发展因素协调作用基础之上。发展因素从广义来讲包含社会、经济、人文等多个层面共同发展，但这些层面中，经济发展是基础，经济发展决定了社会和人文等其他层面发展状态，基于此，现以县域海岛经济发展基本面为核心来衡量海岛整体发展状况。

分析区域经济发展，应首先对该地区整体经济发展状况进行分析，以期对该地区整体经济规模、经济结构等基本特征进行考察和判断。其次，依据区域经济发展理论，区域经济发展应根据区域要素禀赋和地理环境等条件实施不平衡发展战略，区域经济发展过程中应注重主导产业即经济增长极的培育和重点扶持，因此，对区域经济增长极基本发展状况进行分析也是区域经济发展分析的重要内容。最后，区域发展的最终目标是实现该地区全面可持续发展，区域经济不平衡发展是为实现地区经济及其他层面全面发展而实施的战略。在优先和重点发展区域经济增长极过程中，应适当通过增长极扩散效应促进和拉动该地区政府财政、家庭收入、就业水平以及对外吸引力等各方面共同提升，因此，区域经济发展还应该包括对该地区经济发展扩散效果方面的分析。综合以上，从县域海岛整体经济状态、主导产业发展状况以及经济发展扩散效果三个方面对县域海岛经济发展基本面进行分析。

一　整体经济状态

经济发展不仅仅是一个地区财富和经济体在量上的扩张和增加，而是一个地区经济全面的质的提升，经济发展包括该地区经济规模、经济结构、经济推动体系等全方位地提升。对县域海岛整体经济状态基本面分析，将主要从县域海岛经济发展规模、经济发展结构和经济发展动力等方面进行分析。

（一）整体经济发展规模

尽管经济发展不再拘泥于追求经济增长和经济规模扩张，但一定程度的经济增长和规模是经济发展的基础，因此，对地区经济规模的分析仍然是全面分析地区经济发展的重要指标。地区经济发展规模可通过地区经济总量指标和地区经济平均指标共同表征，对县域海岛整体经济发展规模基本面分析主要选取 GDP 总值、人均 GDP、GDP 增长率、GDP 密度以及 GDP 所占比重等指标，表 3—11 是 2014 年各县域海岛经济发展规模主要指标统计情况。

表 3—11　　2014 年县域海岛经济发展规模基本情况统计

县域海岛	GDP 值（亿元）	增长率（%）	GDP 占比（%）	人均 GDP 平均值（万元）	增长率（%）	GDP 密度（万元/公顷）
长海县	89.3	6.0	3.98	12.31	6.0	62.87
长岛县	58.4	6.6	2.60	13.65	6.8	101.97
崇明县	272.2	7.9	12.14	4.01	8.7	19.29
定海区	417.9	10.3	18.64	10.86	9.6	78.70
普陀区	328.5	10.3	14.65	10.18	10.2	71.64
嵊泗县	80.1	10.1	3.57	10.26	9.3	93.19
岱山县	193.0	10.1	8.61	10.25	10.5	59.12
玉环县	422.9	6.3	18.86	9.85	5.7	111.73
洞头区	54.6	8.8	2.43	4.13	8.1	54.40
平潭区	171.4	8.4	7.64	4.28	8.8	46.08
东山县	139.5	10.1	6.22	6.42	9.6	56.17
南澳县	14.7	7.5	0.66	3.12	8.3	13.60
汇总	2242.5	8.5	100	8.28	8.5	64.06

资料来源：根据各县域海岛《2014 年统计公报》相关数据整理得到，GDP 值与增长率均为实际值；南澳县数据参考《2015 年汕头市统计年鉴》得到。GDP 占比是各县域海岛 GDP 占所有县域海岛 GDP 总和的比重；人均 GDP 是依据县域海岛户籍人口总数平均得到；GDP 密度是按照 2014 年 GDP 总值与县域海岛陆地总面积比值得到；汇总一栏中 GDP 总值和 GDP 占比是各县域海岛值加总得到，其余栏是各县域海岛值加总后算术平均得到。

分析表3—11可知,各县域海岛GDP总值、增长率、人均值以及密度等指标均存在较大差距,即各县域海岛经济发展规模并不均衡。从2014年各县域海岛GDP总值角度分析,玉环县、定海区、普陀区位列所有县域海岛前三位,其GDP总和占所有县域海岛GDP总和52.15%,而南澳县、洞头区和长岛县则位列所有县域海岛后三位,其GDP总和仅占所有县域海岛GDP总和的5.69%。但GDP总值最大的玉环县2014年环比增长率并不高,仅为6.3%,位列GDP增长率前两位的是普陀区和定海区,其增长率均为10.3%。从2014年各县域海岛人均GDP角度分析,长岛县、长海县及定海区位列所有县域海岛前三位,人均值均超过10万元,而南澳县、崇明县及洞头区则位列后三位,南澳县与长岛县人均GDP相差4倍以上。从GDP密度(即国内生产总值与产生这些总值的土地面积之比)角度分析,玉环县和长岛县位列所有县域海岛前两位,南澳县和崇明县则位列后两位,玉环县GDP密度是南澳县的8倍以上。因此,从2014年各县域海岛整体经济发展规模角度分析,各县域海岛发展程度存在较大差距。

将2014年各县域海岛经济发展规模数据汇总,并与全国整体水平进行横向比较,可绘制图3—4。

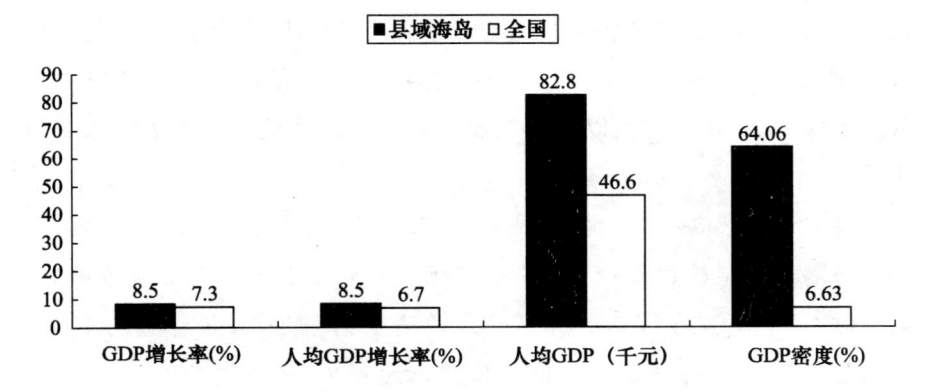

图3—4 2014年全国与县域海岛整体经济发展规模主要指标比较

资料来源:根据《2014年中国国民经济和社会发展公报》及表3—11中数据整理得到。

由图3—4可知，县域海岛整体经济发展规模优于全国平均水平。2014年县域海岛GDP增长率、人均GDP及增长率以及GDP密度等指标均高于全国平均水平，其中，县域海岛人均GDP达到8.28万元，而全国人均GDP仅为4.66万元；两者GDP密度相差更为悬殊，县域海岛每公顷土地可产出64.06万元，而全国平均每公顷仅能产出6.63万元，相差近10倍。因此，县域海岛尽管土地面积狭小，受限制较多，但县域海岛整体经济发展规模处于较高水平。

综合来看，各县域海岛之间经济发展规模存在较大差距，不同县域海岛GDP总值、增长率以及人均GDP等指标参差不齐；但县域海岛整体来看，其经济发展规模要优于全国平均发展水平。

（二）经济发展结构

经济发展是经济数量与质量的共同发展，县域海岛经济发展不仅关注整体经济发展规模，即发展数量的基本面，也应该考察该地区经济发展结构合理性，即发展质量的基本面。经济结构包含多个层次和多个因素，从包含范围角度分类，可分为地区产业机构、部门结构以及企业结构等，现选取县域海岛产业结构以及第二产业中工业部门结构进行分析。

表3—12是2014年各县域海岛三次产业结构及工业部门结构统计数据，其中，三次产业相关数据统计了各产业2014年增加值及其占总GDP增加值的比重，工业部门相关数据统计了规模以上工业（即年主营业务收入2000万元及以上的工业法人企业）产值及其占工业总产值比重。

首先，对表3—12中各县域海岛三次产业结构比较可以看出，各县域海岛产业结构存在较大差异。长海县和长岛县第一产业比重最大，均超过GDP总值的50%，其第二产业增加值不足GDP总值的10%；岱山县和玉环县则第二产业比重最大，超过GDP总值50%；而定海区、普陀区、嵊泗县和洞头区第三产业增加值超过GDP总值50%，其余各县域海岛三次产业比重较为平均。可以看出，各县域海岛不同产业发展程度相差较大，但总体来看，各县域海岛三次产业中第三产业比重均超过30%，反映出各县域海岛对第三产业重视程度。

其次，将各县域海岛三次产业数据汇总。由表3—12可以得到，2014年各县域海岛三次产业结构比例为13.8∶43.2∶43.0，即县域海岛第二产业仍然是最大的产业，但与第三产业的差距已非常小，县域海岛产业结构整体处于第一产业和第二产业比重下降，第三产业比重上升发展阶段。2014年全国三次产业结构为9.2∶42.6∶48.2，县域海岛三次产业结构与全国产业结构相比存在一定差距，体现在第一产业和第三产业的比重方面，但县域海岛第一产业比重略高具有一定的合理性，缘于县域海岛自身海洋资源禀赋所带来的渔业优势。

表3—12　2014年县域海岛三次产业结构及工业部门规模以上工业结构统计

县域海岛	三次产业						工业部门	
	第一产业增加值（亿元）	第一产业占GDP比例（%）	第二产业增加值（亿元）	第二产业占GDP比例（%）	第三产业增加值（亿元）	第三产业占GDP比例（%）	规模以上工业产值（亿元）	占工业总产值比例（%）
长海县	50.5	56.5	7.2	8.1	31.6	35.4	6.9	23.9
长岛县	35.2	60.2	3.1	5.3	20.2	34.5	1.3	42.1
崇明县	23.4	8.6	128.4	47.2	120.4	44.2	318.4	90.2
定海区	11.7	2.8	192.9	46.1	213.4	51.1	660.9	80.6
普陀区	40.0	12.2	123.4	37.5	165.2	50.3	467.1	75.0
嵊泗县	20.1	25.0	12.2	15.2	47.9	59.8	7.9	30.7
岱山县	29.1	15.1	102.9	53.3	61.1	31.6	316.7	79.9
玉环县	26.9	6.4	248.8	58.8	147.1	34.8	669.5	46.8
洞头区	4.2	7.6	22.6	41.4	27.8	51.0	47.27	81.2
平潭区	34.3	20.0	55.2	32.2	81.9	47.7	33.8	87.2
东山县	29.5	21.2	67.7	48.5	42.2	30.3	210.4	93.0
南澳县	3.8	25.6	5.3	35.9	5.6	38.4	2.5	31.4
汇总	308.7	13.8	969.7	43.2	964.2	43.0	2742.7	68.4

资料来源：根据各县域海岛《2014年统计公报》整理得到，平潭区和南澳县数据参考《2015年福建省统计年鉴》和《2015年汕头市统计年鉴》得到。工业部门中规模以上工业指年主营业务收入2000万元及以上的工业法人企业；汇总栏中增加值和产值是县域海岛值加总得到，各产业占比根据加总值计算比例得到。

最后，对县域海岛工业部门结构进行初步分析。表3—12数据显示，县域海岛工业总产值主要源于规模以上工业企业，即年主营业务收入2000万元及以上的工业法人企业，整体比重达到68.4%，尤其是工业产值较高的崇明县、定海区和普陀区等，规模以上工业产值占工业总产值75%以上。但与全国规模以上工业总产值占全国工业总产值90%相比，县域海岛规模以下工业企业产值比重并不低，在工业部门中也发挥了重要作用。由此可见，县域海岛工业部门中大规模企业是支柱，小企业是县域海岛工业的辅助和补充。这种结构在一定程度上保证了市场竞争，同时可弥补县域海岛地理和地形方面的劣势，更容易形成规模经济和集中优势。

综合来看，各县域海岛之间三次产业结构和工业部门结构存在较大差距，与全国三次产业结构及工业部门结构相比亦有所差距，但总体来看，县域海岛产业结构和工业部门结构在一定程度上适应了县域海岛资源禀赋及地理地形特点，从而形成了自身特色的经济发展结构。

（三）经济推动力

经济推动力是保持经济持续良性发展的基础。根据凯恩斯理论，地区经济发展通常需要投资、消费以及出口"三驾马车"的拉动，同时，根据索洛长期经济增长模型，经济发展受地区储蓄率高低影响。因此，选取固定资产投资、社会消费品零售总额、出口额以及存款额等指标来表征该地区投资、消费、出口以及储蓄等经济发展动力基本状况（如表3—13所示）。

对表3—13数据分析：首先，立足于单独县域海岛视角，可以看出，投资、消费、出口及储蓄等不同指标值及其增长率均存在较大差别。除长岛县和南澳县以外，其余各县域海岛拉动经济"三驾马车"中投资占主导地位，洞头区和平潭区固定资产投资额是其社会消费品零售总额的4倍以上。在不同指标增长率方面，长海县2014年固定资产投资和出口环比均呈现负增长，且下降幅度超过20%，存款总额仅与2013年持平，而社会消费品零售总额则增长幅度达到13.1%，即

2014年长海县经济发展主要靠消费拉动；定海区、普陀区、嵊泗县投资与消费增长幅度较大，而出口出现大幅下滑，存款总额略微增长；岱山县、玉环县、洞头区、东山县和南澳县则在投资、消费、出口及储蓄等方面均呈现快速增长。

表3—13　2014年县域海岛投资、消费、出口以及储蓄等指标统计

县域海岛	固定资产投资		社会消费品		贸易		储蓄			
	投资额（亿元）	增长率（%）	零售总额（亿元）	增长率（%）	出口额（亿美元）	增长率（%）	存款总额（亿元）	增长率（%）	居民储蓄	
									总额（亿元）	增长率（%）
长海县	50.2	-24.5	13.5	13.1	0.08	-24.9	44.2	0.0	34.5	13.1
长岛县	5.9	14.2	17.1	12.3	0.39	0.9	40.1	15.3	26.7	9.9
崇明县	135.3	0.2	86.7	15.1	3.17	12.4	709.1	1.2	423.8	1.3
定海区	280.0	28.2	154.1	11.1	10.32	-30.7	316.5	2.8	168.3	11.3
普陀区	247.1	27.8	138.1	14.0	35.96	-12.1	339.0	6.2	183.0	10.2
嵊泗县	61.1	46.9	26.7	13.9	1.03	-44.2	66.1	3.7	37.0	9.6
岱山县	122.0	27.8	57.7	13.3	10.14	20.2	179.4	17.0	83.8	9.4
玉环县	135.2	20.7	142.0	13.7	35.43	5.2	457.0	9.0	245.6	7.1
洞头区	82.3	17.1	20.2	18.2	0.64	11.6	57.3	13.3	23.0	6.2
平潭区	274.0	-18.2	50.5	11.6	2.05	9.9	213.2	6.6	65.2	8.5
东山县	133.0	10.7	36.2	10.7	18.07	22.2	73.9	10.7	45.4	4.5
南澳县	17.0	34.9	18.8	10.4	0.02	47.6	26.4	5.3	17.5	5.1
汇总	1543.1	9.8	761.6	13.0	117.3	-2.5	2522.2	5.7	1353.8	6.4

资料来源：根据各县域海岛《2014年统计公报》整理得到，平潭区和南澳县数据参考《2015年福建省统计年鉴》和《2015年汕头市统计年鉴》得到。

其次，对表3—13各县域海岛不同指标增长率数据进行纵向比较

可以看出，各县域海岛之间投资、出口及储蓄等增长率存在较大差别，而消费增长率差别较小。在固定资产投资方面，2014年嵊泗县环比增幅达到46.9%，而长海县则环比下降24.5%，差距高达71.4%；在出口额方面，嵊泗县2014年出口额环比下降44.2%，而南澳县则环比上升47.6%；在存款总额方面，岱山县环比上升17%，长海县则几乎没有增长；而各县域海岛消费环比增长率均达到10%以上，差距较小。经济发展动力在一定程度上决定了经济发展模式，增长率差距反映出县域海岛投资拉动或出口拉动等不同类型，而相似的消费增长率则反映出各县域海岛对消费拉动的重视程度。

最后，对各县域海岛经济发展动力各指标增长率计算汇总，并与全国平均水平对比（如图3—5所示）。

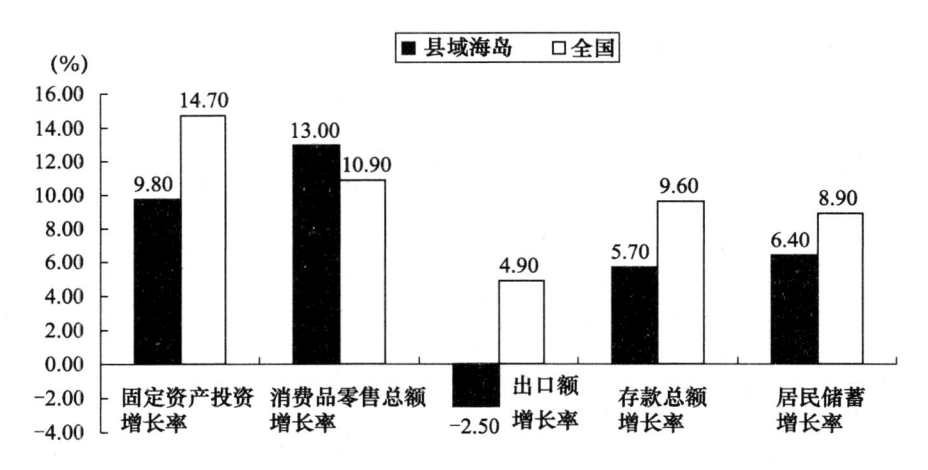

图3—5　2014年全国与县域海岛经济发展动力主要指标比较

资料来源：根据《2014年中国国民经济和社会发展公报》及表3—13整理得到。

由图3—5可以看出，县域海岛只有消费品零售总额增长率高于全国平均水平，而固定资产投资、出口额、存款总额及居民储蓄等指标增长率均落后于全国平均增长率水平，在固定投资方面，县域海岛整体增长率与全国平均水平相差4.9%，在出口方面，县域海岛2014年整体出口额环比下降2.5%。由此可见，县域海岛尽管经济规模人均水平高于全国平均水平，但县域海岛在投资、出口以及储蓄等方面均增长乏力，县域海岛将可能遇到经济发展瓶颈。另外，当前经济发展动力不仅强调提升需求侧"消费、投资和出口"，而且提升供给侧"劳动、资本和技术"等要素已成为热点，从理论上来讲供给侧管理是符合新古典增长模型和供给学派基本原理的。在索洛新古典增长模型中，储蓄对资本水平和增长率均起到重要作用，但县域海岛储蓄增长率与全国平均水平相比相差较大，因此，县域海岛经济发展供给侧也遇到发展瓶颈。

综合以上县域海岛经济发展动力相关分析，可以看出各县域海岛已逐步形成各自经济发展模式，自身投资、消费、出口以及储蓄等增长率差别较大，同时，县域海岛之间投资、消费、出口和储蓄等指标数值及增长率方面也相差较大，但与全国平均水平相比，县域海岛整体投资、出口、储蓄等指标增长率与全国平均水平相差较大，只有消费品零售总额略高于全国平均水平，发展动力差距显示出县域海岛经济发展将可能进入发展瓶颈期。

（四）整体经济状态小结

通过对2014年县域海岛整体经济发展规模、经济发展结构以及经济发展动力等相关指标分析与比较可以看出，首先，各县域海岛之间发展程度并不平衡。这种不平衡性主要体现在人均GDP及其增长率、各产业比重以及投资、消费和出口增长率等多个指标上，从而使得各县域海岛形成各自的经济发展特征。其次，将县域海岛作为一个整体，其相关指标与全国整体水平相比优劣分明。县域海岛在人均GDP及其增长率方面领先于全国整体水平，但在经济发展动力指标增长率方面落后于全国整体水平。因此，在整体经济状态方面，各县域海岛之间以及县域海岛与全国整体水平之间差距明显。

二 主导产业发展程度

根据区域经济发展理论，区域经济发展是一个不平衡发展的过程，通过重点培育和发展地区主导产业，即增长极，在关联效应、扩散效应以及累积效应等作用下,带动区域内经济共同发展,因此,区域内主导产业发展是该区域经济发展的关键环节,区域内主导产业发展基本面对分析该区域经济发展具有重要意义。从县域海岛发展实践来看,各县域海岛经济发展均采取了不平衡发展战略,而且由于各县域海岛在自然地理和要素禀赋等方面存在较大差异,各县域海岛主导产业差别较大。分析各县域海岛主导产业基本面,应首先对各县域海岛主导产业进行判断。

为判断各县域海岛主导产业,采用区域经济学中优势分析采用较多的区位商(Location Quotient,LQ)方法。根据任国岩等(2015)相关研究述评,区位商方法又称专门化率分析,是由哈盖特(P. Haggett)首先提出并运用于区域经济专业化程度分析。区位商分析可排除区域经济规模差异影响,区分出该区域经济主导产业及其优势程度。本书区位商采用产业增加值方法,以各县域海岛各产业增加值为基础数据,计算公式如(3—1)所示:

$$LQ_j = (q_{ij}/\sum_j q_{ij})/(\sum_i q_{ij}/\sum_i \sum_j q_{ij}) \quad (3-1)$$

公式(3—1)中,LQ_j是各县域海岛 j 产业区位商值;q_{ij}是一定时期第 i 地区 j 产业增加值;$\sum_j q_{ij}$是同期第 i 地区所有产业增加值;$\sum_i q_{ij}$是同期所有县域海岛 j 产业增加值;$\sum_i \sum_j q_{ij}$是同期所有县域海岛所有产业增加值。参照当前主导产业界定标准,当 LQ 值高于 1.0 时该产业在该地区就具有优势,即可认为该产业为主导产业,LQ 值越大,表明该产业越具有地区优势,在该地区经济中主导程度越高。鉴于各县域海岛数据可取得性,所计算县域海岛各产业区位商值仅限于三次产业。表 3—14 是利用公式(3—1)对各县域海岛三次产业区位商计算所得结果。

由表 3—14 可以看出,各县域海岛三次产业区位商差别较大,例如长海县和长岛县第一产业区位商分别为 4.09 和 4.36,而其第二产业区位商仅为 0.19 和 0.12,由此可见其第一产业优势非常显著。根据各县域海岛各产业区位商计算结果,主导产业为第一产业的县域海岛是长海县、长岛县、嵊泗县、平潭区、东山县和南澳县，主导产业为第二产业的县域海岛是崇明县、岱山县和玉环县，主导产业为第三产业的县域海岛是定海区、普陀区和洞头区。与表3—12对照可以看出，主导产业与占GDP比重最大的产业并不是一一对应，如嵊泗县和平潭区，其占GDP比重最大的产业是第三产业，而区位商最高的却是第一产业。这主要缘于嵊泗县和平潭区第一产业在GDP占比仍很大，均超过20%，而第一产业对其他产业的关联效应和扩散效应非常明显，因此其主导产业仍为第一产业。

表3—14　　　　　2014年各县域海岛三次产业区位商统计

县域海岛	产业区位商LQ				主导产业
	LQ_I	LQ_{II}	LQ_{III}	MAXLQ	
长海县	4.09	0.19	0.82	4.09	I
长岛县	4.36	0.12	0.80	4.36	I
崇明县	0.62	1.09	1.03	1.09	II
定海区	0.20	1.07	1.19	1.19	III
普陀区	0.88	0.87	1.17	1.17	III
嵊泗县	1.81	0.35	1.39	1.81	I
岱山县	1.09	1.23	0.73	1.23	II
玉环县	0.46	1.36	0.81	1.36	II
洞头区	0.55	0.96	1.19	1.19	III
平潭区	1.45	0.75	1.11	1.45	I
东山县	1.54	1.12	0.70	1.54	I
南澳县	1.86	0.83	0.89	1.86	I

资料来源：根据表3—12各县域海岛三次产业结构比例计算整理得到。

在判定各县域海岛主导产业基础上，对各县域海岛主导产业发展基本面进行分析。县域海岛主导产业的分析将立足于产出和投入两个角度，一个是县域海岛主导产业产出要素分析，另一个是县域海岛资本和劳动等投入要素分析。

（一）主导产业产出要素

选取县域海岛主导产业增加值所占比重、增加值增长率以及主导产业贡献率等分析其产出基本特征，其中，增加值比重是根据县域海岛主导产业增加值与同期县域海岛 GDP 比值得到；主导产业贡献率采用国家统计局计算方法，即该产业增加值增量与该地区 GDP 增量之比，计算公式如（3—2）所示：

$$d_i = \frac{x_t - x_{t-1}}{y_t - y_{t-1}} = \frac{x_t r_t}{1 + r_t} / \frac{y_t g_t}{1 + g_t} \qquad (3—2)$$

公式（3—2）中，d_i 是指第 i 产业贡献率；x_t 和 x_{t-1} 分别代表该地区第 i 产业第 t 期和第 $t-1$ 期增加值；y_t 和 y_{t-1} 分别代表该地区第 t 期和第 $t-1$ 期 GDP；r_t 和 g_t 分别代表 i 产业第 t 期增加值增长率和该地区第 t 期 GDP 增长率。计算结果如表 3—15 所示。

表 3—15　　2014 年各县域海岛主导产业产出值主要指标统计

县域海岛	主导产业				
	产业类型	增加值（亿元）	增加值比重	增加值增长率	产业贡献率
长海县	Ⅰ	50.5	56.5%	3.8%	36.6%
长岛县	Ⅰ	35.2	60.2%	6.4%	58.6%
崇明县	Ⅱ	128.4	47.2%	3.1%	19.4%
定海区	Ⅲ	213.4	51.1%	9.8%	48.8%
普陀区	Ⅲ	165.2	50.3%	9.6%	47.2%
嵊泗县	Ⅰ	20.1	25.0%	5.7%	14.8%
岱山县	Ⅱ	102.9	53.3%	10.4%	54.8%
玉环县	Ⅱ	248.8	58.8%	5.2%	49.1%
洞头区	Ⅲ	27.8	51.0%	9.2%	53.0%
平潭区	Ⅰ	34.3	20.0%	3.7%	9.2%
东山县	Ⅰ	29.5	21.2%	5.0%	11.0%
南澳县	Ⅰ	3.8	25.6%	2.5%	9.0%

资料来源：根据各县域海岛《2014 年统计公报》、表 3—11、表 3—12 和表 3—14 整理得到，平潭区和南澳县数据参考《2015 年福建省统计年鉴》和《2015 年汕头市统计年鉴》得到。

由表3—15可以看出，不同类型主导产业在产出特征方面存在较大差距。首先，对主导产业为第一产业的六个县域海岛进行分析可以看出，长海县和长岛县在增加值比重和产业贡献率方面均大幅超过其余四个县域海岛，在增长率方面差距不大，但均落后于其GDP增长率。由此可初步判断，长海县和长岛县对第一产业的依赖程度远远超过其余四个县域海岛，而其余四个县域海岛主导产业正处于调整和转型阶段。其次，主导产业为第二产业的三个县域海岛增加值指标差距也较大。尽管三个县域海岛主导产业比重相似，但其增加值增长率和产出贡献率差别较大，崇明县第二产业主导作用下降明显，崇明县正处于产业转型时期，而岱山县和玉环县第二产业主导作用仍非常明显。最后，以第三产业为主导产业的定海区、普陀区和洞头区增加值特征非常相似。三个县域海岛第三产业增加值比重均超过50%，增加值增长率超过9%，产业对GDP贡献率均超过45%，可以看出，第三产业在这三个县域海岛的主导作用非常明显。

因此，从主导产业产出增加值角度分析，各县域海岛主导产业对地区经济所产生的作用差距较大，有些县域海岛主导产业正处于转型阶段。

（二）主导产业投入要素

依据区域经济不平衡发展战略，当地政府应根据地区要素禀赋，重点扶持和培育主导产业，使其成为区域经济发展中的增长极，以发挥其关联效应和扩散效应。因此，政府倾斜性政策将使得主导产业吸纳更多的生产要素，如劳动力、技术和资本等。现选取主导产业就业和投资相关指标对主导产业生产要素投入基本面进行分析，并立足于主导产业与其他产业横向占比及主导产业自身纵向增长两个角度。在所选取指标中，就业吸纳率是采用陕西省统计局使用的计算方法，即产业就业人数与该产业总产值之比，以衡量该产业对缓解就业压力所起到的作用。产业就业比例是指该产业就业人数与所有产业就业人数之比。比较劳动生产率是根据美国经济学家库兹涅茨相关研究得到，其值等于该产业国民收入相对比重与该产业劳动力相对比重之商，计算公式如（3—3）所示：

$$CLP_i = \frac{X_i}{\sum X_i} / \frac{L_i}{\sum L_i} \qquad (3—3)$$

公式（3—3）中，CLP_i 表示第 i 产业的比较劳动生产率；X_i 和 $\sum X_i$ 分别表示第 i 产业的产值和该地区所有产业产值；L_i 和 $\sum L_i$ 分别表示第 i 产业就业人数和该地区所有产业就业人数。表 3—16 是各县域海岛主导产业投入要素相关统计。

表 3—16　2014 年各县域海岛主导产业就业和吸纳投资相关指标统计

县域海岛	主导产业就业（劳动力要素）				主导产业投资（资本要素）		
	就业人数（万人）	产业就业比例	就业吸纳率（人/万元）	比较劳动生产率	投资额（亿元）	投资占比	投资增长率
长海县	2.45	53.1%	0.049	1.06	40.70	81.1%	-22.4%
长岛县	0.67	60.4%	0.019	1.00	1.80	30.5%	14.2%
崇明县	4.96	53.5%	0.039	0.88	16.90	12.5%	-53.5%
定海区	16.90	53.2%	0.079	0.96	176.84	63.2%	29.7%
普陀区	13.87	54.4%	0.084	0.92	183.64	74.3%	31.9%
嵊泗县	1.19	32.9%	0.059	0.76	1.75	2.9%	16.9%
岱山县	4.78	37.5%	0.046	1.42	58.85	48.2%	31.8%
玉环县	26.21	56.3%	0.105	1.04	54.54	40.4%	21.3%
洞头区	2.50	47.6%	0.090	1.07	76.18	92.5%	70.3%
平潭区	8.70	29.2%	0.195	0.68	49.30	18.0%	14.2%
东山县	2.70	28.7%	0.092	0.74	22.40	16.8%	245.6%
南澳县	0.72	33.2%	0.189	0.77	0.59	3.5%	46.2%

资料来源：根据各县域海岛《2014 年统计公报》、各县域海岛《第三次经济普查主要数据公报》整理得到，平潭区和南澳县数据参考《2015 年福建省统计年鉴》和《2015 年汕头市统计年鉴》得到。

劳动力和资本是各产业发展的基本要素。从表 3—16 就业数据可知：首先，在主导产业就业比例方面，除嵊泗县、平潭区、东山县和南澳县以外，其余县域海岛主导产业就业比例均超过 1/3，其中多数县域海岛产业就业比例超过 50%，即吸纳劳动力最多的产业。其次，在就业吸纳率方面，除玉环县、平潭区和南澳县以外，其余县域海岛就业吸纳率相对偏低，每万元产值仅吸纳不足 0.1 人，而 2014 年全国各产业总体就业吸纳率为 0.121 人/万元。但各县域海岛劳动力供给相对不足，就业吸纳率较低并不能说明该产业就业吸引力弱，而是表明各县域海岛主导产业面临较大劳动力需求缺口。最后，在县域海岛主导产业比较劳动生产率方面，不同类型主导产业比较劳动生产率呈现出不同特征。以第一产业为主导产业的县域海岛中，除长海县和长岛县以外，其余县域海岛比较劳动生产率较低，均不超过 0.8；以第二产业和第三产业为主导产业的县域海岛比较劳动生产率较高，其值在 1.0 左右。根据库兹涅茨产业转移相关研究，劳动力将从比较劳动生产率较低的产业向比较劳动生产率较高的产业转移，显然，比较劳动生产率较低的嵊泗县、平潭区、东山县和南澳县主导产业劳动力将出现较大程度的转移，其主导产业比重也将进一步下降。比较劳动生产率较高的县域海岛主导产业将吸引更多劳动力，其主导优势将会进一步加强。

从表 3—16 吸纳投资数据来看，各县域海岛主导产业所吸纳投资占比和吸纳投资增长率差距也较大。在投资占比方面，洞头区和长海县主导产业吸纳投资占总体投资比例超过 80%，而嵊泗县和南澳县所占比例不足 10%；在投资增长率方面，长海县和崇明县 2014 年主导产业吸纳投资均出现了较大幅度的下降，而同期东山县主导产业吸纳投资增长幅度达 2 倍以上。在产业发展达到稳态之前，资本注入是产业持续发展的基础，而在产业发展达到较高水平并趋于稳态时，该产业所吸纳投资增长率趋于下降直至为零。各县域海岛主导产业投资占比及其增长率差距表明各县域海岛主导产业发展差别较大。

综合县域海岛主导产业劳动力和资本等要素投入基本面，可以看出各县域海岛主导产业不管是与其他产业在同期占比上的横向对比，还是主导产业自身不同期增长率方面的纵向比较，在要素投入方面差距均非常大。由此可初步判断,一方面,各县域海岛主导产业主导作用差距较大,导致其自身对生产要素的吸引程度差距较大;另一方面,不同县域海岛主导产业处于不同的发展阶段,处于上升期的主导产业各要素投入增长率较高,处于平稳期甚至转型期的主导产业各生产要素投入增长率较低甚至出现下降。

(三) 主导产业发展小结

基于县域海岛自身自然条件和要素禀赋等限制,县域海岛更适宜实施不平衡发展战略,重点培养和扶持主导产业,并通过关联效应和扩散效应拉动全区域经济发展。本节依据区位商方法,以2014年各县域海岛三次产业原始数据为依据,首先对各县域海岛主导产业进行判定,在此基础上,从产出和投入角度分析各县域海岛主导产业产出增加值及投入要素基本状况。数据显示,首先,横向来看,多数县域海岛主导产业在增加值比例、就业比例以及吸引投资比例方面保持主导地位,但以第一产业为主导产业的县域海岛中,其主导地位下降明显;其次,纵向来看,各县域海岛主导产业增加值增长率和所吸纳投资增长率差距较大。产业发展理论表明,产业增加值增长率高低与该产业所处生命周期阶段直接相关,由此可以看出,各县域海岛主导产业所处发展阶段差别也较大。

三 经济发展扩散效果

依据区域经济发展理论,区域经济发展是通过实施不平衡发展战略,将主导产业发展成果扩散并带动地区经济整体发展,而经济发展是整个社会发展的基础,经济发展成果将扩散到政府财政收入、家庭收入、就业水平、社会保障、对外吸引力等各个方面,进而提高该地区政府预算支出,提升全社会人口生活质量,实现该地区全面发展和进步。因此,选取2014年县域海岛政府财政收入、家庭收入、城镇登记失业率、社会保障覆盖率以及吸引外资和旅游者数量等指标进行分析,以期对县域海岛经济发展扩散效果基本面初步判断。

（一）家庭收入和政府财政收入

从经济主体角度分析，企业、家庭和政府是区域宏观经济主要参与者。三者之间联系紧密，企业作为生产者，是地区经济生产总值的主要来源，也是政府财政收入和家庭收入的主要来源。从经济发展实践来看，地区经济发展与该地区家庭收入和政府财政收入呈正相关关系。区域经济发展将在区域经济增长极拉动下，通过扩散效应带动家庭收入和政府财政收入共同提高，因此，县域海岛家庭收入和政府财政收入基本状况可表征该地区经济发展所产生的扩散效果。表3—17是2014年各县域海岛家庭收入和政府财政收入值及增长率，其中，家庭收入统计了城镇居民可支配收入和农村居民可支配收入及其增长率，财政收入统计了财政总收入和公共财政预算收入及其增长率。

表3—17　2014年县域海岛家庭可支配收入和政府财政收入主要指标统计

县域海岛	家庭可支配收入（万元）				政府财政收入（亿元）			
	城镇居民	增长率	农村居民	增长率	财政总收入	增长率	公共财政预算收入	增长率
长海县	2.97	12.9%	2.40	8.9%	10.10	20.2%	4.81	-3.9%
长岛县	2.82	11.7%	1.87	12.5%	3.67	12.2%	1.17	11.5%
崇明县	3.50	10.1%	1.49	11.1%	97.8	15.2%	45.9	13.2%
定海区	4.54	9.8%	2.39	11.1%	47.92	5.2%	28.47	6.3%
普陀区	4.07	9.7%	2.34	11.2%	34.05	7.5%	23.47	6.0%
嵊泗县	3.71	9.6%	2.30	11.0%	7.16	15.7%	5.92	10.3%
岱山县	3.67	9.6%	2.39	11.0%	18.89	6.9%	11.44	8.0%
玉环县	4.78	8.5%	2.30	9.6%	64.48	7.4%	29.84	8.1%
洞头区	3.17	9.8%	1.66	11.2%	8.48	6.6%	4.5	17.4%
平潭区	2.83	9.5%	1.16	11.5%	18.30	6.2%	14.03	4.7%
东山县	2.58	9.7%	1.46	11.7%	17.39	12.8%	10.70	9.2%
南澳县	2.14	9.0%	0.82	8.4%	3.15	10.3%	1.89	15.3%
汇总	3.40	9.9%	1.88	10.8%	330.39	10.0%	182.14	8.6%

资料来源：根据各县域海岛《2014年统计公报》整理得到，平潭区和南澳县数据参考《2015年福建省统计年鉴》和《2015年汕头市统计年鉴》得到。汇总城镇居民和农村居民栏是加总值平均得到，增长率栏是根据2014年和2013年加总值环比得到。

对表3—17中家庭可支配收入数据分析可以看出：首先，在家庭可支配收入额方面，各县域海岛之间存在较大差距。浙江省县域海岛家庭可支配收入总体较高，而南澳县和平潭区等城镇和农村居民可支配收入额相对较低，玉环县城镇居民可支配收入是南澳县的2.23倍，长海县农村居民可支配收入则是南澳县的2.93倍。其次，在家庭可支配收入增长率方面，各县域海岛家庭可支配收入整体保持较高的增长速度，增长率差距较小。南澳县在增长率方面仍处于较低水平，玉环县尽管家庭可支配收入值排在前列，但其增长率却略显疲态。最后，比较各县域海岛城镇居民与农村居民可支配收入值及汇总结果，城镇居民与农村居民可支配收入存在较大差距，崇明县、平潭区和南澳县城镇居民与农村居民可支配收入差距超过2.4倍，两者汇总值比例也高达1.81∶1，收入差距明显。但县域海岛2014年农村居民可支配收入增长率高于城镇居民，农村居民和城镇居民总体增长率分别为10.8%和9.9%，因此，城镇与农村收入差距可望得到改善。

政府财政收入是政府以社会管理者身份筹集以税收为主体的收入，表3—17中政府财政收入统计了2014年县域海岛地方财政总收入和公共财政预算收入两项。两者之间存在着密切关系，地方财政总收入去除上缴中央的部分就是公共财政预算收入。由于政府财政收入额以当地税收为主要来源，因此政府财政收入跟当地经济规模直接挂钩，各县域海岛之间财政收入额差距非常大，例如玉环县财政总收入是南澳县的20倍以上。同时，各县域海岛之间政府财政收入增长率也存在较大差距，2014年长海县公共财政预算收入为负增长，而洞头区公共财政预算收入增长率达到17.4%。

将县域海岛家庭可支配收入和政府财政收入汇总数据与全国平均水平进行比较，可绘制图3—6，其中，人均财政收入是2014年公共财政预算收入与对应地区户籍人口相除得到。

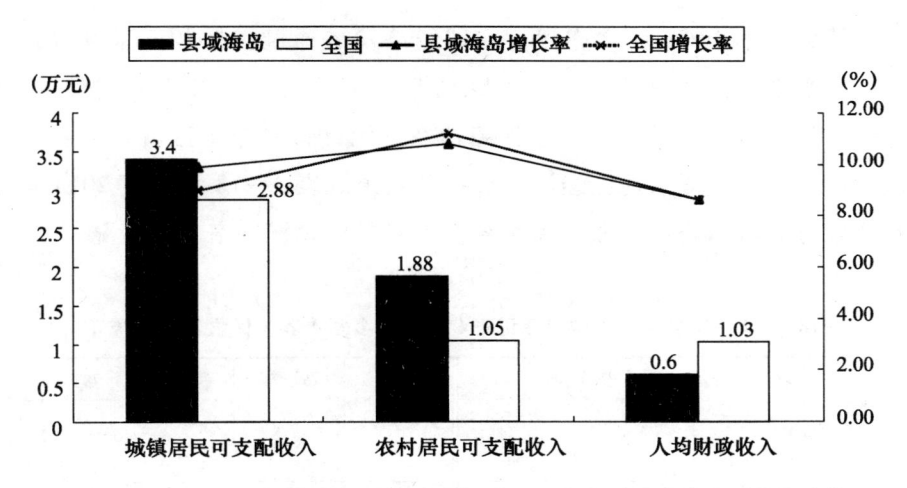

图 3—6　2014 年全国与县域海岛家庭可支配收入与财政收入主要指标比较

资料来源：根据《2014 年中国国民经济和社会发展公报》及表 3—17 中数据整理得到。

由图 3—6 可知，在家庭可支配收入方面，2014 年县域海岛与全国家庭可支配收入均保持较高增长速度，各项增长率基本持平，但各项收入额有较大差距。县域海岛城镇居民和农村居民可支配收入均超过全国平均水平，尤其是农村居民可支配收入，县域海岛是全国平均水平的 1.79 倍，因此，县域海岛家庭可支配收入在全国范围内处于较高水平。在财政收入方面，县域海岛人均财政收入明显低于全国平均水平，2014 年全国人均财政收入已超过 1 万元，是县域海岛的 1.72 倍。但财政收入主要以税收来源为主体，较高的人均财政收入代表着较高的税负，在一定程度上会限制市场主体的活力，县域海岛相对较低的人均财政收入保证了其市场主体的积极性。

综合对县域海岛家庭可支配收入和政府财政收入相关分析，各县域海岛之间在家庭可支配收入方面尽管仍有一定差距，但大都保持了较高的增长速度，在政府财政收入额和增长率方面差距相对较大；县域海岛总体与全国平均水平相比，在家庭可支配收入方面具有明显优势，但在人均财政收入方面落后较多。

(二) 就业与社会保障

根据奥肯定律，一国国民收入低于潜在收入 1%，其失业率将高于自然失业率2%,反之亦然。区域经济发展通过扩散效应带动该地区就业水平上升,就业水平上升又将带动劳动者参加社会养老保险、医疗保险、工伤险等各种社会保障体系,因此,一个地区就业和社会保障水平也可表征该地区经济发展扩散效果。表3—18统计了2014年各县域海岛城镇登记失业率和城乡基本养老保险覆盖率基本情况。

表3—18 2014年县域海岛城镇登记失业率和城乡基本养老保险覆盖率统计

县域海岛	城镇登记失业率（%）	城乡基本养老保险 参保人数（万人）	城乡基本养老保险 覆盖率（%）	县域海岛	城镇登记失业率（%）	城乡基本养老保险 参保人数（万人）	城乡基本养老保险 覆盖率（%）
长海县	2.88	2.37	43.6	岱山县	2.84	14.17	100
长岛县	1.37	3.05	95.6	玉环县	2.00	32.06	99.4
崇明县	3.50	43.21	84.5	洞头区	2.15	7.49	75.5
定海区	2.12	28.32	98.4	平潭区	3.47	20.69	65.9
普陀区	3.15	28.20	98.3	东山县	3.50	11.25	70.1
嵊泗县	2.98	5.77	98.7	南澳县	2.36	1.04	18.5

资料来源:根据各县域海岛《2014年统计公报》整理得到,平潭区和南澳县数据参考《2015年福建省统计年鉴》和《2015年汕头市统计年鉴》得到,崇明县和平潭区失业率是根据上海市和福州市数据得到,舟山市所属县域海岛养老保险覆盖率根据舟山市统计公报数据调整得到。

表3—18中,城乡基本养老保险覆盖率是将城镇职工养老保险参保人数和农村社会养老保险参保人数加总后除以应参保人数得到。由于符合条件应参保人数数据难以得到,本书参考人力资源和社会保障部对外发布的《中国社会保险发展年度报告2014》标准,即在地区人口总数中剔除16岁以下少年儿童和在校学生群体,按地区户籍人口的75%来计算。

由表3—18可知,各县域海岛城镇登记失业率尽管有一定差别,但均低于4%,整体就业形势良好,属于货币学派认可的自然失业率水平,低失业率与前文所统计高增长率所对应;而且县域海岛城镇登记失业率汇总均值为2.11%,同期全国城镇登记失业率为4.09%,因此，县域海岛当前经济较快的发展速度创造了良好的就业环境。

但各县域海岛社会保障水平差距较大。从基本养老保险覆盖率数据来看，长岛县、定海区、普陀区、嵊泗县、岱山县和玉环县覆盖率均超过95%，而南澳县覆盖率较低。社会保障水平在一定程度上反映出当地经济发展高度，南澳县尽管当前经济发展速度较快，但其起步较晚，整体经济发展尚处于较低水平，较低的养老保险覆盖率与其当前经济发展程度相对应。同时，将县域海岛基本养老保险数据汇总，县域海岛整体养老保险覆盖率为65.0%，低于人力资源和社会保障部对外发布的《中国社会保险发展年度报告2014》全国约80%的覆盖率水平。

综合县域海岛就业情况和社会保障基本状况，可以看出，县域海岛就业和社会保障分别对应经济发展速度和高度。县域海岛较高经济增长率必然带动该地区就业水平，因此，各县域海岛整体就业状况良好，失业率普遍较低。但各县域海岛经济发展起步并不一致，使得各县域海岛社会保障水平差别较大，起步较早的县域海岛整体社会保障程度较高。与同期全国就业和社会保障情况比较，县域海岛失业率水平优于全国统计数据，但基本养老保险覆盖率水平落后全国平均水平较多，因此，县域海岛经济发展对就业和社会保障的扩散效果总体表现喜忧参半。

（三）旅游和外资吸引力

根据约翰·邓宁所提出的国际生产折中理论，一个地区吸引外来者的优势通常包括所有权优势、内部化优势以及区位优势。在不考虑外来者自身条件情况下，一个地区区位优势越强，对外来者产生的吸引力越大。区位优势通常是该地区要素禀赋、市场容量、基础设施等多种要素的综合体现，一个地区经济持续发展将通过扩散效应不断提高消费者收入水平和消费能力，提升当地市场容量，并可不断改善当地基础设施条件和服务能力，从而对区域外投资者和旅游者等产生更大的吸引力，即地区经济发展扩散效果直接影响到该地区对外吸引力。因此，采用2014年县域海岛实际利用外资水平及旅游者数量和旅游产业收入等数据分析县域海岛对外吸引力状况，用以表征该地区经济发展扩散效果。相关数据如表3—19所示。

表3—19　　2014年县域海岛实际利用外资及旅游业指标统计

县域海岛	实际利用外资		旅游业			
	外资额（万美元）	增长率（%）	游客数量（万人次）	增长率（%）	旅游收入（亿元）	增长率（%）
长海县	11000	10.0	109.00	18.0	9.90	28.0
长岛县	456	8.6	303.00	10.3	30.30	11.8
崇明县	2405	12.5	486.7	13.1	7.00	12.5
定海区	2729	-7.6	683.00	12.6	69.16	12.5
普陀区	6600	124.9	2076.21	11.5	187.19	14.1
嵊泗县	1131	-87.5	365.41	16.0	35.80	19.0
岱山县	850	-32.1	334.50	13.1	33.05	13.7
玉环县	1092	-94.0	520.41	12.1	49.73	12.6
洞头区	179	-31.2	398.28	10.6	17.99	10.8
平潭区	14800	16.7	94.77	10.1	3.45	12.0
东山县	5301	10.4	408.00	34.5	40.00	47.7
南澳县	10	100.0	94.30	6.8	4.25	27.6
汇总	46553	-28.0	5873.58	13.4	487.82	16.2

资料来源：根据各县域海岛《2014年统计公报》整理得到，南澳县数据参考《2015年汕头市统计年鉴》得到，汇总栏中外资额、游客数量和旅游收入是各县域海岛数值加总得到，增长率数据是2014年与2013年数据环比计算得到。

由表3—19可知，实际利用外资和旅游业数据2014年总体表现有很大差距。在实际利用外资方面，各县域海岛增长率大起大落，差距明显。以浙江省普陀区和玉环县为例，2014年普陀区实际利用外资比2013年增长124.9%，玉环县则下降94.0%，增长与下降幅度均非常明显；其他各县域海岛亦有涨有跌。汇总各县域海岛实际利用外资数据，县域海岛2014年整体实际利用外资额比2013年下降28%，而2014年全国实际利用外资（未含银行、证券等间接投资）比2013年增长1.7%，因此，各县域海岛实际利用外资额总体呈现出下滑态势。从实际利用外资本身特点来讲，其受外界因素影响较大，短期内波动较为明显，县域海岛实际利用外资下滑一方面受投资主体母国"再工业化"等政策影响较大，另一方面也与县域海岛对引资把控更为严格有关，但总体来讲，各县域海岛经济发展扩散效应对外资的吸引程度有所下降。

在旅游吸引力方面，各县域海岛均保持了较高的增长率。2014年各县域海岛上岛游客总人次和旅游收入均保持了较高的增长率，除南澳县外，其余各县域海岛游客总人次增长率均超过10%；旅游收入方面，长海县、东山县和南澳县增长率均超过20%。将各县域海岛游客总人次和旅游收入汇总，并与2014年全国国内游客总人次和国内旅游收入比较（如图3—7所示）。

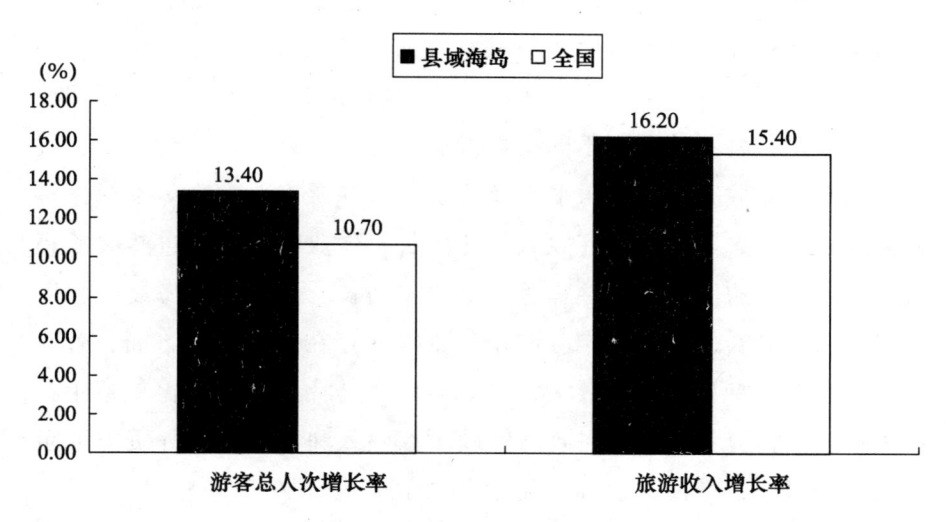

图3—7　2014年全国与县域海岛游客总人次增长率和旅游收入增长率比较

资料来源：根据《2014年中国国民经济和社会发展公报》及表3—19中数据整理得到。

由图3—7可以看出，县域海岛总体游客总人次和旅游收入增长率分别为13.4%和16.2%，均高于同期全国国内游客总人次和国内旅游收入增长率。另外，2014年全国入境游客总人次比去年下降0.5%，这使得全国旅游总人次增长率与县域海岛差距更大。因此，县域海岛经济发展扩散至旅游层面，使得县域海岛总体具有较好的旅游吸引力，而且县域海岛经济快速增长使得其旅游吸引力亦呈现出快速增长势头。

综合来看，地区经济发展通过扩散效应影响到该地区多个层面，使得该地区对外产生特有的区位优势，从而可吸引更多外来投资者和外来旅游者。但从所选取实际利用外资及游客总人次和旅游收入等指标分析，各县域海岛在外资吸引力和旅游吸引力方面差异较大。尽管仍有部分县域海岛实际利用外资保持增长态势，但县域海岛总体实际利用外资在下降；而在旅游吸引力方面，各县域海岛游客总人次和旅游收入均保持快速增长势头。

（四）经济发展扩散效果小结

依据区域经济不平衡发展理论，县域海岛主导产业发展将带动整个经济系统发展，并进而通过扩散效应带动整个社会系统发展，其扩散效果可体现在政府财政收入、家庭收入、就业水平、社会保障、外资和旅游吸引力等指标变化程度上。对2014年县域海岛相关数据的分析可以看出，各县域海岛不同指标发展状况优劣并存，喜忧参半。各县域海岛家庭收入、就业水平以及旅游收入和游客总人次等指标保持良好发展态势，家庭可支配收入快速增长，失业率控制在自然失业率水平，同时，旅游收入和游客总人次快速增长。但各县域海岛在政府财政收入、社会保障以及实际利用外资方面存在问题。一方面，各县域海岛这些指标发展差异较大，例如县域海岛社会保障覆盖率差距在80%以上，部分县域海岛在政府财政预算收入和实际利用外资方面负增长，而且各县域海岛总体实际利用外资环比下降28%；另一方面，与全国同期指标横向比较，县域海岛这些指标中除政府公共财政预算收入增长率与全国持平，其余指标均落后于全国平均水平。因此，整体来看，各指标表明县域海岛经济发展扩散效果良莠不齐，后文将建立扩散效果评价指数对其进行定量分析。

第三节 本章小结

本章对县域海岛综合承载力和经济发展的基本情况进行了分析，在综合承载力方面，主要分析了县域海岛整体系统下自然资源、生态环境以及基础设施等系统的基本状况。在自然资源系统中主要分析了县域海岛土地资源、水资源、矿产资源、生物资源等要素，在生态环境系统中主要分析了空气质量、海域水质、城市噪声、森林覆盖率等要素，在基础设施系统中主要分析了交通、供电供水、商业设施、教育、卫生等要素。在经济发展方面，主要分析了县域海岛整体经济状态、主导产业发展程度以及经济发展扩散效果等。整体经济状态主要分析了各县域海岛经济规模、三次产业结构及经济发展动力；以产业区位商值为依据判断各县域海岛主导产业，并在此基础上分析主导产业产出与投入要素基本情况；经济发展扩散效果则分析了政府财政收入、家庭收入、就业、社会保障以及对外吸引力等。

对各县域海岛综合承载力分析可以看出，首先，各县域海岛自然资源数量与基础设施服务能力存在较大差距，这种差距直接影响到各县域海岛综合承载力强弱；其次，与全国平均水平横向比较，各县域海岛自然资源要素整体处于劣势，生态环境要素整体具有一定优势，而基础设施各要素参差不齐，优劣势均有所表现。系统要素所具有的优势为县域海岛经济发展提供必要基础，使县域海岛保持强大吸引力，而系统要素劣势则成为县域海岛经济发展瓶颈。对县域海岛经济发展的分析可以看出，各县域海岛之间在整体经济发展、主导产业发展以及经济发展扩散效果等方面呈现出明显不平衡。这种不平衡既体现在结构性方面，也体现在增长率方面，进而使得各县域海岛经济发展结构与发展速度均差距较大。

综合来看，各县域海岛同期综合承载力和经济发展多项指标存在较大差异。综合承载力差距主要体现在各基本要素优良程度及供应能力等方面，经济发展差距则主要体现在所分析指标比重和增长率等方面，综合承载力和经济发展差距使得各县域海岛可持续发展程度难以衡量。同时，各县域海岛综合承载力对经济发展的制约限制依然突出，经济发展对综合承载力所产生的拉升效果并不明显。为进一步评价各县域海岛可持续发展状况，即对各县域海岛综合承载力与经济发展及两者之间协调共进程度进行评价，将分别构建县域海岛综合承载力指数和县域海岛经济发展指数评价体系，在两个指数定量评价基础上分析两者的协调发展程度及相互影响程度。

第 四 章

县域海岛综合承载力与经济发展评价体系构建

构建评价体系是衡量县域海岛可持续发展程度的关键。由于县域海岛自身特殊性，加上县域海岛各系统相对复杂繁多，相关研究尚未形成普遍认可和适用的指标体系。以可持续发展理论为基本指导思想，结合综合承载力理论和区域经济发展理论，分别建立县域海岛综合承载力和经济发展评价体系。

第一节 构建思路

在构建评价体系过程中，首先应确定评价体系总体目标。从学者相关研究可以看出，有关地区可持续发展评价研究的文献较多，但相关研究多以建立可持续发展综合评价体系为基本思路，即在可持续发展单目标之下建立系统层和指标层体系。单目标评价体系可直观反映出该地区可持续发展基本状态，但并不能表征该地区制约因素与发展程度之间的协调程度，也无法细致发现该地区可持续发展短板因素。本书评价体系目标是以可持续发展制约因素和发展程度为出发点，分别构建县域海岛综合承载力评价体系和经济发展评价体系，即构建相对独立的双目标评价体系，为进一步评价制约因素与发展程度之间的协调程度做铺垫。

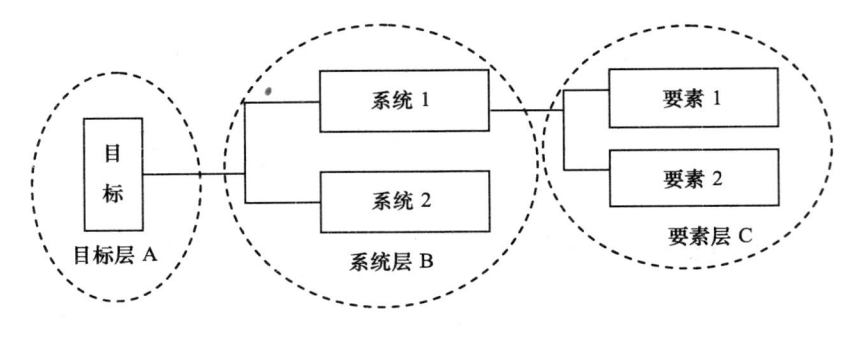

图 4—1 所构建评价体系基本层次

其次,将总体目标层(A)分解为多个子目标,形成系统层。依据层次分析(Analytic Hierarchy Process,AHP)思路,将总体目标分解为多个子目标,并建立隶属于各个子目标的系统,形成系统层(B)。系统层各个系统相互独立,同时又具有较大的覆盖面。

最后,在系统层之下,选取该子系统中典型要素,构建要素层。遵循客观性、科学性、全面性和动态性原则,以各县域海岛客观事实为基本支撑,以研究领域内现有文献和专家意见为科学依据,使各要素具有较强的可测量性和可比较性,能全面反映该子系统特征,并不拘泥于某一时点,具有较强的动态性。

综合以上,所构建评价体系以县域海岛综合承载力和县域海岛经济发展为独立目标,以具有隶属关系的系统层表征各个子目标,并在系统层之下选取多个隶属于系统的可测要素构成要素层。

第二节 指标选取依据及解释

一 指标选取依据

各层指标选取是本书的重点和难点之一,将直接影响到评价结果以及对结果的分析和判断。

首先,目标层指标选取是以可持续发展理论为依据,即将可持续发展建立在综合承载力与经济发展协调共进基础上,由此构建综合承载力（Comperhensive carrying capacity，CCC）和经济发展（Economic development degree，EDD）双目标评价体系。两评价体系既相互独立，又相互影响，其评价结果分别为综合承载力指数（CCCI）和经济发展指数（EDDI），各县域海岛可持续发展程度对应于两指数之间协调发展程度以及两者之间的相互影响程度。

其次，系统层指标选取则分别以综合承载力理论和区域经济发展理论为依据。在充分考虑县域海岛主要承载系统和经济发展特征基础上，结合本书所界定综合承载力指数和经济发展指数概念，综合承载力目标层之下包括自然资源、生态环境和基础设施三个系统层指标，经济发展目标层之下包括整体经济状态、主导产业发展程度以及经济发展扩散效果。

最后，要素层指标选取是指标选取关键环节。第一步，依据中国科学院"可持续发展指标体系"和中国国家统计局"全面建成小康社会统计监测指标体系（2013年版本）"以及联合国可持续发展委员会（UNCSD）所建立"驱动力—状态—响应"（DSR）框架指标体系，并利用CNKI数据库对有关综合承载力与经济发展指标设计的文献进行频度统计，结合县域海岛数据可得性，初步筛选出使用频率较高的指标。第二步，借鉴林道辉（2001）指标独立性和主成分性分析方法，对已选出指标进行合并和进一步筛选。指标独立性分析是对各指标进行标准化处理后进行归类，并两两进行相关性计算，同类指标相关系数达到0.95以上则进行合并。指标主成分性分析则计算各指标方差贡献率和累积方差贡献率，累积方差贡献率达到85%以上则可认为是主成分指标，并构成本书所选取要素层指标。

依据相关理论和计算结果，本书分别构建综合承载力评价体系和经济发展评价体系。县域海岛综合承载力评价体系中，在目标层之下选取自然资源系统（CCC_1）、生态环境系统（CCC_2）和基础设施系统（CCC_3）构建系统层，在系统层各指标之下分别选取$X_1 - X_5$、$X_6 - X_{10}$、$X_{11} - X_{16}$等指标构建要素层。在县域海岛经济发展评价体系中，在目标层之下选取整体经济状态（EDD_1）、主导产业发展程度（EDD_2）、经济发展扩散效果（EDD_3）构建系统层，在系统层各指标之下分别选取 $Y_1 - Y_7$、$Y_8 - Y_{12}$、$Y_{13} - Y_{19}$ 等指标构建要素层。

二 综合承载力各层指标解释

综合承载力是地区可持续发展的基础，也是该地区可持续发展的制约条件。县域海岛综合承载力总目标层之下包括自然资源系统、生态环境系统以及基础设施系统 3 个指标构成系统层和 16 个要素层指标。

（一）自然资源系统

自然资源是地区要素禀赋的集中体现，自然资源丰裕程度对该地区经济发展有制约作用。与陆地自然资源系统不同，县域海岛自然资源系统有其特殊性，表现在其充足的海洋资源、稀缺的土地资源和水资源以及多样化的气象资源等，同时，各县域海岛之间自然资源系统有较大差别。

1. 人均海域面积。与陆域县自然资源系统不同，海洋资源是县域海岛资源禀赋相对充裕的要素，是县域海岛发展海洋渔业、海洋运输、海洋工业以及海洋旅游业等蓝色产业的基础，也是各县域海岛重点培育和扶持的增长极优势来源。人均海域面积指标，即县域海岛海域面积与户籍人口之比，衡量县域海岛海洋资源丰裕程度。

2. 人均土地面积。土地资源是自然资源系统非常重要的内容。与陆域县相比，县域海岛土地资源更具特殊性，相对封闭狭窄的空间使其土地资源更加稀缺，有些县域海岛土地面积甚至不到其总面积的 1%。从资源用途来讲，土地资源是县域海岛当地居民和外来者开展各种活动的必要基础，县域海岛土地面积直接决定了该县域海岛经济整体规模大小。人均土地面积，即县域海岛土地总面积与户籍人口之比，表征县域海岛自然资源系统中土地资源的要素。

3. 人均水资源量。淡水资源是维持县域海岛森林绿地等生态系统的关键要素，同时也是居民生活和工农业生产以及满足外来者各种活动需要的必需要素。与土地资源类似，由于县域海岛地表水和地下水等常规水资源相当贫乏，非常规水资源季节变化较大，而县域海岛生产和生活活动对水资源需求不断增加，使得县域海岛整体水资源供需矛盾加剧，水资源严重稀缺。县域海岛人均水资源量用以表征自然资源系统中水资源稀缺程度。

4. 耕地面积指数。耕地是农业生产的基础资源。尽管各县域海岛农业产值在第一产业中比重较低，例如长海县2014年渔业产值是农业产值的400倍以上，但耕地仍然是县域海岛不可缺少的自然资源。一方面，由于县域海岛具有特殊的地理位置和生态系统，县域海岛粮食作物和经济作物在进化过程中产生其特殊生物属性和经济价值，使其具有不可替代性；另一方面，耕地所种植作物可与县域海岛工业或旅游业相结合而形成产业化，是当地农村居民家庭收入的重要来源。但由于县域海岛总土地面积非常有限，县域海岛开发过程中导致耕地面积不断减少。耕地面积指数是中国国家统计局在"全面建成小康社会统计监测指标体系"中提出并使用，用以表征耕地资源状况。耕地面积指数是根据报告期耕地面积与基期（以2008年耕地面积为100）耕地面积之比计算而来。

5. 年均降雨量。气候气象资源是自然资源系统的重要内容，气候气象资源包括多种类型，由于县域海岛分布范围从北到南跨度非常大，各县域海岛气候气象资源差别非常大；同时，有些气候气象资源也难以量化。各县域海岛年平均降雨量作为表征气候气象资源的要素，这表明降雨是县域海岛重要的非常规水资源，并且降雨对县域海岛农业林业等产业部门和森林绿地等生态系统具有重要作用。

（二）生态环境系统

县域海岛生态环境系统直接决定居民生活和外来者旅游活动的质量。可持续发展的提出源于人类对经济发展与生态环境矛盾的思考与探索，县域海岛经济发展同样受到其生态环境系统的制约。县域海岛生态环境系统非常特殊，一方面其陆域内生态环境系统相对封闭，另一方面其所辖海域生态环境系统相当复杂，县域海岛陆域内经济活动环境影响扩散效应非常强,这就要求县域海岛内生产和生活废弃物排放应实现无害化处理甚至再循环利用,生态环境系统包括以下要素层指标:

1. 空气质量优良率。生态环境系统包括大气、水域、陆地等多个开放系统,空气质量已成为中国近年来最受关注的环境问题,空气质量直接影响到县域海岛当地经济活动和对外吸引力。当前空气质量标准是根据国家2012年出台的《环境空气质量指数(AQI)技术规定(试行)》(HJ 633—2012),该规定将空气质量分为六个等级,等级越高,代表空气污染程度越严重。在空气质量为优和良,即Ⅰ级和Ⅱ级时可正常进行各种活动。空气质量优良率,即空气质量达到Ⅰ级和Ⅱ级的天数占全年总天数之比,衡量县域海岛生态环境系统中大气系统状况的主要指标。

2. 近岸海域水质优良比例。县域海岛所辖海域面积广阔,近岸海域是县域海岛渔业养殖和近海捕捞的主要作业区域,同时也是受县域海岛经济活动影响最严重的区域。有些县域海岛废弃物处理监管松懈,在废弃物无害化处理不达标情况下排放,致使近岸海域水质下降严重。根据国家《海水水质标准》(GB 3097—1997),近岸海水水质等级共分为四类,第Ⅰ等级适于作为海洋渔业区域、海上自然保护区和珍稀濒危海洋生物保护区水产养殖区;第Ⅱ等级适于作为海水浴场、人体直接接触海水的海上运动或娱乐区以及与人类食用直接有关的工业用水区,.等级越高,水质越差,近岸海域水质直接影响到县域海岛渔业和旅游业等重要产业部门。近岸海域水质优良比例,即近岸海域水质达到Ⅰ级或Ⅱ级水平海域面积占县域海岛总海域面积比例,是衡量县域海岛海洋生态环境质量的指标。

3. 森林覆盖率。森林是生态环境系统中陆地部分的主要要素,同时也是联结大气、水域和陆地生态环境系统的桥梁。与陆域县相比,森林对维持和调节县域海岛生态环境系统更加关键,尤其是位于东海及其以南海域县域海岛,森林还可大大减轻台风等自然灾害的破坏性。各县域海岛森林覆盖率是表征县域海岛陆地生态环境系统的另一重要要素层指标。

4. 废水处理率。由于生态环境系统是开放性系统，其质量水平不仅与大气、水域和陆地等系统内要素有关，还直接受到当地经济系统和社会系统等产生的污染影响。工业"三废"和居民生活垃圾等废弃物是生态环境系统主要污染来源，其无害化处理程度直接影响到当地生态环境质量水平。其中，由于县域海岛整体水资源稀缺，而海域范围又非常广泛，因此，对废水的无害化处理尤为关键。各县域海岛废水处理率，即无害化处理废水量与总体废水排放量之比，可表征各县域海岛对废水污染处理程度。

5. 噪声均值。随着县域海岛经济开发范围和强度不断加大，噪声也已成为影响整体生态环境系统的重要污染，并对县域海岛当地居民及外来者健康造成严重威胁。根据国家《声环境质量标准》（GB 3096—2008），该标准依据一定地域噪声均值将声环境质量分为五级，并据此规定了五类声环境功能区，第0类区域适于特别需要安静的康复疗养功能，第Ⅰ类区域适于居民住宅、医疗卫生、文化教育、科研设计和行政办公等，第Ⅱ类区域适于商业金融、集市贸易等，这三类区域应成为县域海岛整体区域的主体。各县域海岛噪声均值可有效表征其生态环境系统中噪声污染程度。

（三）基础设施系统

基础设施系统为地区经济发展提供必要设施和必需服务，已成为影响地区综合承载力水平的关键环节。基础设施系统涵盖面广泛，现代化基础设施除了公路、通信、电力等基础建设，还包括医疗卫生、教育、文化、体育、科技等社会性基础设施，不同地区在基础设施规划和建设过程中很容易形成"短板"。县域海岛基础设施系统包括以下要素层指标。

1. 单位面积水路货运量。县域海岛与陆地县在运输方式上差异较大，水路运输在县域海岛运输方式中占重要位置，尤其是对于货物运输，水路运输具有运费低、运量大等得天独厚优势。从2014年数据来看，县域海岛总体货物运输中，采用水路运输的占总货运量65%以上。同时，水路运输与县域海岛港口、码头等基础设施密切相关。单位面积水路货运量，即水路货运量与县域海岛陆地总面积之比，是中国科学院"可持续发展指标体系"中衡量县域海岛水路运输能力及相配套港口码头等接纳能力的重要指标。

2. 公路密度。由于县域海岛难以发展铁路运输和航空运输，公路运输是县域海岛内主要依赖的运输方式。同时，随着多座连接县域海岛与大陆之间的跨海桥梁建成，县域海岛公路运输重要性进一步提升。2014年数据显示，县域海岛总体公路运输货运量和客运量均呈加速上升势头。公路运输能力受该地区公路里程直接影响，由于各县域海岛陆域面积差别较大，公路里程相差较多，公路密度可较好衡量县域海岛公路运输能力。公路密度有两种计算方法，即该地区每百平方公里的公路里程数或每万人所拥有的公路里程数，本书采用每百平方公里公路里程数计算方法。

3. 每百人拥有移动电话数量。信息技术极大提高了生产效率和生活便利，通信设施已成为生产和生活必需的基础设施。通信设施相关技术和设备精密复杂，通信设施相关数据主要统计终端设备的使用情况，根据中国科学院"可持续发展指标体系"，通信指标选取固定电话、个人电脑以及移动电话等设备数量。由于移动电话以及移动互联网用户增长迅速，每百人拥有移动电话数量可较好衡量县域海岛通信基础设施基本状况。

4. 人均照明供电量。基础设施不仅为当地经济发展提供运输、通信等基础建设，还要保证当地经济发展所需电力等能源供应。县域海岛全部电力需求可分为工业用电和居民用电两大类，从统计数据来看，县域海岛工业用电量占总用电量70%左右。但由于各县域海岛工业发展差距较大，工业用电量差别较大，人均照明供电量可更好表征各县域海岛电力供应基础设施状况。

5. 每万人拥有县级医院数量。基础设施的功能是为地区发展提供必需服务，医疗卫生设施是保障县域海岛居民和外来者健康的机构。县域海岛当前医疗机构类型较多，包括综合性医院、疾病预防控制中心、卫生监督所、妇幼保健所等,其中,县级综合性医院是所有医疗机构中功能最全面、技术最先进的机构,也最能代表当地医疗卫生服务水平,因此,每万人拥有县级医院数量是衡量县域海岛医疗卫生基础设施的重要指标。

6. 每万人拥有普通中学数量。现代化基础设施需为当地提供多种社会性基础服务,教育是社会性基础服务中的重要内容。县域海岛受自然地理及科研技术等条件限制,难以发展高等教育,但县域海岛应为当地居民提供配套完善的小学教育和中学教育。从目前县域海岛总体教育状况来看,小学入学率和升学率整体较好,但各地区中学教育差别较大。每万人拥有普通中学数量可较好表征县域海岛教育类基础设施基本状况。

三 经济发展各层指标解释

实现可持续发展的动力是经济发展,没有发展,整个社会就会停滞不前,但经济发展与约束条件必须相协调。国家"海洋战略"实施以来,各县域海岛结合自身要素禀赋条件,整体经济呈快速发展态势,但各县域海岛经济发展程度并不一致,有些指标差别较大。经济发展评价体系以县域海岛经济发展特点为依据,选取3个指标建立系统层,即整体经济状态、主导产业发展和经济发展扩散效果,并在系统层每个指标之下选取共计19个要素层指标。

(一) 整体经济状态

衡量一个地区整体经济状态,不仅应关注该地区当前经济规模,还应关注该地区经济结构合理性以及推动该地区经济发展的动力。因此,县域海岛整体经济状态相关要素层指标,可有效表征县域海岛经济发展规模、经济发展结构和经济发展动力等方面特征。

1. 人均GDP。从目前相关研究文献可以看出,用于衡量一个地区整体经济规模最常用的指标是国内生产总值(GDP),即一个地区一定时期内运用生产要素所生产的全部最终产品和劳务的市场价值。尽管该指标并不能反映污染成本、经济增长效益以及生活质量等,但其与当地总体生产能力直接相关,而且各县域海岛相关数据统计已持续多年,便于横向与纵向比较。考虑到各县域海岛之间 GDP 差距悬殊,人均 GDP 可较好表征各县域海岛整体经济发展规模,人均 GDP 采用各县域海岛 GDP 与当年户籍人口总数之比计算得到。

2. GDP 增长率。一个地区经济发展规模并不是静态的,而是动态变化的,GDP 增长率可直观反映出各年 GDP 变化情况。从 2014 年各县域海岛统计数据可以看出,不同县域海岛 GDP 增长率有较大差别,这种差别反映出该地区经济规模增速情况,同时,由于 GDP 增长率具有一定的惯性,连续多年 GDP 增长率情况可反映出该地区经济规模变化趋势。GDP 增长率可衡量各县域海岛经济发展规模动态变化。

3. 第三产业增加值比重。县域海岛经济结构是表征其整体经济状态的另一重要指标。经济结构包括多个层面,最常用的是三次产业结构,即三次产业增加值在 GDP 中的比例构成。根据库兹涅茨产业结构理论以及发达国家经济发展实践,三次产业中第一产业比重将不断下降,第二产业比重将先升后降,第三产业比重将不断提升。2014 年各县域海岛产业结构数据可以看出,各县域海岛三次产业比例差别较大,但总体仍处于产业结构转型期,第三产业比重处于持续上升阶段。第三产业增加值比重可表征县域海岛整体经济状态中经济结构状况。

4. 固定资产投资密度。经济规模和经济结构可直观衡量当前整体经济状态基本状态,但经济发展是各种推动力合力的结果,若保持地区整体经济良好发展态势,应保证各种经济推动力完善运行。按照凯恩斯相关经济学理论,地区经济增长的推动力主要是需求侧,即投资、消费和出口"三驾马车"。县域海岛固定资产投资密度是表征投资状况的要素层指标,其计算方法是各县域海岛固定资产投资总额与其土地总面积之比。

5. 消费总额占 GDP 比重。消费也是地区经济增长的重要推动力。根据凯恩斯理论,总需求决定总供给,而总需求既包括投资需求,也包括消费需求，拉动消费需求增长可有效拉动整体经济增长。与消费有关的统计数据中，社会消费品零售总额，即批发和零售业、住宿和餐饮业以及其他行业直接售给城乡居民和社会集团的消费品零售额，是表现国内消费需求最直接的数据。各县域海岛社会消费品零售总额与 GDP 比重，是衡量县域海岛消费对当地经济拉动作用的要素层指标。

6. 出口贸易依存度。各国经济不断融合背景下，出口已成为拉动经济增长的另一驾马车。出口可有效拉动该地区优势产品销售量，扩大市场份额，但出口受国际形势影响比较严重。从 2014 年各县域海岛出口额数据来看，县域海岛出口总体出现下滑，出口对各县域海岛经济拉动作用在下降。出口贸易依存度，即各县域海岛出口总额与同期GDP 比值，可较好表征出口对经济推动作用大小。

7. 居民人均储蓄。短期内，县域海岛经济发展推动力集中在需求侧，但长期来看，经济增长需依靠劳动力、资本以及技术等供给侧，县域海岛经济发展推动力还需衡量劳动力、资本以及技术等要素。由于系统层内其他指标中已包含劳动力和技术要素，根据新古典增长理论，新投入资本主要来源于储蓄，居民储蓄在总储蓄中相对稳定，因此，居民人均储蓄是衡量县域海岛长期经济发展推动力中资本要素投入状况的重要指标。

(二) 主导产业发展程度

根据区域经济发展理论，县域海岛因其特殊地理位置和资源结构，更适宜实施不平衡发展战略，即优先和重点培育主导产业，利用主导产业与其他部门的关联性，通过扩散效应带动其他产业共同发展，因此，县域海岛主导产业发展程度是评估海岛经济发展的重要内容。县域海岛主导产业发展程度可从产出和投入两个方面衡量，包括以下要素层指标。

1. 区位商值。区位商是区域经济专业化程度常用分析方法，该方法可排除区域经济规模差异影响，直观区分出该区域经济主导产业及其优势程度。基于此，以 2014 年县域海岛各产业区位商值作为其主导产业判断依据。尽管不同年份产业发展状况差别较大，区位商值也会不断发生变化，但总体来看，区位商是衡量县域海岛主导产业优势程度的主要要素层指标。

2. 主导产业贡献率。在实施不平衡发展战略过程中，优先和重点培育主导产业的目的是带动其他产业和整体经济共同发展，因此，主导产业对整体经济发展具有较大的贡献率。参考国家统计局相关统计方法，主导产业贡献率，即该产业增加值增量与该地区 GDP 增量之比，有较好衡量主导产业对整体经济贡献程度大小。

3. 就业吸纳率。主导产业不仅在产值方面具有较强的优势，在劳动力、资本等生产要素投入方面也具有较强的吸引力。对主导产业劳动力投入方面主要通过就业吸纳率指标进行衡量。就业吸纳率是主导产业就业人数与该产业总产值之比，该指标数值越大，说明主导产业所吸引劳动力人数越多，主导产业对缓解当地就业压力所起作用越大。

4. 吸纳投资占比。主导产业所吸纳投资额占比，即主导产业固定资产投资额占固定资产投资总额的比例，可衡量主导产业在吸引资本投入方面的基本情况。

5. 比较劳动生产率。从经济发展实践来看，一个地区主导产业并不是固定不变的，在科技、制度等外生条件变化下，主导产业会发生过渡或转型。根据库兹涅茨法则，比较劳动生产率较低的产业资本和劳动力均会向比较劳动生产率较高的产业转移。因此，主导产业比较劳动生产率，即该产业国民收入相对比重与该产业劳动力相对比重之商，是衡量县域海岛主导产业转型动态的重要指标。

（三）经济发展扩散效果

县域海岛主导产业是其整体经济系统的中心，经济系统是县域海岛整个社会系统的基础。基于此，主导产业优先和重点发展成果将扩散到整体经济系统，经济系统发展成果将扩散到县域海岛整个社会系统中，从而使得县域海岛家庭收入、政府财政收入、就业水平、社会保障以及对外吸引力均不断上升。因此，县域海岛经济发展扩散效果是衡量县域海岛经济发展的重要内容，其要素层包括以下指标：

1. 农村居民人均收入。国内生产总值可表征经济总体增长水平，但经济发展成果应普惠于民，即经济发展应提高居民可支配收入水平，即住户的最终消费、非义务性支出以及储蓄等款项之和。县域海岛城镇化率不高，居民结构仍以农村居民为主体，农村居民人均收入是衡量经济发展对家庭收入扩散效应的重要要素层指标。

2. 城乡居民收入比。从2014年县域海岛统计数据来看，城乡居民收入增长率均保持较高水平，但城镇居民与农村居民收入差距仍较大，二元结构仍很明显。城乡收入差距过大不利于实现县域海岛整体均衡发展目标，因此，城乡居民收入比，即城镇居民人均可支配收入与农村居民人均可支配收入之比（以农村为1），可表征县域海岛城乡收入不均衡程度。

3. 人均财政收入。政府部门是宏观经济重要参与主体，其主要职能是在社会经济活动中提供公共物品和服务，政府所提供公共物品和服务数量直接决定于财政收入的充裕状况。而财政收入充裕程度很大程度上受当地经济发展影响，因此，人均财政收入，即当地公共财政预算收入与户籍人口总数之比，可较好衡量出各县域海岛财政收入充裕状况。

4. 城镇登记失业率。就业状况是表征县域海岛经济发展扩散效果的重要内容，经济发展将带动各行业创造大量就业岗位，从而失业率会保持较低水平。失业率指标分调查失业率和登记失业率两种，但当前统计部门并没有调查失业率数据，因此，国家统计局所采用的城镇登记失业率，即城镇登记失业人员与城镇单位就业人员（扣除使用的农村劳动力、聘用的离退休人员、港澳台及外方人员）、城镇单位中的不在岗职工、城镇私营业主、个体户主、城镇私营企业和个体就业人员、城镇登记失业人员之和的比值，是表征各县域海岛就业状况的重要要素层指标。

5. 基本社会保险覆盖率。基本社会保险是国家社会保障的重要内容,基本社会保险覆盖范围受经济发展影响。当前基本社会保险包括基本养老保险、基本医疗保险、失业保险、工伤保险和生育保险五项,其中基本养老保险和基本医疗保险最重要。根据中国国家统计局"全面建成小康社会统计监测指标体系",基本社会保险覆盖率指标计算公式如(4—1)所示,可表征县域海岛基本社会保险覆盖程度。

$$基本社会保险覆盖率 = \frac{已参加基本养老保险的人数}{应参加基本养老保险的人数} \times 50\% + \frac{已参加基本医疗保险的人数}{应参加基本医疗保险的人数} \times 50\% \qquad (4—1)$$

6. 旅游收入占 GDP 比重。县域海岛经济发展成果还会影响到该地区对外吸引力,主要表现在对外来者的吸引程度和对外资的吸引程度,因此,分别选取与当地旅游和吸引外资相关的指标构建要素层。县域海岛旅游收入占 GDP 比重可较好表征县域海岛旅游吸引力高低。

7. 实际利用外资密度。实际利用外资是县域海岛在一定时期内真正到账的外资总额,比合同利用外资额更具有真实性。实际利用外资密度,即县域海岛实际利用外资额与其土地总面积之比,是表征县域海岛对外资吸引力重要要素层指标。

第三节 评价体系框架

将综合承载力和经济发展各层指标归纳,可得本书评价体系框架,见表4—1。

由表4—1可知,县域海岛综合承载力评价体系和县域海岛经济发展评价体系共包括6个系统层指标和35个要素层指标。两评价体系将分别测算出综合承载力指数和经济发展指数以及各系统层指数,是分析县域海岛可持续发展程度的基本框架。

表 4—1　县域海岛综合承载力和经济发展评价体系框架

目标层 (A)	系统层 (B)	要素层 (C)	目标层 (A)	系统层 (B)	要素层 (C)
县域海岛综合承载力 (CCC)	自然资源系统 (CCC_1)	人均海域面积 (X_1)	县域海岛经济发展 (EDD)	整体经济状态 (EDD_1)	人均 GDP (Y_1)
		人均土地面积 (X_2)			GDP 增长率 (Y_2)
		人均水资源 (X_3)			第三产业增加值比重 (Y_3)
		耕地面积指数 (X_4)			固定资产投资密度 (Y_4)
		年均降雨量 (X_5)			消费总额占 GDP 比重 (Y_5)
	生态环境系统 (CCC_2)	空气质量优良率 (X_6)			出口贸易依存度 (Y_6)
		近岸海域水质优良比例 (X_7)			居民人均储蓄 (Y_7)
		森林覆盖率 (X_8)		主导产业发展程度 (EDD_2)	区位商值 (Y_8)
		废水处理率 (X_9)			产业贡献率 (Y_9)
		噪声均值 (X_{10})			就业吸纳率 (Y_{10})
	基础设施系统 (CCC_3)	单位面积水路货运量 (X_{11})			吸纳投资占比 (Y_{11})
		公路密度 (X_{12})			比较劳动生产率 (Y_{12})
		每百人拥有移动电话数量 (X_{13})		经济发展扩散效果 (EDD_3)	农村居民人均收入 (Y_{13})
		人均照明供电量 (X_{14})			城乡居民收入比 (Y_{14})
		每万人拥有县级医院数量 (X_{15})			人均财政收入 (Y_{15})
		每万人拥有普通中学数量 (X_{16})			城镇登记失业率 (Y_{16})
					基本社会保险覆盖率 (Y_{17})
					旅游收入占 GDP 比重 (Y_{18})
					实际利用外资密度 (Y_{19})

各指标根据其性质不同,可分为正指标和逆指标,正指标指其值越大越具有优势,逆指标指其值越小越具有优势。在所选择 35 个要素中,逆指标要素数量只有三个,即噪声均值 (X_{10})、城乡居民收入比

(Y_{14})和城镇登记失业率（Y_{16}）。正逆指标在数据标准化时应采用不同的方法。

第四节　本章小结

以县域海岛客观实际为基础，依据层次分析基本原理，遵循科学性、全面性、动态性等原则，分别构建了县域海岛综合承载力（CCC）评价体系和县域海岛经济发展（EDD）评价体系。首先，介绍了构建县域海岛综合承载力与经济发展指标体系的总体思路。按照总目标到各系统再到各要素的思路，同时遵循层次分析原理和基本原则，各评价体系包含目标层、系统层和要素层三级。其次，介绍了县域海岛综合承载力和经济发展评价体系各层指标选取依据，并对所选取指标在含义和计算方法上进行了解释。最后，以表格形式对县域海岛综合承载力和经济发展指标体系框架进行总结。本章所构建评价体系为后文定量分析提供了基础框架。

第五章

县域海岛综合承载力与经济发展定量评价

利用已构建的县域海岛综合承载力评价体系和县域海岛经济发展评价体系，采用层次分析法，构造各指标判断矩阵以计算各层指标权重 w_i。通过搜集各县域海岛相关指标数据，对数据进行标准化处理，将权重与标准化数据进行聚合，对县域海岛综合承载力与经济发展进行定量评价，在评价结果基础上对县域海岛综合承载力和经济发展进行初步讨论。

第一节 综合承载力指数与经济发展指数测算

一 确定指标权重

（一）构造评价体系中各指标两两比较判断矩阵

确定指标体系各指标权重值是定量评价县域海岛综合承载力与经济发展的关键步骤，本书采用较多使用的层次分析法。首先对同一层次的各指标关于上一层次中某一准则的重要性进行两两比较，构造两两比较判断矩阵。在重要性比较标度上，按照（1,3,5,7,9）重要性标度方法，各标度表示重要度如表5—1所示。

由于各指标重要性判断存在较大的主观性，对各指标重要性进行相对客观判断是研究工作的一个难点。本书采用专家打分法，以增强指标重要性判断的可信度。依据重要性标度所表征意义，设计了各指标两两相互比较的调研问卷。在发放问卷前，对问卷在相关专业研究生群体中进行了测试，经信度检验测算得到 α 值为 0.784，说明问卷具有较好的信度。在此基础上，共向多所大学和研究机构中该领域专家发放和有效回收问卷 28 份。对专家打分结果处理方式有多种，比较常见的有取中位数、众数或几何平均数等。考虑到调研专家数量较少，中位数和众数缺少充分的代表性，本书采用几何平均数方法对专家打分结果进行处理。

表 5—1　　　　　判断矩阵中重要性标度所表示意义

标度 a_{ij}	定　义
1	因素 i 与因素 j 相同重要
3	因素 i 比因素 j 稍重要
5	因素 i 与因素 j 比较重要
7	因素 i 与因素 j 非常重要
9	因素 i 与因素 j 绝对重要
2，4，6，8	因素 i 与因素 j 重要性的比较值处于上述两个相邻等级之间
倒数 1，$\frac{1}{2}$，$\frac{1}{3}$，$\frac{1}{4}$，$\frac{1}{5}$，$\frac{1}{6}$，$\frac{1}{7}$	因素 i 与因素 j 比较得到判断值为 a_{ij} 的互反数，$a_{ij}=\frac{1}{a_{ji}}$

资料来源：根据百度文库（http://wenku.baidu.com/view/87a033e7daef5ef7ba0d3cc2.html）得到。

根据计算结果，县域海岛综合承载力 CCC（Comperhensive carrying capacity）和经济发展 EDD（Economic development degree）评价体系中，其系统层各指标，即自然资源系统（CCC_1）、生态环境系统（CCC_2）和基础设施系统（CCC_3）以及整体经济状态（EDD_1）、主导产业发展程度（EDD_2）和经济发展扩散效果（EDD_3），所构成重要性判断矩阵分别为：

$$A_{CCC}=\begin{pmatrix} 1 & 2 & 2 \\ 1/2 & 1 & 1/2 \\ 1/2 & 2 & 1 \end{pmatrix};\ A_{EDD}=\begin{pmatrix} 1 & 2 & 4 \\ 1/2 & 1 & 3 \\ 1/4 & 1/3 & 1 \end{pmatrix}。$$

评价体系要素层中，系统层中各指标自然资源系统、生态环境系统和基础设施系统以及整体经济状态、主导产业发展程度和经济发展扩散效果各指标所包含要素构成的判断矩阵分别为：

$$A_{CCC_1} = \begin{pmatrix} 1 & 1/2 & 1/2 & 2 & 3 \\ 2 & 1 & 2 & 2 & 3 \\ 2 & 1/2 & 1 & 2 & 3 \\ 1/2 & 1/2 & 1/2 & 1 & 3 \\ 1/3 & 1/3 & 1/3 & 1/3 & 1 \end{pmatrix}; \quad A_{CCC_2} = \begin{pmatrix} 1 & 4 & 3 & 3 & 3 \\ 1/4 & 1 & 1/3 & 1/4 & 1/2 \\ 1/3 & 3 & 1 & 3 & 3 \\ 1/3 & 4 & 1/3 & 1 & 2 \\ 1/3 & 2 & 1/3 & 1/2 & 1 \end{pmatrix};$$

$$A_{CCC_3} = \begin{pmatrix} 1 & 1/3 & 1/2 & 1/2 & 3 & 3 \\ 3 & 1 & 3 & 3 & 4 & 5 \\ 2 & 1/3 & 1 & 2 & 2 & 4 \\ 2 & 1/3 & 1/2 & 1 & 3 & 3 \\ 1/3 & 1/4 & 1/2 & 1/3 & 1 & 1 \\ 1/3 & 1/5 & 1/4 & 1/3 & 1 & 1 \end{pmatrix};$$

$$A_{EDD_1} = \begin{pmatrix} 1 & 2 & 4 & 5 & 5 & 3 & 4 \\ 1/2 & 1 & 3 & 5 & 4 & 3 & 3 \\ 1/4 & 1/3 & 1 & 3 & 3 & 2 & 2 \\ 1/5 & 1/5 & 1/3 & 1 & 2 & 1/3 & 1/3 \\ 1/5 & 1/4 & 1/3 & 1/2 & 1 & 1/2 & 1/3 \\ 1/3 & 1/3 & 1/2 & 3 & 2 & 1 & 3 \\ 1/4 & 1/3 & 1/2 & 3 & 3 & 1/3 & 1 \end{pmatrix};$$

$$A_{EDD_2} = \begin{pmatrix} 1 & 3 & 3 & 4 & 3 \\ 1/3 & 1 & 2 & 3 & 3 \\ 1/3 & 1/2 & 1 & 3 & 3 \\ 1/4 & 1/3 & 1/3 & 1 & 2 \\ 1/3 & 1/3 & 1/3 & 1/2 & 1 \end{pmatrix};$$

$$A_{EDD_3} = \begin{pmatrix} 1 & 1/2 & 3 & 3 & 4 & 3 & 3 \\ 2 & 1 & 4 & 3 & 3 & 4 & 5 \\ 1/3 & 1/4 & 1 & 3 & 3 & 3 & 4 \\ 1/3 & 1/3 & 1/3 & 1 & 2 & 3 & 3 \\ 1/4 & 1/3 & 1/3 & 1/2 & 1 & 3 & 4 \\ 1/3 & 1/4 & 1/3 & 1/3 & 1/3 & 1 & 2 \\ 1/3 & 1/5 & 1/4 & 1/3 & 1/4 & 1/2 & 1 \end{pmatrix}。$$

（二）对判断矩阵进行一致性检验

判断矩阵应在同一规则下具有严格的逻辑性，对判断矩阵进行一致性检验是检测其逻辑性的必要步骤。通常利用规范列平均法（和法）计算出判断矩阵的最大特征根 λ_{max} 和其对应的经归一化后的特征向量 W，在此基础上计算出判断矩阵的一致性指标 $C.I.$ 和随机一致性 $R.I.$ 之比，即一致性检验比例 $C.R.$，具体计算公式如下所示。

$$\lambda_{max} = \sum_{i=1}^{n} \frac{(AW)_i}{nW_i} \tag{5—1}$$

$$C.I. = \frac{\lambda_{max} - n}{n - 1} \tag{5—2}$$

$$C.R. = C.I./R.I. \tag{5—3}$$

公式（5—3）中 $R.I.$ 表示判断矩阵的平均随机一致性指标，其取值可通过表5—2查到。当比值 $C.R. < 0.1$ 时，则认为判断矩阵符合一致性条件。

表5—2　　　　　　　　平均随机一致性指标 $R.I.$

阶数	1	2	3	4	5	6	7	8
$R.I.$	0	0	0.52	0.89	1.12	1.26	1.36	1.41

资料来源：根据百度文库（http://wenku.baidu.com/view/87a033e7daef5ef7ba0d3cc2.html）得到。

以判断矩阵 A_{CCC_1} 为例，

$$A_{CCC_1} = \begin{pmatrix} 1 & 1/2 & 1/2 & 2 & 3 \\ 2 & 1 & 2 & 2 & 3 \\ 2 & 1/2 & 1 & 2 & 3 \\ 1/2 & 1/2 & 1/2 & 1 & 3 \\ 1/3 & 1/3 & 1/3 & 1/3 & 1 \end{pmatrix} = \begin{pmatrix} 1 & 0.5 & 0.5 & 2 & 3 \\ 2 & 1 & 2 & 2 & 3 \\ 2 & 0.5 & 1 & 2 & 3 \\ 0.5 & 0.5 & 0.5 & 1 & 3 \\ 0.33 & 0.33 & 0.33 & 0.33 & 1 \end{pmatrix};$$

将 $A_{CCC_1} = (w_{ij})_{n \times n}$ 的各元素按列进行归一化处理,得到:

$$A(\tilde{w}_{ij})_{n \times n} = \begin{pmatrix} 0.171 & 0.177 & 0.115 & 0.273 & 0.231 \\ 0.343 & 0.353 & 0.463 & 0.273 & 0.231 \\ 0.343 & 0.177 & 0.231 & 0.273 & 0.231 \\ 0.086 & 0.177 & 0.115 & 0.136 & 0.231 \\ 0.057 & 0.116 & 0.076 & 0.045 & 0.076 \end{pmatrix};$$

将 $A(\tilde{w}_{ij})_{n \times n}$ 中元素按照行进行求和运算,得到如下结果:

$$A(\tilde{w}_{ij})_{n \times n} = \begin{pmatrix} 0.967 \\ 1.663 \\ 1.255 \\ 0.745 \\ 0.370 \end{pmatrix} = \tilde{W};$$

再将上述矩阵向量经过归一化处理,得到特征向量近似值:

$$\tilde{W} = \frac{\tilde{W}_i}{n \sum_{i=1}^{n} W_i} = \frac{1}{5} \begin{pmatrix} 0.967 \\ 1.663 \\ 1.255 \\ 0.745 \\ 0.370 \end{pmatrix} = \begin{pmatrix} 0.193 \\ 0.333 \\ 0.251 \\ 0.149 \\ 0.074 \end{pmatrix};$$

根据公式(5—1),计算最大特征根:

$$\lambda_{max} = \frac{1}{n} \sum_{i=1}^{n} \frac{(A\tilde{W}_i)}{W_i} = \frac{1}{5} \left(\frac{\sum_{i=j=1}^{n} a_{1j}W_i}{W_1} + \frac{\sum_{i=j=1}^{n} a_{2j}W_i}{W_2} + \frac{\sum_{i=j=1}^{n} a_{3j}W_i}{W_3} + \frac{\sum_{i=j=1}^{n} a_{4j}W_i}{W_4} + \frac{\sum_{i=j=1}^{n} a_{5j}W_i}{W_5} \right)$$

$$= \frac{1}{5} \left(\frac{(1 \quad 0.5 \quad 0.5 \quad 2 \quad 3) \begin{pmatrix} 0.193 \\ 0.333 \\ 0.251 \\ 0.149 \\ 0.074 \end{pmatrix}}{0.193} + \frac{(2 \quad 1 \quad 2 \quad 2 \quad 3) \begin{pmatrix} 0.193 \\ 0.333 \\ 0.251 \\ 0.149 \\ 0.074 \end{pmatrix}}{0.333} + \cdots + \frac{(0.33 \quad 0.33 \quad 0.33 \quad 0.33 \quad 1) \begin{pmatrix} 0.193 \\ 0.333 \\ 0.251 \\ 0.149 \\ 0.074 \end{pmatrix}}{0.074} \right)$$

$= 5.189$。

根据公式（5—2），一致性指标 $C.I. = \frac{\lambda_{\max} - n}{n - 1} = 0.047$，随机一致性指标 $R.I.$ 为 1.12，则 $C.R. = C.I./R.I. = 0.042 < 0.1$，判断矩阵 A_{CCC_1} 符合一致性检验条件，并由此得到 CCC_1 各要素权重值为 $W_{CCC_1} = (0.193 \quad 0.333 \quad 0.251 \quad 0.149 \quad 0.074)$。

表 5—3　　　　　　　　　　　系统层 $C.R.$ 和 W 向量

类型	指标	$C.R.$	一致性检验	W 向量
系统层	CCC_2	0.071	通过	$W_{CCC_2} = (0.416 \quad 0.066 \quad 0.253 \quad 0.159 \quad 0.106)$
	CCC_3	0.041	通过	$W_{CCC_3} = (0.129 \quad 0.385 \quad 0.200 \quad 0.162 \quad 0.066 \quad 0.058)$
	EDD_1	0.055	通过	$W_{EDD_1} = (0.338 \quad 0.247 \quad 0.130 \quad 0.048 \quad 0.043 \quad 0.111 \quad 0.083)$
	EDD_2	0.065	通过	$W_{EDD_2} = (0.420 \quad 0.236 \quad 0.178 \quad 0.092 \quad 0.074)$
	EDD_3	0.080	通过	$W_{EDD_3} = (0.234 \quad 0.320 \quad 0.155 \quad 0.107 \quad 0.088 \quad 0.055 \quad 0.041)$
目标层	CCC	0.052	通过	$W_{CCC} = (0.493 \quad 0.196 \quad 0.311)$
	EDD	0.018	通过	$W_{EDD} = (0.558 \quad 0.320 \quad 0.122)$

与 CCC_1 类似，判断矩阵 A_{CCC_2}，A_{CCC_3}，A_{EDD_1}，A_{EDD_2} 和 A_{EDD_3} 以及 A_{CCC} 和 A_{EDD} 一致性检验结果如表5—3所示，同时，各指标权重值对应于表5—3中 W_i。

由表5—3可知，判断矩阵均符合一致性检验条件，同时，在一致性检验过程中对应于 λ_{max} 的归一化特征向量 W，其各分量 W_i 即是相应指标单排序的权重值。

（三）评价体系各指标权重汇总

根据以上计算结果，县域海岛综合承载力和经济发展评价体系中各指标权重值汇总结果如表5—4所示。

表5—4　县域海岛综合承载力与经济发展各指标权重值汇总

目标层 （A）	系统层 （B）	权重值 W_i	要素层 （C）	权重值 W_{ij}	目标层 （A）	系统层 （B）	权重值 W_i	要素层 （C）	权重值 W_{ij}
县域海岛综合承载力（CCC）	自然资源系统（CCC_1）	0.493	X_1	0.193	县域海岛经济发展（EDD）	整体经济状态（EDD_1）	0.558	Y_1	0.338
			X_2	0.333				Y_2	0.247
			X_3	0.251				Y_3	0.130
			X_4	0.149				Y_4	0.048
			X_5	0.074				Y_5	0.043
								Y_6	0.111
	生态环境系统（CCC_2）	0.196	X_6	0.416		主导产业发展程度（EDD_2）	0.320	Y_7	0.083
			X_7	0.066				Y_8	0.420
			X_8	0.253				Y_9	0.236
			X_9	0.159				Y_{10}	0.178
			X_{10}	0.106				Y_{11}	0.092
								Y_{12}	0.074
	基础设施系统（CCC_3）	0.311	X_{11}	0.129		经济发展扩散效果（EDD_3）	0.122	Y_{13}	0.234
			X_{12}	0.385				Y_{14}	0.320
			X_{13}	0.200				Y_{15}	0.155
			X_{14}	0.162				Y_{16}	0.107
			X_{15}	0.066				Y_{17}	0.088
			X_{16}	0.058				Y_{18}	0.055
								Y_{19}	0.041

由表5—4可知，县域海岛综合承载力中自然资源系统与基础设施系统权重值相对较高，而县域海岛经济发展中整体经济状态与主导产业发展程度权重值则相对较高。对应于不同系统指标的各要素权重值差别也较大，体现出不同指标对整体评价体系重要程度的差别。

二 数据来源与标准化

鉴于2008年是国际及国内经济重要标志性时期，各县域海岛经济在2008年前后遇到发展瓶颈，以2008年为起始年，研究2008—2014年各县域海岛综合承载力与经济发展状况。通过搜集并整理2008—2014年评价体系中各指标原始数据，对各指标原始数据进行标准化处理，在此基础上结合评价体系各指标权重值进行聚合，对县域海岛综合承载力和经济发展进行定量评价。

（一）数据来源

本书所采用县域海岛数据主要通过案头调研方法完成。在所搜集原始数据中，各县域海岛户籍人口、土地面积、耕地面积、水路货运量、移动电话数量、居民供电量、医疗和教育机构数量、人均GDP、各产业增加值、全社会消费总额、出口额、居民消费额、城乡收入、政府财政收入、城镇登记失业率以及旅游业收入和实际利用外资额等数据来源于2008—2014年各县域海岛《国民经济与社会发展统计公报》，平潭综合试验区和南澳县数据主要来源于《2008—2015年福建省统计年鉴》和《2009—2015年汕头市统计年鉴》，崇明县部分数据来源于《2009—2015年上海市统计年鉴》。生态环境系统中空气质量、废水处理率、噪声均值、森林覆盖率等数据主要来源于各县域海岛及所在市各年份《环境公报》，近海海域质量相关数据主要来源于国家海洋局、辽宁省、山东省、上海市、浙江省、福建省、广东省以及舟山市、长岛县等《海洋环境公报》，人均水资源和年均降雨量数据主要来源于不同年份各县域海岛及所在省市《水资源公报》，同时，各县域海岛区位商值、产业贡献率、比较劳动生产率、就业吸纳率、基本社会保险覆盖率等指标根据原始数据计算得到。另外，空气质量测量标准因国家环保部门修改了相关标准，各县域海岛空气质量优良率根据近三年测量结果进行了适当估算。同时，所涉及以可变价格衡量的经济指标，均以 2008 年为基年，通过 GDP 平减指数进行了不变价处理。

（二）数据标准化方法

以 2008—2014 年各县域海岛多个领域原始数据为客观依据，在选取指标时避免差异较大的总量数据，利用当地户籍人口、土地面积等数据将总量数据转化为人均数据或密度数据，但各指标原始数据的量纲、数据级和数量变化幅度仍差别很大，必须对原始数据进行标准化处理，以消除量纲不一致的影响。在进行数据标准化处理时，应根据该指标所代表经济意义区分其类型特征，并根据其类型采用不同的处理方式。评价指标通常可分为"效益型"和"成本型"两大类。"效益型"指标也称为正向指标，是指其对评价结果的贡献是正向的，其属性值越大越好，评价体系中所选取指标大多数为该种类型。"成本型"指标又称为逆向指标，其对评价结果的贡献是逆向的，其属性值越小越好，所选取指标中噪声均值（X_{10}）、城乡居民收入比（Y_{13}）以及城镇登记失业率（Y_{16}）等属于负指标类型。

数据标准化处理方法比较多，如李美娟（2004）和陈佳贵（2006）等学者所总结极差变换法、正负指标法、阶段阈值法等。考虑到本书正指标较多，为便于分析，采用极差变换法进行处理，可使得逆向指标也转化为正向指标处理，其计算公式分别如公式（5—4）和公式（5—5）所示。

对于 $X = (x_{ij})_{m \times n}$，正向指标处理公式为：

$$r_{ij} = \frac{x_{ij} - \min\limits_{1 \leq i \leq m} x_{ij}}{\max\limits_{1 \leq i \leq m} x_{ij} - \min\limits_{1 \leq i \leq m} x_{ij}} \quad (1 \leq i \leq m; \ 1 \leq j \leq n) \quad (5—4)$$

逆向指标处理公式为：

$$r_{ij} = \frac{\max_{1 \leq i \leq m} x_{ij} - x_{ij}}{\max_{1 \leq i \leq m} x_{ij} - \min_{1 \leq i \leq m} x_{ij}} \quad (1 \leq i \leq m ; \ 1 \leq j \leq n) \quad (5—5)$$

在公式（5—4）和公式（5—5）中，x_{ij} 表示第 i 年第 j 项指标的原始数据；$\min_{1 \leq i \leq m} x_{ij}$ 表示不同年份第 j 项原始数据中的最小值；$\max_{1 \leq i \leq m} x_{ij}$ 表示不同年份第 j 项原始数据中的最大值。r_{ij} 代表标准化后的数据，其值 ∈ [0, 1]，所得到 $R = (r_{ij})_{m \times n}$ 即为极差变换标准化矩阵。由于各县域海岛评价体系中 2008—2014 年原始数据过于庞杂，标准化数据处理主要在后台进行，在此基础上，利用所取得各县域海岛评价指标权重值，对各指标进行综合评分。

三　各指标聚合结果

在县域海岛评价体系各指标聚合过程中，首先由要素层各指标聚合为系统层各指标指数，其次通过系统层各指标指数聚合为总体目标层指数。即：

$$CCCI_i = W_{ij} R^T ; \quad EDDI_i = W_{ij} R^T \quad (5—6)$$

$$CCCI = W_i CCCI_i ; \quad EDDI = W_i EDDI_i \quad (5—7)$$

公式（5—6）、公式（5—7）中，W_{ij} 表示各系统所包括要素权重值；R^T 表示各系统所包括要素标准化值。以长海县自然资源系统承载力指数为例，聚合评分过程如下所示：

首先，2008—2014 年长海县自然资源系统 CCC_1 各要素原始数据标准化处理之后形成矩阵 R^T：

$$R^T = \begin{pmatrix} 0 & 0.106 & 0.508 & 0.64 & 0.696 & 0.854 & 1 \\ 0 & 0.106 & 0.508 & 0.64 & 0.696 & 0.854 & 1 \\ 0.14 & 0 & 0.607 & 0.586 & 1 & 0.946 & 0.21 \\ 0 & 1 & 1 & 0.932 & 0.922 & 0.903 & 0.883 \\ 0.281 & 0.358 & 0.607 & 0.527 & 1 & 0.718 & 0 \end{pmatrix}$$

根据表 5—4，自然资源系统权重值 $W = (0.193 \quad 0.333 \quad 0.251 \quad 0.149 \quad 0.074)$。利用公式（5—6）进行聚合，可得到 2008—2014

年长海县自然资源系统承载力指数：$CCCI_1 = (0.057\ 0.229\ 0.613\ 0.661\ 0.828\ 0.874\ 0.708)$。

依照同样过程，可得到系统层其他指标综合评分：

$CCCI_2 = (0.332\ 0.628\ 0.633\ 0.806\ 0.699\ 0.699\ 0.429)$；
$CCCI_3 = (0.093\ 0.244\ 0.408\ 0.707\ 0.791\ 0.855\ 0.839)$；
$EDDI_1 = (0.213\ 0.342\ 0.599\ 0.543\ 0.572\ 0.534\ 0.613)$；
$EDDI_2 = (0.944\ 0.453\ 0.188\ 0.416\ 0.566\ 0.522\ 0.147)$；
$EDDI_3 = (0.320\ 0.402\ 0.484\ 0.533\ 0.680\ 0.795\ 0.533)$。

由系统层计算结果，依照公式（5—7），可得长海县 $CCCI$ 和 $EDDI$：

$CCCI = W_i CCCI_i$

$= (0.493\ 0.196\ 0.311)$

$\begin{pmatrix} 0.057 & 0.229 & 0.613 & 0.661 & 0.828 & 0.874 & 0.708 \\ 0.332 & 0.628 & 0.633 & 0.806 & 0.699 & 0.699 & 0.429 \\ 0.093 & 0.244 & 0.408 & 0.707 & 0.791 & 0.855 & 0.83 \end{pmatrix}$

$= (0.121\ 0.313\ 0.553\ 0.704\ 0.791\ 0.833\ 0.695)$；

$EDDI = (0.460\ 0.384\ 0.452\ 0.498\ 0.584\ 0.563\ 0.452)$。

其他县域海岛指数可通过类似过程算出，其结果如表5—5所示。

表5—5　县域海岛综合承载力指数与经济发展指数汇总

县域海岛	指数	2008年	2009年	2010年	2011年	2012年	2013年	2014年
长海县	CCCI	0.121	0.313	0.553	0.704	0.791	0.833	0.695
	EDDI	0.460	0.384	0.452	0.498	0.584	0.563	0.452
长岛县	CCCI	0.253	0.306	0.511	0.496	0.627	0.666	0.632
	EDDI	0.369	0.515	0.487	0.409	0.474	0.474	0.645
崇明县	CCCI	0.251	0.400	0.183	0.307	0.539	0.525	0.617
	EDDI	0.242	0.475	0.517	0.636	0.498	0.551	0.557
定海区	CCCI	0.528	0.562	0.548	0.505	0.683	0.438	0.510
	EDDI	0.389	0.400	0.566	0.578	0.490	0.456	0.458

续表

县域海岛	指数	2008年	2009年	2010年	2011年	2012年	2013年	2014年
普陀区	CCCI	0.472	0.476	0.512	0.417	0.621	0.492	0.472
	EDDI	0.202	0.272	0.405	0.57	0.617	0.569	0.771
嵊泗县	CCCI	0.164	0.257	0.369	0.387	0.723	0.724	0.811
	EDDI	0.291	0.248	0.317	0.502	0.677	0.712	0.802
岱山县	CCCI	0.227	0.358	0.366	0.454	0.756	0.666	0.689
	EDDI	0.378	0.466	0.472	0.489	0.513	0.480	0.617
玉环县	CCCI	0.379	0.402	0.535	0.395	0.595	0.495	0.460
	EDDI	0.403	0.269	0.464	0.443	0.378	0.568	0.645
洞头区	CCCI	0.516	0.529	0.486	0.421	0.543	0.507	0.449
	EDDI	0.484	0.499	0.358	0.398	0.410	0.501	0.547
平潭区	CCCI	0.502	0.543	0.549	0.401	0.576	0.465	0.388
	EDDI	0.461	0.438	0.52	0.523	0.509	0.546	0.578
东山县	CCCI	0.481	0.502	0.501	0.424	0.564	0.515	0.460
	EDDI	0.421	0.389	0.537	0.567	0.462	0.462	0.448
南澳县	CCCI	0.208	0.308	0.555	0.689	0.684	0.627	0.590
	EDDI	0.356	0.432	0.576	0.491	0.474	0.572	0.603

各县域海岛不同年份指数有较大差别，数值越高，综合承载力和发展程度水平越高。鉴于各县域海岛系统层和要素层包含指标庞杂，后文对系统层指标分析时，将对县域海岛系统层指标评分进行分类，按照类型具体列出和分析。

第二节 综合承载力指数与经济发展指数测算结果分析

县域海岛综合承载力指数（CCCI）与经济发展指数（EDDI）均为正指标，数值越高，代表其综合承载力水平或经济发展水平越高。从测算结果可以看出，县域海岛综合承载力指数与经济发展指数呈现出一定的波动性，按照层次分析结构，先分析各县域海岛综合承载力和经济发展目标层指数,再分析系统层指数。

一 目标层指数分析

(一)综合承载力指数和经济发展指数总体趋势分析

利用表5—5中数据,统计各县域海岛综合承载力指数和经济发展指数最大值、最小值、平均值以及标准差,见表5—6。

表5—6 县域海岛综合承载力指数和经济发展指数最大值、最小值、平均值及标准差汇总

县域海岛	综合承载力指数				经济发展指数			
	最大值	最小值	平均值	标准差	最大值	最小值	平均值	标准差
长海县	0.833	0.121	0.552	0.264	0.584	0.384	0.485	0.070
长岛县	0.666	0.253	0.490	0.163	0.645	0.369	0.487	0.087
崇明县	0.617	0.183	0.402	0.163	0.636	0.242	0.484	0.124
定海区	0.683	0.438	0.544	0.075	0.578	0.389	0.478	0.074
普陀区	0.621	0.417	0.500	0.063	0.771	0.202	0.487	0.202
嵊泗县	0.811	0.164	0.490	0.258	0.802	0.248	0.511	0.226
岱山县	0.756	0.227	0.500	0.201	0.617	0.378	0.490	0.071
玉环县	0.595	0.379	0.471	0.081	0.645	0.269	0.454	0.124
洞头区	0.543	0.421	0.491	0.044	0.547	0.358	0.456	0.068
平潭区	0.576	0.388	0.488	0.074	0.578	0.438	0.510	0.048
东山县	0.564	0.424	0.493	0.044	0.567	0.389	0.471	0.063
南澳县	0.689	0.208	0.506	0.189	0.603	0.356	0.496	0.089

由表5—6可知,对于综合承载力指数,除崇明县以外,其他各县域海岛综合承载力指数各年平均值在0.50左右,差别较小;从县域海岛各年综合承载力指数最大值、最小值和标准差来看,长海县、嵊泗

县、岱山县历年综合承载力指数波动较大，而普陀区、洞头区、东山县则波动较小。可以看出，不同县域海岛综合承载力平均值差别不大，但波动差别较大。对于经济发展指数，各县域海岛平均值在 0.48 左右，差别较小；从最大值、最小值和标准差来看，普陀区和嵊泗县波动较大，平潭区、东山县、长海县波动幅度较小。不同县域海岛经济发展程度波动幅度也差别较大。

为进一步研究县域海岛目标层指数总体趋势，将所有县域海岛作为一个整体，对 2008—2014 年各年综合承载力指数和经济发展指数进行平均，可得到各年县域海岛整体综合承载力指数和经济发展指数平均值，其整体走势如图 5—1 所示。

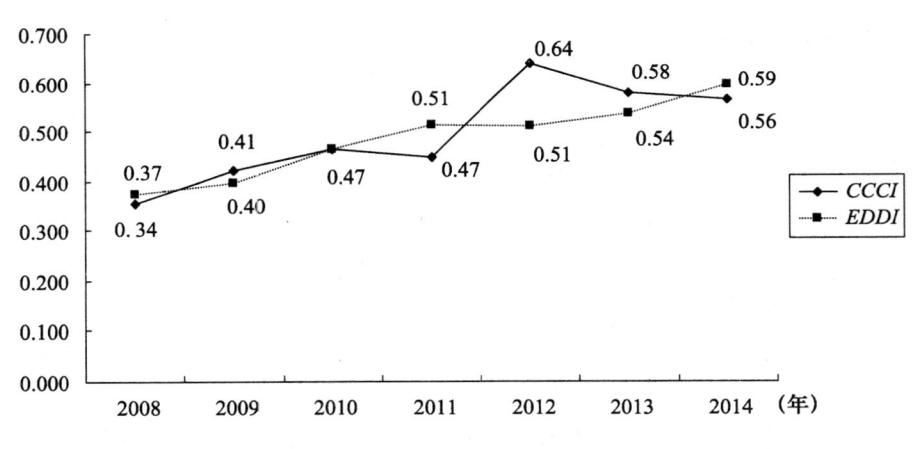

图 5—1 县域海岛综合承载力指数和经济发展指数总体趋势

由图 5—1 可知，县域海岛综合承载力指数自 2008 年开始逐年上升，在 2011 年出现小幅度下降，在 2012 年大幅上涨并达到最大值，之后呈下降态势；而经济发展指数自 2008 年逐年上升，2009 年和 2012 年涨幅明显下降，2012 年以后整体发展趋势并没有改变，在 2014 年达到最大值。县域海岛两指数均呈缓慢上升态势。

两条图线与各县域海岛发展实践相吻合。综合承载力指数波动主要跟资源环境保护和基础设施建设相关，基础设施建设导致县域海岛综合承载力指数逐年上升，2011年小幅下降主要是受气候变化影响，人均水资源和降雨量普遍下降导致，而2012年多个县域海岛海上大桥、道路等基础设施投入使用，使其综合承载力指数达到最大值，但之后基础设施项目减少，日益增多的外来者使资源环境压力大增，综合承载力指数在2013年之后逐年下降。而经济发展指数波动主要跟县域海岛整体经济与主导产业发展情况相关。2009年受金融危机影响，经济发展指数仅略微提升，之后进入平稳上升阶段，但2011年之后国内整体经济发展放缓，同时一些县域海岛主导产业进入转型升级时期，经济发展指数下降。

（二）综合承载力指数和经济发展指数二维分析

综合承载力指数与经济发展指数并不是完全孤立的指标，两者分别评价县域海岛可持续发展制约因素与发展程度，因此，将各县域海岛综合承载力指数与经济发展指数组成二维向量，该二维向量即可表征县域海岛可持续发展整体水平。目前对可持续发展评价尚无统一的参考标准，借鉴李健（2005）和栾维新（2005）等学者相关研究中可持续发展综合指数分级标准，将县域海岛综合承载力指数和经济发展指数分别分成5个等级（如表5—7所示）。

表5—7　　县域海岛综合承载力指数和经济发展指数分级标准

等级标准	极弱承载力	较弱承载力	中等承载力	较强承载力	极强承载力
$CCCI$	$0 \leqslant CCCI < 0.2$	$0.2 \leqslant CCCI < 0.4$	$0.4 \leqslant CCCI < 0.6$	$0.6 \leqslant CCCI < 0.8$	$0.8 \leqslant CCCI < 1$
$EDDI$	$0 \leqslant EDDI < 0.2$	$0.2 \leqslant EDDI < 0.4$	$0.4 \leqslant EDDI < 0.6$	$0.6 \leqslant EDDI < 0.8$	$0.8 \leqslant EDDI < 1$
等级标准	极弱发展程度	较弱发展程度	中等发展程度	较强发展程度	极强发展程度

将表5—7中县域海岛综合承载力指数和经济发展指数分级标准组合并显示在二维指标系下，可以用图5—2表示。

EDDI

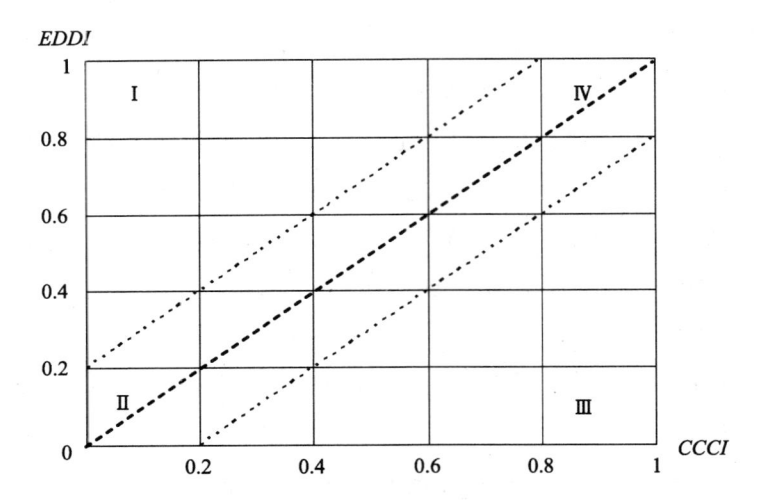

[图：二维坐标图，横轴CCCI（0到1），纵轴EDDI（0到1），被45°线分为四个区域：左上为Ⅰ区，左下为Ⅱ区，右下为Ⅲ区，右上为Ⅳ区]

图5—2　县域海岛综合承载力指数和经济发展指数二维坐标分级

根据表5—7分级标准，两指数所构成的二维评分可具体分为图5—2中5×5共25种类型。这些类型被45°线分割为两大区域，左上方区域整体特征是经济发展指数高于综合承载力指数，右下方区域整体特征是经济发展指数低于综合承载力指数，这些区域离45°线越远，两个指数之间的差异就越大。为说明不同区域所表征承载力和经济发展程度含义，在25种类型中选取Ⅰ，Ⅱ，Ⅲ和Ⅳ区域，每个区域具有典型的综合承载力与经济发展特征（具体如表5—8所示）。通常而言，Ⅰ和Ⅲ区域属于极端不平衡区域，这两个区域不具备稳定的可持续性，Ⅰ区域经济发展远超负荷范围，整体系统非常脆弱，Ⅲ则处于未开化时期，尚未进行大规模经济开发和利用。Ⅱ和Ⅳ区域中承载力与经济发展具有较好的平衡性，但Ⅱ区域承载力水平和经济发展程度水平较低，第Ⅳ区域两个指数均达到极强状态。

表5—8　县域海岛综合承载力指数和经济发展指数分级图中典型区域特征

	极弱承载力	极强承载力
极强经济发展程度	第Ⅰ区域	第Ⅳ区域
极弱经济发展程度	第Ⅱ区域	第Ⅲ区域

实现县域海岛可持续发展的前提是县域海岛制约因素与发展程度相互协调，县域海岛制约因素与发展程度的协调性表现为综合承载力指数与经济发展指数应保持相对的一致性，而并不是以某一指数更高的评分为目标。因此，图5—2中两条虚线之间所构成的区域代表了县域海岛综合承载力与经济发展具有较好的平衡性，可称为"平衡地带"，而虚线以外区域则意味着综合承载力与经济发展协调程度相对较差，同时，两虚线所包括区域越靠近第Ⅳ区域，其可持续发展整体水平越高。按照图5—2各种类型区域，可对各县域海岛2008—2014年综合承载力指数和经济发展指数协调性进行初步判断。

为避免图线太过密集，以县域海岛所分布地理区域，将其分为北部（包括长海县与长岛县）、中部（包括崇明县及舟山市四区县）、中南部（包括玉环县与洞头区）以及南部（包括平潭区、东山县与南澳县），并分别对其目标层评分进行分析。

1. 北部长海县与长岛县目标层指数分析

根据表5—5中两县域海岛2008—2014年各年份综合承载力指数与经济发展指数综合评分以及图5—2中各分类区域，可绘制图5—3。图形中各点代表2008—2014年各年综合承载力指数与经济发展指数二维坐标。

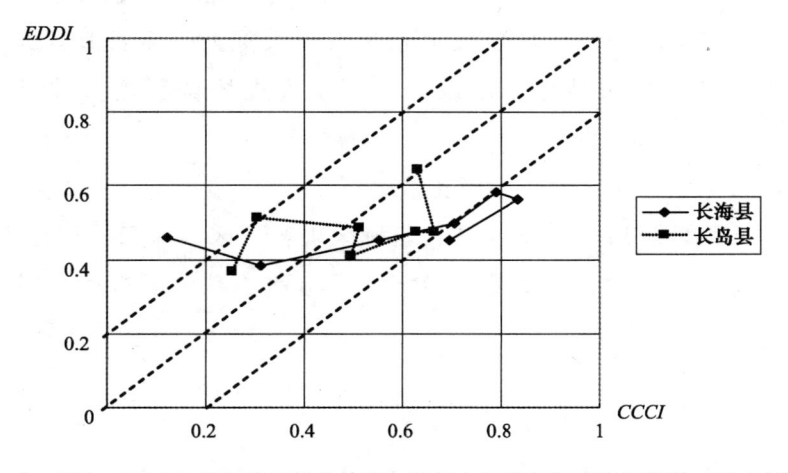

图5—3 2008—2014年长海县与长岛县综合承载力指数和经济发展指数二维坐标折线

从图 5—3 可以看出，两个县目标层指数所构成的二维坐标位置由 2008 年所处的左上方区域逐步演进到 2014 年右下方区域。具体来讲，长海县目标层指数由 2008 年（极弱承载力，中等发展程度）演进为 2014 年（较强承载力，中等发展程度），而长岛县则由 2008 年（较弱承载力，较弱发展程度）演进为 2014 年（较强承载力，较强发展程度）。因此，两县在综合承载力方面均有较大发展，但在经济发展方面，长岛县提升较快，而长海县一直处于中等发展程度水平。从各年具体位置来看，2010 年是两县经济发展转折期。两县尽管在 2010 年经济发展提升不大，但在综合承载力水平方面得到迅速提升，这主要得益于两县域海岛积极建设基础设施，使基础设施承载力得以快速提高。在 2010 年之后，两县综合承载力基本保持增加态势。

从虚线所辖"平衡地带"来看，长岛县 2008—2014 年各年目标层指数二维坐标均处于"平衡地带"以内，并且各年坐标位置沿 45°线呈现明显的上升趋势。而长海县目标层指数二维坐标则分布较为分散，2008 年、2013 年和 2014 年坐标位置均距平衡地带有较大偏差，从发展趋势来看，2012 年之前各年呈现明显上升趋势，2013 年经济发展下滑，2014 年综合承载力和经济发展均出现明显的回退。

因此，长海县与长岛县 2008—2014 年整体综合承载力水平有较大提升，同时，长岛县经济发展水平有较大提升，而长海县经济发展提升不大，长岛县综合承载力与经济发展协调程度整体高于长海县。

2. 中部各县域海岛目标层指数分析

中部县域海岛包括崇明县、定海区、普陀区、嵊泗县和岱山县，各县域海岛综合承载力指数与经济发展指数二维坐标折线如图 5—4 所示。

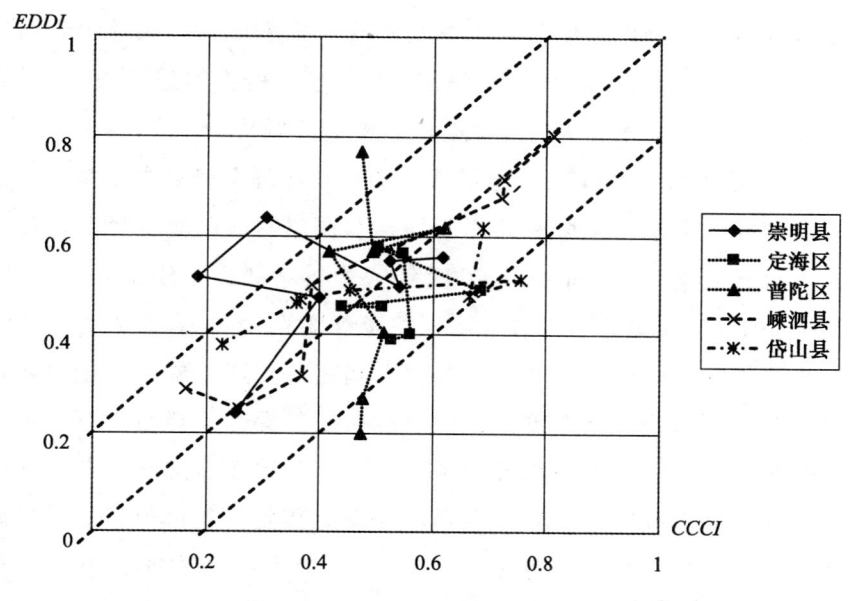

图 5—4 2008—2014 年中部县域海岛综合承载力指数和
经济发展指数二维坐标折线

由图 5—4 可知，尽管这五个县域海岛地理位置相对集中，但各县域海岛自然资源和基础设施等条件差异较大，同时重点培养和扶持主导产业也有所不同，各县域海岛二维折线差距较大。崇明县综合承载力指数和经济发展指数从 2008 年（较弱承载力，较弱发展程度）演变为 2014 年（较强承载力，中等发展程度），在两个方面均实现一定程度提升。但从各年经济发展过程来看，2010 年与 2011 年崇明县经济发展与综合承载力出现了一定程度的背离，在经济发展同时综合承载力水平出现大幅下滑，并偏离了"平衡地带"，但 2012 年之后崇明县加强生态环境和基础设施等方面工作，尽管经济发展水平有所降低，但崇明县整体沿 45°线在良性发展。

定海区从 2014 年综合承载力与经济发展基本面来看，与其他县域海岛横向比较具有一定优势，但纵向来看，2008 年以来定海区综合承载力和经济发展整体较为稳定，其二维坐标位置基本保持在（中等承载力，中等发展程度）区域内，只有 2012 年达到（较强承载力，中等发展程度）区域内，但仍属于虚线所辖"平衡地带"内。由此可以看出，定海区综合承载力与经济发展在演进过程中均遇到发展瓶颈，导致其两个指数均没有提升，而是围绕中部区域变动。

普陀区2008—2014年综合承载力指数与经济发展指数二维坐标曲线形状特征与上述各县域海岛均不同，呈现出明显的垂直性，具体来看，其目标层指数二维坐标从2008年（中等承载力，较弱发展程度）演变成2014年（中等承载力，较强发展程度），即综合承载力水平并没有得到提升，而经济发展水平得到大幅提升。这主要是由于普陀区经济发展对旅游业依赖严重，旅游业迅速发展提高了经济发展，但同时对其生态环境和基础设施等带来巨大压力，因而其综合承载力水平停滞不前。从2009年至2013年期间来看，普陀区整体处于虚线所辖"平衡地带"内，即综合承载力与经济发展保持基本平衡状态，但2014年二维坐标位置已与"平衡地带"有较大偏差，应对普陀区当前经济发展给予适当的调整。

从图5—4中折线形状看，嵊泗县与岱山县及北部长岛县具有类似的特征，即目标层指数二维坐标沿45°线呈现出上升态势。具体来看，嵊泗县目标层指数二维坐标从2008年（极弱承载力，较弱发展程度）演变为2014年（极强承载力，极强发展程度），而岱山县则从2008年（较弱承载力，较弱发展程度）演变为2014年（较强承载力，较强发展程度），两县域海岛综合承载力水平和经济发展水平均得到较大程度提升，尤其是嵊泗县，其指数二维坐标达到第Ⅳ类"双极强"区域。从2009年至2013年期间来看，两县域海岛基本保持在虚线所辖"平衡地带"内，嵊泗县与岱山县相比，其两指数坐标与45°线吻合程度更高，更具一致性。由此可以看出，嵊泗县近年来经济发展态势良好，综合承载力和经济发展保持较高发展水平，同时两者具备较好的平衡性，整体经济已具备极高可持续发展水平。

因此，中部县域海岛在2008—2014年经济发展存在较大差别，各县域海岛综合承载力指数与经济发展指数二维坐标折线形态各异，既包括左右水平移动类型，也包括上下垂直移动类型，同时还包括围绕中心集中发展类型。

3. 中南部各县域海岛目标层指数分析

中南部县域海岛包括玉环县和洞头区，分别隶属于浙江省台州市和温州市，2014年各县域海岛基本面分析中显示这两个县域海岛具有较高综合承载力和经济发展水平，其综合承载力指数和经济发展指数二维坐标折线分别与普陀区和定海区有类似特征，具体形状如图5—5所示。

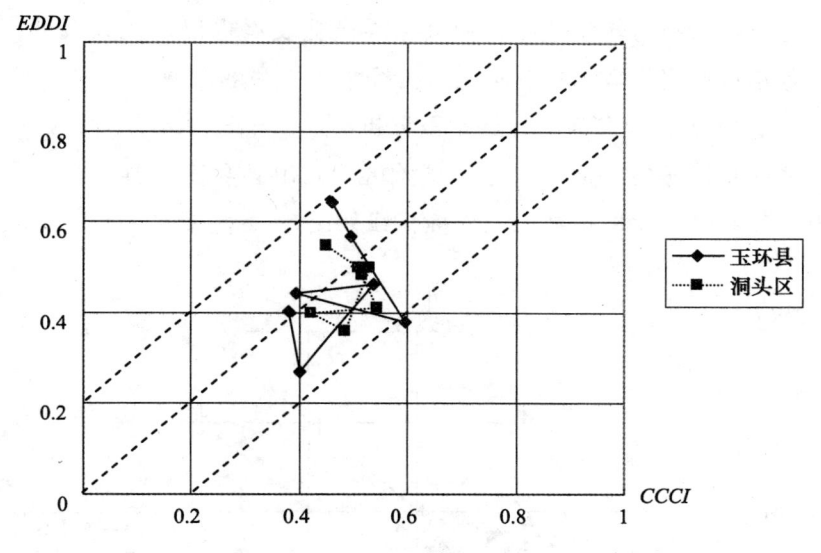

图 5—5　2008—2014 年中南部县域海岛综合承载力指数和
经济发展指数二维坐标折线

从图5—5可知，玉环县综合承载力指数与经济发展指数二维坐标折线类似于普陀区折线形状，即综合承载力水平提升幅度较小，而经济发展水平大幅度提升。从数据来看，玉环县目标层指数二维坐标由2008年接近（中等承载力，较弱发展程度）演变为2014年（中等承载力，较强发展程度），即综合承载力水平不变的情况下经济发展提升了两个等级。引起图线形状垂直变动的原因与普陀区类似，即经济快速发展给资源环境及基础设施带来巨大压力。但2009年至2013年，玉环县历年综合承载力指数和经济发展指数二维坐标均处于"平衡地带"中，与普陀区相比，玉环县整体经济发展更具可持续性。

洞头区目标层指数二维坐标折线集中在中部区域，即2008—2014年各年坐标基本都位于（中等承载力，中等发展程度）区域，并且历年二维坐标均位于虚线所辖"平衡地带"内，与定海区折线形状非常相似。洞头区基础设施建设起步较晚，整体服务能力提升较慢；同时，洞头区整体经济发展受国际经济环境影响较大，近年来对外贸易与外资引进均出现下滑，导致其整体经济发展遭遇瓶颈，再加上洞头区积极实施产业升级与转型战略，使其主导产业发展也出现较大波动，因此其各年目标层指数均提升不大，折线集中于中部区域。

4. 南部各县域海岛目标层指数分析

南部县域海岛包括平潭综合试验区、东山县和南澳县，其综合承载力指数和经济发展指数二维坐标折线如图5—6所示。

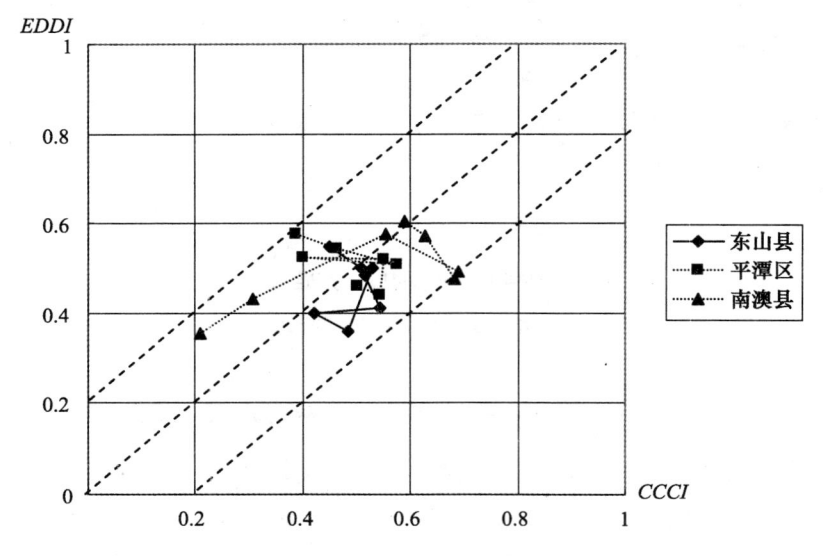

图5—6 2008—2014年南部县域海岛综合承载力指数和经济发展指数二维坐标折线

根据图5—6，平潭区与东山县2008—2014年综合承载力指数与经济发展指数二维坐标集中在（中等承载力，中等发展程度）区域，并且各坐标均处于"平衡地带"内，其特征类似于前述定海区和洞头区等县域海岛。从2008—2014年经济发展历程来看，平潭区与东山县利用其与中国台湾相毗邻的地理优势，发展对外贸易，积极招商引资，但受金融危机影响和国内外经济形势影响，平潭区和东山县出口和引资均遇到较大压力，整体经济发展进入瓶颈期。同时，其资源环境保护和基础设施建设也因引资问题进展缓慢，导致其目标层指数起伏不定，折线集中于中部区域。

南澳县综合承载力指数与经济发展指数二维坐标则从2008年接近（较弱承载力，中等发展程度）演变为2014年（较强承载力，中等发展程度），总体来看折线形状类似于长海县，呈现出横向演进态势，其综合承载力水平有较大幅度提升，但其经济发展水平无显著提升。从2009年至2013年经济发展历程来看，南澳县综合承载力指数在2012年出现停滞，在2013年和2014年出现一定程度回退。

（三）各县域海岛目标层指数特征归类

综合各县域海岛目标层指数二维坐标折线形状特征，可总结为以下四种类型（如图5—7所示）。

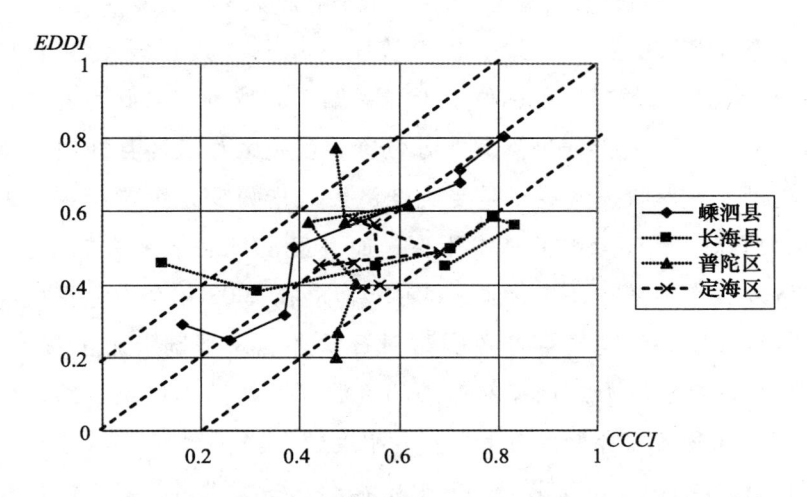

图5—7　县域海岛综合承载力指数和经济发展指数二维坐标折线四种类型

1. 45°上升型。如图5—7中嵊泗县所示。该类型折线基本形状是2008年二维指标位于坐标系左下位置，以此为起点，沿45°线逐步演进为2014年坐标系右上位置。属于该种形状类型的县域海岛较多，长岛县、崇明县、嵊泗县、岱山县均属于此类型。这种演进类型说明该县域海岛综合承载力指数和经济发展指数保持良性均衡发展。从经济发展实践来看，这种类型县域海岛2008年之前经济整体水平在县域海岛中相对落后，但2008年金融危机以来，这些县域海岛积极推进资源环境保护项目和基础设施建设，一方面提升了综合承载力，另一方面拉动了各产业共同发展，因而其目标层指数均保持良性发展。

2. 横向演进型。如图5—7中长海县所示。其折线基本形状是2008年目标层指数二维坐标位于坐标系偏左位置，以此为起点，逐步演进到2014年坐标系偏右位置。长海县和南澳县属于此种类型。横向演进类型主要是由于受综合承载力指数变化影响所致，即其综合承载力水平得到较大幅度提升。从经济发展实践来看，在2008年金融危机之后，环境保护及基础设施建设成为区域经济发展重点，综合承载力指数提升主要是在海岛开发建设进程中以资源利用、环境保护以及基础设施建设方面为首要任务，降低经济发展对资源环境及基础设施等方面需求压力，从而使得综合承载力水平有较大提升。

3. 纵向演进型。如图5—7中普陀区所示。其折线基本形状是2008年目标层指数二维坐标位于坐标系偏下方位置，以此为起点，至2014年逐步垂直向上演进到偏上方位置。普陀区和玉环县即属于该种形状类型。该形状类型主要是受到经济发展指数变化影响所致，即该县域海岛综合承载力水平基本不变，而其经济发展水平大幅度上升。从经济发展实践来看，纵向演进型县域海岛在2008年金融危机后经济发展速度较快，但其主导产业类型对资源环境及基础设施依赖严重，迅速增长的需求压力消耗掉新增加的资源环境及基础设施供给，最终使得该县域海岛综合承载力水平提升幅度较小。

4. 中部集中型。如图5—7中定海区所示。其折线基本形式是2008—2014年综合承载力指数和经济发展指数二维坐标基本集中于

（中等承载力，中等发展程度）区域。定海区、洞头区、平潭区及东山县均属于该种类型。这种类型县域海岛在资源环境保护、基础设施建设以及经济发展方面均遇到阻力，导致综合承载力指数和经济发展指数各年变化幅度不大。从经济发展实践来看，该种类型县域海岛在2008年金融危机之前已具备一定的经济基础，同时其经济对贸易和外资依赖程度较高，但2008年金融危机以后，国内外经济形势疲态明显，同时，其资源环境保护和基础设施建设并没有显著增加，因此，其综合承载力指数和经济发展指数集中在中等区域。

表5—9汇总了各县域海岛目标层指数类型以及样本期初和期末目标层指数等级。

表5—9　县域海岛综合目标层指数类型及2008年和2014年目标层指数等级

县域海岛	目标层指数类型	2008年（CCCI，EDDI）	2014年（CCCI，EDDI）
长海县	横向演进	（极弱承载力，中等发展程度）	（较强承载力，中等发展程度）
长岛县	45°上升	（较弱承载力，较弱发展程度）	（较强承载力，较强发展程度）
崇明县	45°上升	（较弱承载力，较弱发展程度）	（较强承载力，中等发展程度）
定海区	中部集中	（中等承载力，中等发展程度）	（中等承载力，中等发展程度）
普陀区	纵向演进	（中等承载力，较弱发展程度）	（中等承载力，较强发展程度）
嵊泗县	45°上升	（极弱承载力，较弱发展程度）	（极强承载力，极强发展程度）
岱山县	45°上升	（较弱承载力，较弱发展程度）	（较强承载力，较强发展程度）
玉环县	纵向演进	（较弱承载力，较弱发展程度）	（中等承载力，较强发展程度）
洞头区	中部集中	（中等承载力，中等发展程度）	（中等承载力，中等发展程度）
平潭区	中部集中	（中等承载力，中等发展程度）	（中等承载力，较强发展程度）
东山县	中部集中	（中等承载力，较弱发展程度）	（中等承载力，较强发展程度）
南澳县	横向演进	（较弱承载力，较弱发展程度）	（较强承载力，中等发展程度）

比较这四种类型可以看出：图5—2中第Ⅲ区域和第Ⅰ区域分别与横向演进型和纵向演进型特征相似，第Ⅲ区域综合承载力水平过高易

导致资源浪费或基础设施闲置,而第Ⅰ区域经济发展水平过高将对县域海岛负荷能力造成巨大压力。中部集中型承载力和经济发展有较大上升空间,而45°上升类型在向第Ⅳ区域演进,即承载力和经济发展均保持良性提升,但从2014年评分来看,只有嵊泗县达到第Ⅳ区域,其他各县仅达到中等或较强水平,即仍需继续保持该发展趋势。

二 系统层指数分析

尽管目标层指数可直观反映各县域海岛2008—2014年综合承载力和经济发展变动趋势及波动幅度,但其作为评价体系第一层级,所包含指标较多,对引起其变动趋势和波动幅度的原因并不能进行有效分析,因此,将进一步对评价体系系统层指数进行分析。

(一) 综合承载力各系统层指数分析

1. 自然资源系统承载力指数。县域海岛自然资源系统承载力是其综合承载力的重要内容,本书所考察自然资源系统承载力指数与其资源利用程度、当地人口数量及自然禀赋条件密切相关,图5—8汇总了2008—2014年各县域海岛自然资源系统承载力指数变动情况。

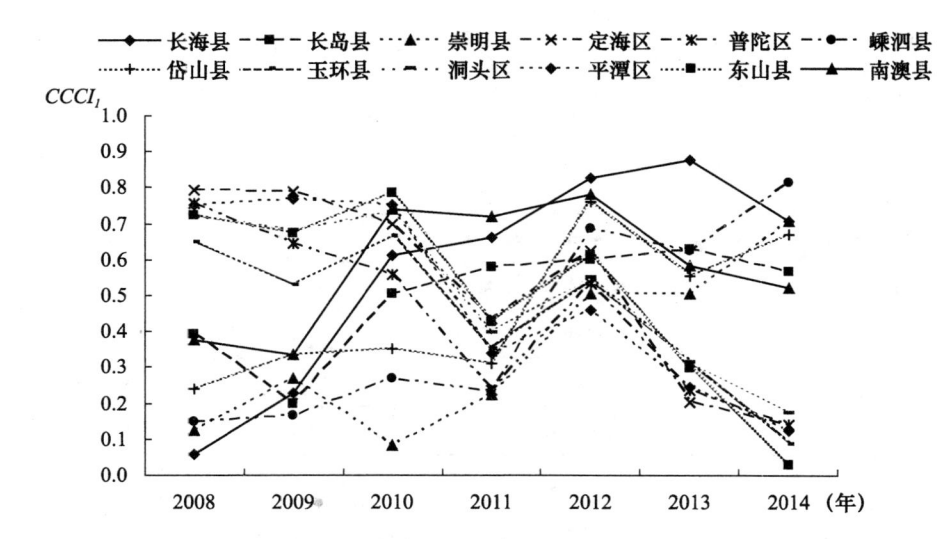

图5—8 2008—2014年各县域海岛自然资源系统承载力指数变动情况

由图5—8可知，各县域海岛自然资源系统承载力指数（$CCCI_1$）在不同年份波动较大，但总体来看，所有$CCCI_1$折线变动特征可分为两种类型，即上升演进型和下降演进型。具体来看，长海县、长岛县、崇明县、嵊泗县、岱山县和南澳县$CCCI_1$由2008年左下位置演进到2014年右上位置，即指数上升，而定海区、普陀区、玉环县、洞头区、平潭区和东山县$CCCI_1$由2008年左上位置演进到2014年右下位置。上升演进型与下降演进型主要差距来源于县域海岛人口稳定性以及对耕地和水资源所采取的保护措施。同时，县域海岛自然资源系统受自然条件影响较大，例如2011年各县域海岛自然资源系统承载力指数整体呈现下滑，主要是受当年降雨量偏少影响所致，而2012年旱情消除，各县域海岛指数整体上升。值得注意的是，2013年和2014年上升演进型指数与下降演进型指数差距呈现出继续扩大的趋势，下降演进型县域海岛应对其自然资源系统给予足够的重视。

2. 生态环境系统承载力指数（$CCCI_2$）。县域海岛生态环境已成为当地居民和外来者密切关注的问题，各县域海岛也在为改善当地生态环境做了多方面工作，所考察各县域海岛生态环境系统承载力指数包括2008—2014年海、陆、空等多个要素多年变化情况，具体变动情况如图5—9所示。

由图5—9可以看出，与自然资源系统承载力指数不同，尽管不同年份各县域海岛生态环境承载力指数仍存在较大波动，但2008年至2014年指数折线形状明显呈上升演进态势，即2014年各县域海岛整体生态环境状况较2008年得到明显改善。但2009年至2013年，县域海岛生态环境承载力指数并不是逐年递升，不同县域海岛指数演进态势差别较大，如2010年和2011年多个县域海岛指数下滑明显，长岛县、南澳县等甚至出现两次明显升降，由此可以看出各县域海岛生态环境承载力指数并不稳定，生态环境质量仍难以有效控制。同时，除了2009年和2012年以外，其他年份各县域海岛生态环境承载力指数差别均较大，在一定程度上反映出同期各县域海岛之间生态环境承载

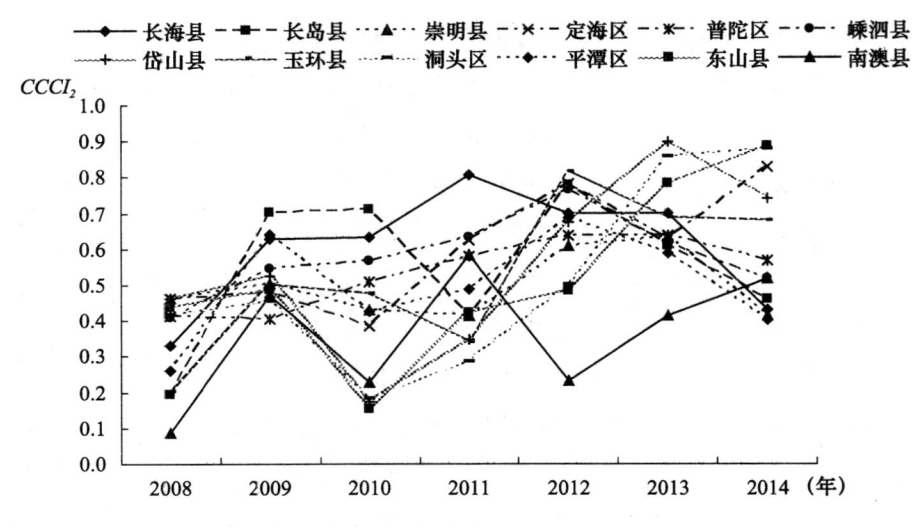

图 5—9　2008—2014 年各县域海岛生态环境系统承载力指数变动情况

力仍存在较大差距。

3. 基础设施系统承载力指数（$CCCI_3$）。自然资源系统与生态环境系统受县域海岛地理条件影响较大，而基础设施系统则主要受人类经济系统控制，是提升综合承载力水平的关键。从经济发展实践来看，2008 年金融危机后，各县域海岛积极推进道路、电信、商业设施、教育等各种基础设施建设，基础设施系统承载力水平持续提升，图 5—10 汇总了县域海岛 2008—2014 年基础设施系统承载力指数变动情况。

由图 5—10 可知，各县域海岛基础设施系统承载力指数呈明显上升演进态势，即 2014 年各县域海岛基础设施系统承载力水平与 2008 年相比大幅度提升，这与近年来各县域海岛积极推动基础设施建设密切相关。同时，与生态系统承载力指数相比，在 2009 年至 2013 年期间，除崇明县以外，各县域海岛基础设施系统承载力指数并没有出现大幅度波动，各年指数呈现出稳定增长态势，由此可以看出各县域海岛基础设施建设在依计划有序进行，而并非生态环境系统难以有效控制。具体到不同县域海岛，综合承载力指数横向演进型县域海岛，如长海县和南澳县等，基础设施系统承载力指数增长幅度强于定海区、

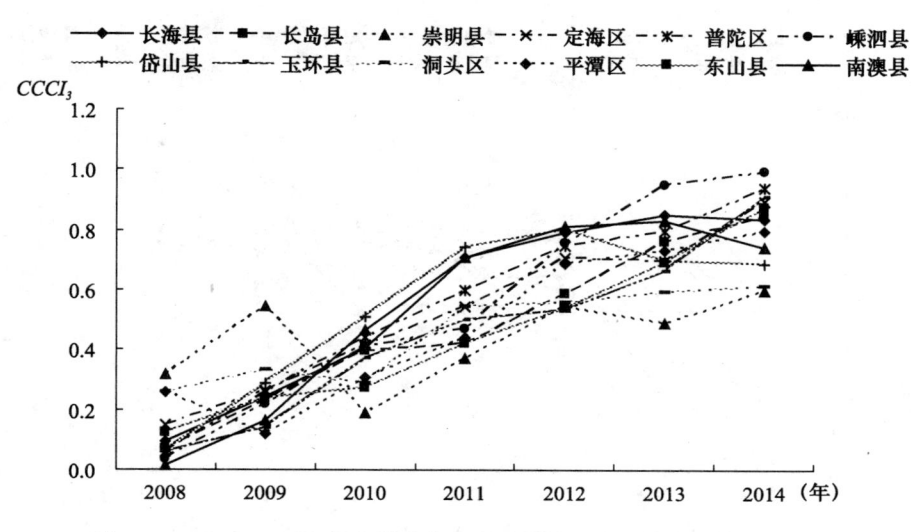

图 5—10　2008—2014 年各县域海岛基础设施系统承载力指数变动情况

洞头区、平潭区等中部集中型，即横向演进型县域海岛历年在基础设施建设方面所增加的投入要高于同期中部集中型县域海岛。

综合以上自然资源系统承载力指数、生态环境系统承载力指数和基础设施系统承载力指数变动情况，可以看出三者具有各自的特征：自然资源系统承载力指数既包括上升演进型，也包括下降演进型。生态环境系统承载力指数和基础设施系统承载力指数则均为上升演进型，但生态环境系统承载力指数在演进过程中波动幅度较大，而基础设施系统承载力指数则呈现平稳上升态势。各指数不同形状折线在一定程度上反映出各指标受自然条件和社会条件影响程度，在提升各县域海岛综合承载力水平途径方面应采取保护为主和建设为主的不同策略。

（二）经济发展各系统层指数分析

1. 整体经济状态指数（$EDDI_1$）。县域海岛整体经济状态并不是静态比较各县域海岛经济水平高低，而是从经济规模、经济结构、经济推动力等多个角度对 2008—2014 年历年经济动态发展变化进行评价，从而对其经济发展稳定性和可持续性进行判断。图 5—11 汇总了各县域海岛 2008—2014 年整体经济状态指数变动情况。

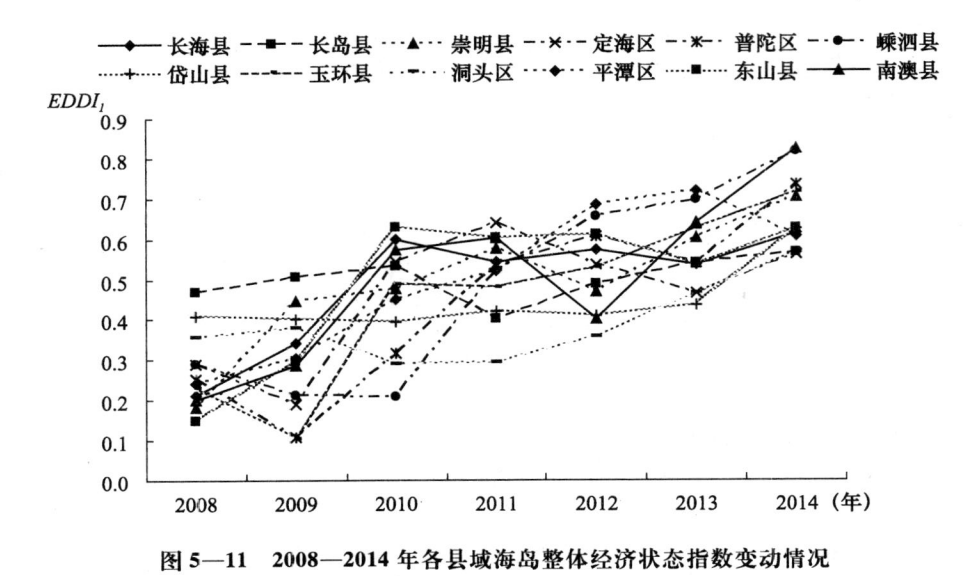

152 / 县域海岛：综合承载力与经济发展

图 5—11　2008—2014 年各县域海岛整体经济状态指数变动情况

由图 5—11 可知，总体来看，各县域海岛 2008—2014 年经济发展呈现出上升态势，除长岛县、岱山县和洞头区以外，其余各县域海岛整体经济状态指数均由 2008 年评分在 0.3 以下演变为 2014 年评分达到 0.6 以上。尽管总体经济发展呈上升态势，但各县域海岛 2009—2013 年经济发展进程中整体经济状态指数差别较大，嵊泗县、南澳县各年指数保持稳定增长，而长海县、崇明县、定海区等指数则在 2012 年出现较大程度下滑，东山县和平潭区指数在 2013 年和 2014 年也出现明显下降，这说明影响各县域海岛整体经济发展的因素较多，即便采取各种措施拉动整体经济发展，但仍会受到各种外在因素影响，难以实现经济稳步发展。除此之外，长岛县、岱山县和洞头区 2008 年以来整体经济状态指数折线呈横向演进，其评分基本稳定在 0.5 分左右，这三个县域海岛整体经济发展相对比较稳定，经济推动力相对不足，应适当调整消费、出口等方面策略。

2. 主导产业发展程度指数（$EDDI_2$）。主导产业是区域经济不平衡发展过程中的增长极，其发展程度直接影响到该区域整体经济发展。采用产业经济学区位商方法，根据 2014 年各县域海岛产业增加值确定其主导产业，但 2008 年金融危机后，各县域海岛积极推进产业升级和转型策略，这使得 2008 年以来各县域海岛不同产业发展变化较大，从而使得主导产业发展程度指数出现较大程度波动，图 5—12 是 2008—2014 年各县域海岛主导产业发展程度指数变动情况汇总。

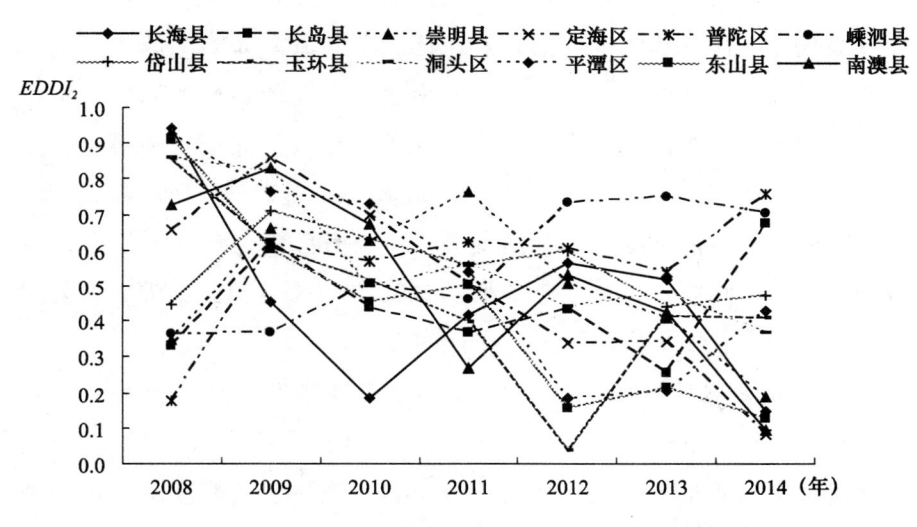

图 5—12　2008—2014 年各县域海岛主导产业发展程度指数变动情况

由图 5—12 可知，总体来看，2008 年以来各县域海岛主导产业发展程度指数波动较大，这种波动既体现在同一县域海岛在不同时期的上升与下降，也体现在不同县域海岛在同一时期的上升与下降，这种波动与 2008 年以来各县域海岛积极推进产业升级和转型策略密切相关。

从主导产业不同类型来看，以第一产业为主导产业的长海县、平潭区、东山县和南澳县，其主导产业发展程度指数自 2008 年至 2014 年呈明显下降态势，2008 年这四个曲线指数在 0.7 以上，而 2014 年评分均低于 0.2。长岛县在 2013 年主导产业发展程度指数也呈现该种态势，2014 年该县第一产业在引进外资方面有重大突破，使其指数上升到 0.7 左右，但总体来看，尽管这五个县域海岛第一产业区位商值仍最高，但实施产业升级和转型策略以来，第一产业发展程度在逐年下降。只有嵊泗县第一产业发展程度指数呈上升态势，这与嵊泗县得天独厚的海域资源密切相关。以第二产业为主导产业的县域海岛包括崇明县、岱山县和玉环县，2008年以来其主导产业发展程度指数折线形状呈现先上升后下降态势，以崇明县为例，其指数最高值出现在2011年。这种先升后降的变化态势与第二产业发展变化密切相关，符合产业升级规律，而且从区位商值来看，这三个县域海岛第二产业与第三产业区位商值非常接近。以第三产业为主导产业的县域海岛包括定海区、普陀区和洞头区。从主导产业发展程度指数折线形状来看，普陀区和洞头区呈现出逐年上升态势，即2008年以来第三产业所吸引劳动力、投资、对经济贡献率等不断提升。但定海区第三产业发展程度评分却呈现出下降态势，这主要是缘于2008年以来定海区临港工业发展迅速，在一定程度上限制了第三产业的发展。

3. 经济发展扩散效果指数（$EDDI_3$）。经济发展是整个社会发展的基础，经济发展成果将扩散到社会各个部门，提高政府财政收入，提升家庭生活质量，强化地区对外吸引力。经济发展程度决定扩散效果水平，经济发展扩散效果指数可反映出该地区经济发展程度，图5—13是2008—2014年各县域海岛经济发展扩散效果指数变动情况汇总。

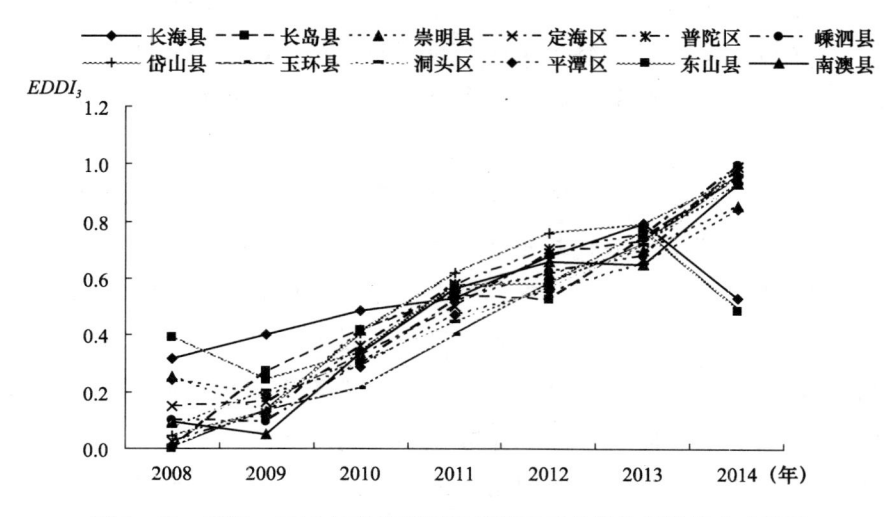

图5—13 2008—2014年各县域海岛经济发展扩散效果指数变动情况

从图5—13总体态势来看，除长海县和东山县以外，其余县域海岛经济发展扩散效果指数均从2008年较低水平演变为2014年0.8分以上，即各县域海岛经济发展成果对社会其他部门产生了良好的扩散效应。长海县和东山县在2013年以前与其他县域海岛发展态势类似，但2014年两县域海岛在城乡收入比、城镇失业率等方面上升幅度较大，导致其指数出现下降。从历年扩散效果指数变动情况来看，除了在2009年多个县域海岛扩散效果指数出现下降以外，其他年份各县域海岛扩散效果指数均呈现出平稳上升态势，波动幅度较小，这反映出各县域海岛能有序合理利用经济发展成果，即稳定效率地发挥经济发展扩散效应。

（三）各县域海岛系统层指数折线类型归类

各县域海岛系统层指数折线形状差别较大，根据折线总体演进趋势是上升还是下降，以及折线演进过程中拐点数是否大于3，可将2008—2014年各县域海岛系统层指数变动情况归纳为三种类型。

1. 波动下降类型。该类型折线形状总体趋势由2008年左上位置，演进到2014年右下位置，同时，折线在演进过程中拐点数≥3，个别年份会出现较大幅度上升。县域海岛自然资源系统承载力指数和主导产业经济发展指数大多属于该种类型。导致自然资源系统承载力指数波动下降的原因主要有两种：一是由于县域海岛人口数量增加，引起所选取人均指标逐年降低；二是由于县域海岛对自然资源保护不足，导致县域海岛相关指数大幅下降。主导产业经济发展程度指数波动下降的原因与县域海岛积极推进产业升级和转型策略相关，尤其是第一产业为主导产业的县域海岛，经济发展重心在不断向第三产业倾斜，导致其主导产业发展程度指数逐年下降。

2. 波动上升类型。其折线形状总体趋势由2008年左下位置演进到右上位置，在演进过程中，折线拐点数大于3，在某些年份甚至出现大幅下降。该类型主要集中在县域海岛生态环境系统承载力指数和整体经济状态指数。波动上升类型反映出该指数总体上呈良性发展态势，即生态环境承载力水平和整体经济发展水平在提升。导致指数出现大幅度波动的原因主要是受不可控条件影响，生态环境系统承载力指数是受外界不可控自然条件影响，整体经济状态指数则主要受国际与国内经济环境影响所致。

3. 平稳上升类型。与波动上升类型相比，其折线总体趋势仍由左下向右上上升，但在演进过程中，折线拐点数小于等于2，呈平稳上升态势。该类型主要集中在基础设施系统承载力指数和经济发展扩散效果指数。基础设施系统承载力指数平稳上升反映出各县域海岛在基础设施建设方面持续投入，经济发展扩散效果指数平稳上升则反映出各县域海岛经济发展对政府收入、家庭收入和社会保险以及海岛整体对外吸引力产生持续提升效果。

由以上分析可知，三种类型中，平稳上升类型是理想类型，它反映出该指数在良性发展；波动上升类型虽然总体趋势向上，但在演进过程中受外界因素干扰较多；而波动下降类型尽管在某些年份会出现上升，但总体趋势向下发展，反映出该指数总体水平在不断下降。

三　目标层指数与系统层指数综合分析

依据评价体系各指数，将目标层指数二维坐标折线和系统层指数折线分别归纳为四种类型和三种类型。目标层指数变动是系统层指数变动的集中反映，系统层折线演进趋势和波动幅度均会影响目标层指数二维折线形状。由于各县域海岛目标层指数和系统层指数变动类型差别较大，为分析系统层指数类型与指标层类型之间关系，现将各县域海岛目标层指数二维折线类型和系统层指数类型进行汇总，见表5—10，并根据目标层指数类型进行分析。

表 5—10　各县域海岛目标层指数二维类型和系统层指数类型汇总

	目标层指数	系统层指数类型					
	(CCCI, EDDI)	$CCCI_1$	$CCCI_2$	$CCCI_3$	$EDDI_1$	$EDDI_2$	$EDDI_3$
长海县	横向演进	波动上升	波动上升	平稳上升	波动上升	波动下降	波动上升
长岛县	45°上升	波动上升	波动上升	平稳上升	波动上升	波动上升	平稳上升
崇明县	45°上升	波动上升	波动上升	波动上升	波动上升	波动下降	平稳上升
定海区	中部集中	波动下降	波动上升	平稳上升	波动上升	波动下降	平稳上升
普陀区	纵向演进	波动下降	波动上升	平稳上升	波动上升	波动上升	平稳上升
嵊泗县	45°上升	波动上升	波动上升	平稳上升	波动上升	波动上升	平稳上升
岱山县	45°上升	波动上升	波动上升	平稳上升	波动上升	波动下降	平稳上升
玉环县	纵向演进	波动下降	波动上升	平稳上升	波动上升	波动下降	平稳上升
洞头区	中部集中	波动下降	波动上升	平稳上升	波动上升	波动下降	平稳上升
平潭区	中部集中	波动下降	波动上升	平稳上升	波动上升	波动下降	平稳上升
东山县	中部集中	波动下降	波动上升	平稳上升	波动上升	波动下降	波动上升
南澳县	横向演进	波动上升	波动上升	波动上升	波动上升	波动下降	平稳上升

1. 中部集中型。图 5—14 是以定海区为例，将其目标层指数与系统层指数按年份波动情况进行汇总和对比。

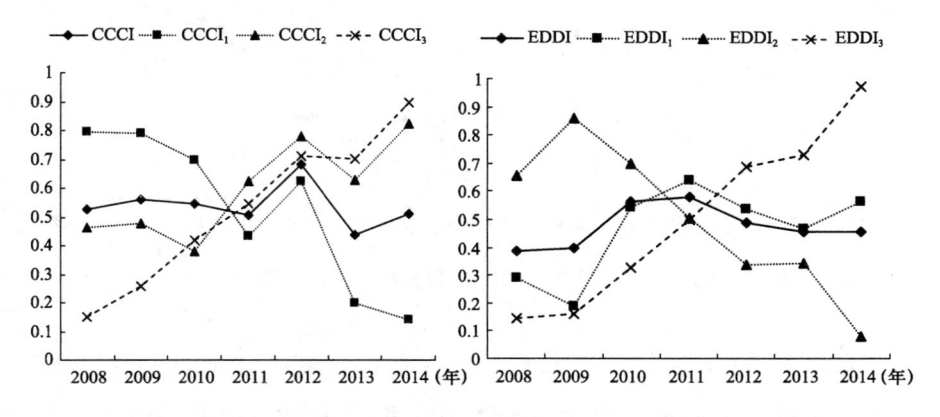

图 5—14　定海区（中部集中型）目标层指数与系统层指数按年份波动情况

定海区、洞头区、平潭区和东山县等县域海岛系统层指数中，$CCCI_1$ 和 $EDDI_2$ 均为波动下降类型，同时其 $CCCI_3$ 和 $EDDI_3$ 为平稳上升型，$CCCI_2$ 和 $EDDI_1$ 为波动上升型，这使得最终目标层指数在不同年份尽管有升有降，但基本稳定在中部区域，形成中部集中类型。由图5—14可知，定海区目标层指数二维折线类型属于中部集中型，其按年份统计一维目标层指数，即综合承载力指数和经济发展指数波动均较小，阻碍目标层指数上升的系统层指数分别是自然资源系统承载力指数和主导产业发展程度指数，均属于波动下降类型。

2. 45°上升型。从系统层指数类型来看，长岛县、崇明县、嵊泗县和岱山县各系统层指标基本属于波动上升或平稳上升类型，只有崇明县和岱山县主导产业发展程度指数是波动下降型，但其主导产业为第二产业，整体波动趋势是先升后降，波动幅度较小。因此，这四个县综合承载力指数和经济发展指数均出现较大幅度提升，形成45°上升类型。以嵊泗县为例，将其目标层指数与系统层指数按年份波动情况进行汇总和对比（见图5—15）。

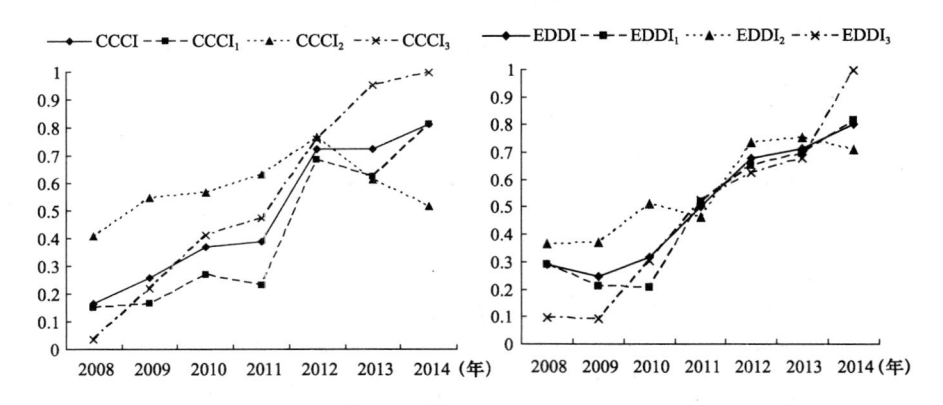

图5—15　嵊泗县（45°上升型）目标层指数与系统层指数按年份波动情况

由图5—15可知，嵊泗县目标层指数均按年份呈平稳上升态势，其系统层指标分别属于波动上升型或平稳上升型，因此，嵊泗县总体可持续发展水平较高，但应适当控制波动类型系统层指数波动幅度。

3. 横向演进型。以长海县为例，将其目标层指数与系统层指数按年份波动情况进行汇总和对比（见图5—16）。

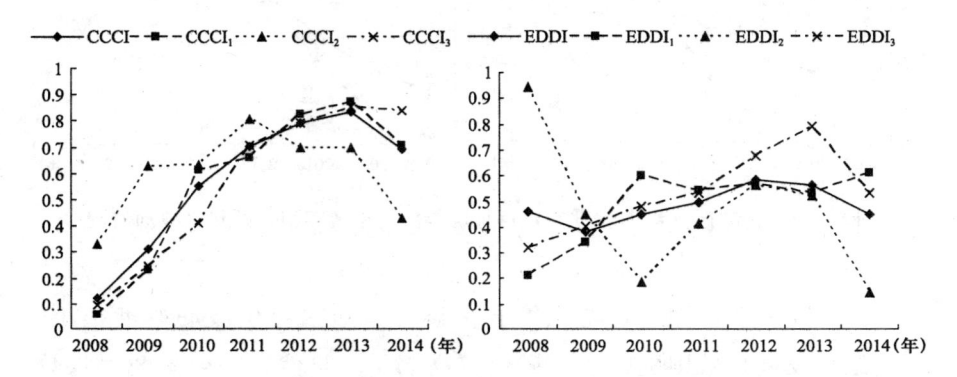

图5—16　长海县（横向演进型）目标层指数与系统层指数按年份波动情况

由图5—16可知，长海县目标层指数中综合承载力指数随时间有较大幅度提升，这缘于其系统层指数均属于上升类型。值得注意的是，由于长海县自然资源系统承载力指数和生态环境系统承载力指数波动幅度较大，使长海县 $CCCI$ 在2013年提升幅度较小，在2014年甚至出现了回退。经济发展指数样本期内几乎没有变化，这主要是由于主导产业发展程度指数波动下降导致，同时，其他两个系统层指数均属于波动上升，对经济发展指数拉升有限。

4. 纵向演进型。普陀区自然资源系统承载力指数波动下降，其经济发展系统层指数均保持上升，从而导致综合承载力提升有限，形成纵向演进型；玉环县尽管主导产业发展程度指数波动下降，但其整体波动幅度较小，因而经济发展仍实现较大提升，形成纵向演进型。以普陀区为例，将其目标层指数与系统层指数按年份波动情况进行汇总和对比（见图5—17）。

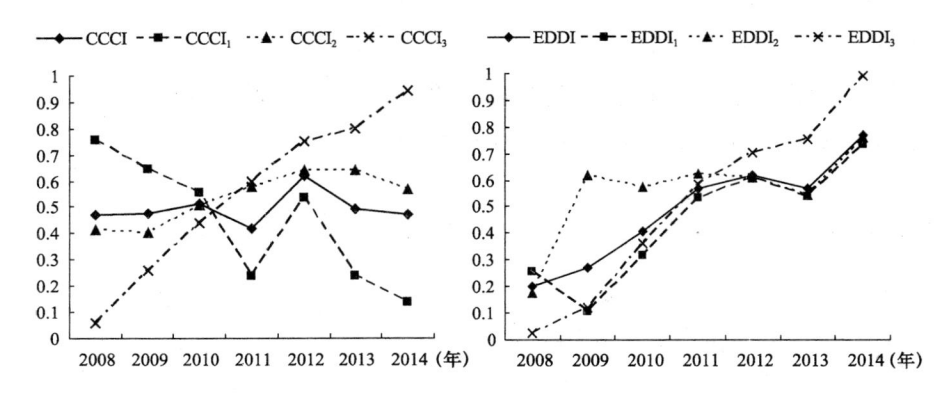

图 5—17　普陀区（纵向演进型）目标层指数与系统层指数按年份波动情况

由图 5—17 可知，普陀区综合承载力指数按年份波动幅度很小，而其经济发展指数则随时间上升到较高水平。显然，综合承载力指数是由于自然资源系统承载力指数属波动下降型，抵消了其他两个系统层指数的拉升效果，而经济发展指数均属上升类型，但因其整体经济状态指数和主导产业发展程度指数均为波动上升类型，拉升效果有效，因此，其经济发展指数仅达到较强水平。

由此可见，目标层指数二维坐标折线演进类型反映出各县域海岛整体可持续发展水平，演进类型与系统层指数波动趋势和波动幅度直接相关。不同演进类型县域海岛应制定不同的开发策略，并针对影响其演进类型的系统层指标进行调整。同时，县域海岛综合承载力指数与经济发展指数按年份出现共同上升趋势，这表明两者之间有一定的相关性，而可持续发展前提是两者相互协调，但各指数评价结果并不能显示两者之间的协调发展程度，因此，将继续对目标层指数协调度进行分析和研究。

第三节　本章小结

在已构建县域海岛综合承载力和经济发展评价体系基础上，利用 AHP 方法对县域海岛综合承载力与经济发展进行定量评价。在测算过程中，首先，采用层次分析法对各层级指标构造各指标判断矩阵，采用专家打分法搜集并整理研究领域专家意见，取得判断矩阵中各指标重要性分值。其次，利用规范列平均法计算出判断矩阵的最大特征根并进行一致性检验，在一致性检验过程中对应于 λ_{max} 的归一化特征向量 W，其各分量 W_i 即是相应指标单排序的权重值。再次，搜集并整理2008—2014年各县域海岛相关指标原始数据，采用极差变换法对数据进行标准化处理。最后，将权重值与标准化数据进行聚合得到各层级指数。

在对评价结果分析过程中，依照评价体系层级，分别对目标层指数和系统层指数进行分析。在对目标层指数分析时，首先根据各县域海岛样本期内目标层指数标准差对指数波动情况进行判断，并根据历年所有县域海岛目标层指数均值绘制指数波动趋势图。其次，以目标层指数为坐标轴建立二维坐标系，联立各县域海岛目标层指数为其二维坐标，对各县域海岛二维坐标波动折线进行对比和分析。根据二维坐标折线基本形状，将各县域海岛归纳为四种演进类型，即横向演进型、纵向演进型、中部集中型和45°上升型。再次，对目标层下各系统层指数评价结果进行分析，在依次汇总并对比各县域海岛系统层指数变动情况基础上，根据折线总体变动趋势和折线拐点数量，将系统层指数变动类型归纳为三类，即波动下降型、波动上升型和平稳上升型。最后，将目标层指数与系统层指数结合，对各县域海岛目标层指数类型与系统层指数类型进行归纳综合。选取不同目标层指数类型中代表性县域海岛，通过绘图分析其系统层指数类型对目标层指数类型的影响，结果发现系统层指数变动趋势和波动幅度直接影响到目标层指数演进类型。

综合承载力指数和经济发展指数及其各系统层指数是定量分析两指数协调发展度和相互影响程度的基础，并为判断各县域海岛可持续发展程度提供了基本依据。

第六章

县域海岛综合承载力与经济发展相关性与耦合度分析

可持续发展建立在综合承载力与经济发展协调共进基础上，如果两者不协调，相互掣肘，势必影响县域海岛可持续发展程度。本章在各县域海岛综合承载力指数和经济发展指数基础上，对两者协调发展程度进行分析。首先对各县域海岛两指数相关性进行分析，之后采用协调发展理论，即"耦合"模型对两指数之间协调发展度进行考察，以更精确判断各县域海岛可持续发展态势。

第一节 相关性分析

县域海岛综合承载力与经济发展可以看作相互影响的两个系统，其相对应指数呈现出一定的相关性。根据县域海岛二维坐标折线类型，对不同类型县域海岛综合承载力指数与经济发展指数散点图进行分析，初步判断两指数之间相关程度，如图6—1所示。

对图6—1初步分析可以看出，不同类型县域海岛两指数相关性差别较大。总体来看，45°上升型县域海岛两指数散点走势呈向右上倾斜态势，即两指数呈现出共升态势，具有正相关性，这与之前县域海岛目标层指数二维坐标演进类型是对应的。两指数散点分布呈同向上升态势，这不仅表明两者具有较强的正相关性，而且从协调发展理论角度分析，两指数具有较好的耦合度。横向演进型和纵向演进型散点也

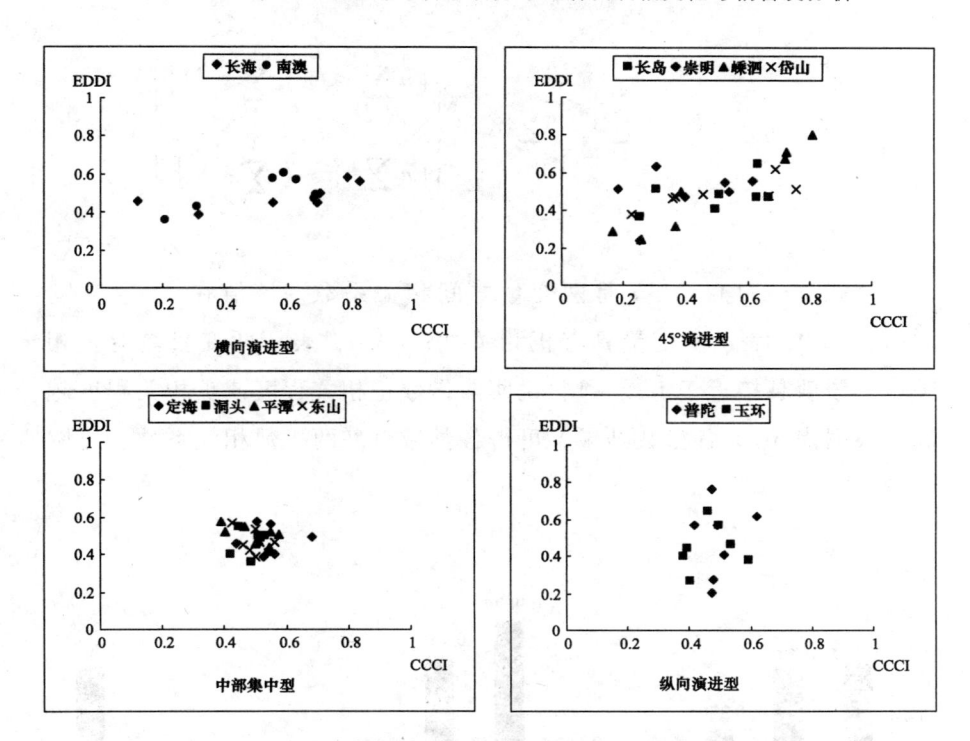

图 6—1 不同类型县域海岛综合承载力指数与经济发展指数散点

具有类似特征,但共同上升程度明显弱于 45°上升型,表明这两种类型两指数具有正相关性,但相关程度较弱。而中部集中型县域海岛两指数散点规律不明显,表明其相关性不明显,从协调发展理论角度分析,两指数耦合度不高。

为进一步判断各县域海岛综合承载力指数与经济发展指数相关性,采用目前广泛使用的皮氏积矩相关系数计算方法,其计算公式如(6—1)所示。

$$r = \sum_{i=1}^{n}(x_i - \bar{x})(y_i - \bar{y}) / \left[\sum_{i=1}^{n}(x_i - \bar{x})^2 \sum_{i=1}^{n}(y_i - \bar{y})^2\right]^{1/2}$$

$$= \left(n\sum_{i=1}^{n} x_i y_i - \sum_{i=1}^{n} x_i \cdot \sum_{i=1}^{n} y_i\right) \Big/ \left\{ \begin{matrix} \left[n\sum_{i=1}^{n} x_i^2 - \left(\sum_{i=1}^{n} x_i^2\right)\right] \\ \left[n\sum_{i=1}^{n} x_i^2 - \left(\sum_{i=1}^{n} x_i\right)^2\right] \end{matrix} \right\}^{1/2}$$

(6—1)

公式（6—1）中，r 是两变量之间相关系数，该值在 [-1, 1] 之间，$r>0$，表示两变量具有正相关性；$r<0$，表示两变量具有负相关性；该值越接近于 1 或 -1，说明两指数正相关程度或负相关程度越高。根据表 5—5 各指数结果，可得各县域海岛两指数相关系数，见图 6—2。

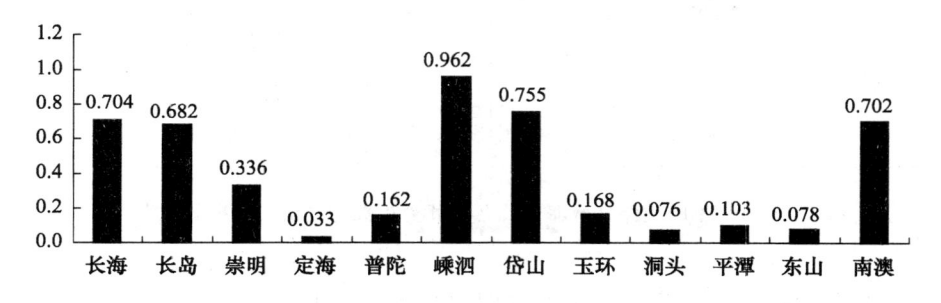

图 6—2 各县域海岛综合承载力指数与经济发展指数相关系数

县域海岛	相关系数
长海	0.704
长岛	0.682
崇明	0.336
定海	0.033
普陀	0.162
嵊泗	0.962
岱山	0.755
玉环	0.168
洞头	0.076
平潭	0.103
东山	0.078
南澳	0.702

由图 6—2 可知，各县域海岛相关系数均为正值，即综合承载力指数与经济发展指数呈正相关关系。正相关性表明县域海岛综合承载力和经济发展处于同向发展态势，即综合承载力提升会促进经济发展，经济发展又会提升综合承载力。但不同类型县域海岛相关程度有较大差距。其中，嵊泗县、岱山县、长海县、长岛县、南澳县等相关系数均超过 0.6，具有较强相关程度，从演进类型来看，这些县域海岛属于横向演进型或 45°上升型。而定海区、普陀区、玉环县、洞头区、平潭区和东山县相关系数则较低，均低于 0.2，相关程度较弱，从演进类型来看，这些县域海岛属于纵向演进型或中部集中型。

正相关性可显示两指数同向发展关系，并具有一定的耦合关系，但相关性并不能表征各年份指数发展趋势，同时，不同类型县域海岛相关系数差别较大，无法正确表征两指数协调发展变化情况。

第二节　耦合度分析

"耦合"是一个物理学概念，指两个或两个以上相互关联的系统或要素通过相互作用而彼此影响的现象，可反映出在同一时间序列下呈现交互螺旋式上升趋势。系统间相互作用从其性质上可分为两种，一种是相互协调，共同发展，即良性耦合；另一种则是互相限制，彼此掣肘，形成恶性耦合。通常使用"耦合度"，即系统之间"协调发展"程度，来测度系统间耦合关系。如前所述，县域海岛综合承载力与经济发展是彼此相互关联的两个系统，而可持续发展应建立在这两个系统协调发展基础上，即两者应形成良性耦合。因此，将采用协调发展模型，即耦合度模型对县域海岛综合承载力指数与经济发展指数耦合度进行测评。

一　耦合度模型介绍

耦合度测评在经济学领域中已得到广泛的研究和应用，廖重斌（1999）、仇方道（2003）和侯增周（2011）等学者在其研究中均构建耦合度模型进行分析。本书借鉴廖重斌所构建耦合度计量模型，该模型目前在耦合度测评相关文献中使用广泛，同时该模型对协调发展表征更清晰。具体处理过程如下：

首先将描述两个系统特征的数据进行标准化。本书所测评系统分别为综合承载力和经济发展，代表两系统发展水平为其相对应指数，相关数据见表5—5，分别记为 X 和 Y。为达到两个系统相互协调，两者离差越小越好，记离差系数为 C_v，其计算公式如（6—2）所示。

$$C_v = \frac{\sigma}{\mu} = 2\sqrt{1 - \frac{X \times Y}{\left(\frac{X+Y}{2}\right)^2}} \qquad (6—2)$$

公式（6—2）中，σ 为 X 和 Y 的标准差，μ 为 X 和 Y 的平均值。现定义 C 为系统 X 和 Y 的协调度，离差系数 C_v 越小则协调度 C 越大，即公式（6—2）可等价于 C 计算公式（6—3）。

$$C = \left\{ \frac{X \times Y}{[(X+Y)/2]^2} \right\}^k, \quad k \geq 2 \qquad (6—3)$$

公式（6—3）中，k 为调节系数，通常取 $k=2$。由公式可知，C 值在 [0, 1] 之间，其值越大，协调度越高。本书以 0.5 为界限，$C>0.5$ 时为协调，$C<0.5$ 时则为不协调。X 与 Y 两者差距越大，协调度分值越低。

协调度说明了两个系统之间互促共进，但协调度不等于耦合度，协调度高不等于耦合度高。以下列情形为例：X 与 Y 均为正指标，（a）假设 $X=Y=0.1$，（b）假设 $X=Y=0.9$，显然，两种假设情形下协调度 C 均为 1，但显然（a）假设情形是低水平协调发展，而（b）假设情形则是高水平协调发展。因此，协调度尽管可直观表征两个系统之间协调共进，但难以区分两个系统综合水平高低，再定义 T 来表征两个系统综合水平高低，称 T 为综合发展度，其计算公式如（6—4）所示。

$$T = aX + bY, \quad 0 < a, b < 1, \quad a+b=1 \qquad (6—4)$$

公式（6—4）中，a、b 为待定参数，分别代表 X 和 Y 的权重。本书中综合承载力指数与经济发展指数具有同等重要的地位，因此取 $a=b=0.5$。显然，T 越大，说明两系统综合发展水平越高。结合协调度 C，可有效反映协调和发展程度，即耦合度。定义耦合度为 D，其计算公式如（6—5）所示。

$$D = \sqrt{C \times T} \qquad (6—5)$$

公式（6—5）中，D 即为耦合度，而 C 和 T 分别为之前所定义协调度和综合发展度。显然，D 受协调度 C 和综合发展度 T 共同影响，其值处于 [0, 1] 之间，该值越大，表明耦合水平越高。不同 D 值对应不同等级耦合度，当前对于等级划分标准有多种（吴文恒等，2006），表 6—1 是比较常见的等级划分标准。

表 6—1　　　　　　　　耦合度判别标准及等级类型

耦合度值	耦合类型	耦合度值	耦合类型
[0, 0.10)	极度失调衰退	[0.50, 0.60)	勉强协调发展
[0.10, 0.20)	严重失调衰退	[0.60, 0.70)	初级协调发展
[0.20, 0.30)	中度失调衰退	[0.70, 0.80)	中级协调发展
[0.30, 0.40)	轻度失调衰退	[0.80, 0.90)	良好协调发展
[0.40, 0.50)	濒临失调衰退	[0.90, 1]	优质协调发展
耦合度值	耦合性质	耦合度值	耦合性质
[0, 0.50)	恶性耦合—失调衰退	[0.50, 1]	良性耦合—协调发展

由表 6—1 可知，可按照不同标准，依据耦合度所在区间对耦合等级进行划分。从耦合性质来看，耦合度以 0.5 为划分界限，低于 0.5 为恶性耦合，包括五种失调衰退类型，分别为极度失调衰退、严重失调衰退、中度失调衰退、轻度失调衰退和濒临失调衰退。耦合度高于 0.5 则为良性耦合，总体表现为协调发展，根据耦合度值可分为勉强、初级、中级、良好和优质五个级别。总体来看，保证县域海岛综合承载力和经济发展能协调共进的基本要求是两指数耦合度应达到 0.5 以上。同时，不同年份耦合度随两指数波动而变化，应促进县域海岛两指数耦合度提升，推动其向更高等级协调发展类型转变。但这种类型划分相对笼统，并没有考虑到协调度 C 和综合发展度 T 实际值，只能作为耦合度得分的初步判断，具体分析过程中，还应考虑协调度和综合发展度得分进行综合判断。

二　耦合度模型各变量作用机制分析

对两变量同一时间序列下耦合度测评可直观显示某个地区协调发展状态及变动趋势，但耦合度 D 是协调度 C 和综合发展度 T 两者共同作用的结果，耦合度无法直接反映其引致变量协调度 C 和综合发展度 T 实际变化情况，即无法反映当前耦合状态下协调与发展强弱等级。

因此，在测度两个变量耦合度等级时，应关注其协调度和综合发展度评分及变动趋势，防范系统某一变量过高而形成"伪协调"或"伪发展"现象。为说明耦合度模型中各变量作用机制，本书借鉴陈阳（2015）和孙婧（2015）对耦合度模型内在机制相关解析，绘制图6—3。

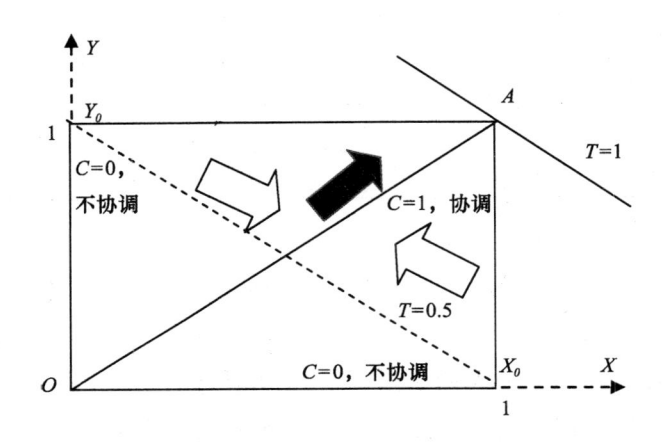

图6—3 协调度 C 与综合发展度 T 作用机制

在耦合度模型中，变量 X、Y 直接影响协调度 C 与综合发展度 T，图6—3是以 X、Y 为坐标轴，协调度 C 与综合发展度 T 变动情况。X、Y 是极差标准化之后的结果，因此其值均处于 [0, 1] 之间，即矩形范围内。

从协调度角度而言，当 $X = Y$ 时，$C = 1$，即达到最大协调水平，对应于矩形对角线 OA，即45°线；当 $X = 0$ 或 $Y = 0$ 时，$C = 0$，即完全不协调，对应于 Y 轴和 X 轴；在其他区域，$0 < C < 1$。白色箭头代表协调度由低到高变化趋势。以县域海岛综合承载力（CCCI）和经济发展（EDDI）为例，X 和 Y 分别代表 CCCI 和 EDDI 所对应的发展水平，当综合承载力富余而经济发展不足时，该状态点位于矩形内 OA 线右下区域，反之则位于 OA 线左上区域，距离 OA 越远，说明两者协调性越差。

从综合发展度角度而言，根据公式（6—4），在假定 $a=b=0.5$ 时，T 不同取值会得到 X 与 Y 二元函数。当 $T=1$ 时，即最大综合发展度，在矩形范围内只有 $X=Y=1$ 满足公式（6—4），即 A（1，1）点；当 $T=0.5$ 时，在图形上即为 X_0（1，0）至 Y_0（0，1）直线所代表综合发展度；当 $T=0$ 时，其综合发展度在 O（0，0）点，此时综合发展度最低。由此可以看出，黑色箭头是综合发展度由低向高变动方向。以 X_0Y_0 为界限，在其右上方代表变量综合发展度水平较高，在其左下方则代表其水平较低。

将协调度与综合发展度结合，可以看出，X_0Y_0 线右上部分临近 OA 线区域属于协调发展区域。OA 线左下部分尽管协调度达到最大值1，但其综合发展度较低，这种"高协调，低发展"通常被称为"伪协调"。同样，在 X_0Y_0 右上方区域靠近 X 轴和 Y 轴区域，其特征则是"低协调，高发展"，通常被称为"伪发展"。

更进一步，由于耦合度 D 被协调度 C 和综合发展度 T 直接决定，以协调度 C 和综合发展度 T 为坐标轴，分析耦合度与两变量之间的作用机制，如图6—4所示。

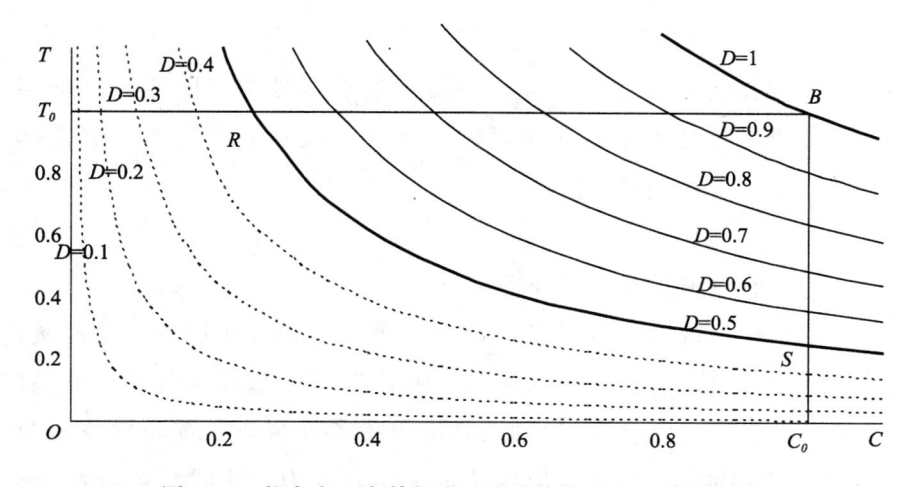

图6—4　耦合度 D 与协调度 C 和综合发展度 T 作用机制

在图6—4中，C、T值均处于[0，1]之间，D值处于矩形OC_0BT_0内。根据公式（6—5），在D为常数时，协调度与综合发展度将形成函数关系（6—6）。

$$C = D^2/T \qquad (6—6)$$

图6—4中绘出了D=（0.1，0.2，…，1）时协调度与综合发展度曲线，这些曲线可以作为C和T相互替代的无差异曲线，即同一曲线既可能是"高协调，低发展"，也可能是"低协调，高发展"，C与T越高，曲线越靠外，耦合度也越高，B点是耦合度最大值。根据表6—1耦合度类型，D=0.5以上均属于"良性耦合—协调发展"，即实线区域，而其以下均属于"恶性耦合—失调衰退"，即虚线区域。同时，S点（1，0.25）以下边界区域耦合度属于"恶性耦合—失调衰退"，其协调度和综合发展度为"高协调，低发展"，对应于之前"伪协调"特征，同样道理，R点（0.25，1）以左边界区域对应于之前"伪发展"特征。

由此可见，图6—4将表6—1所归纳耦合度类型通过协调度C和综合发展度T转变为二维表述类型，归纳起来有四大类型：（低协调，低发展）（高协调，低发展）（低协调，高发展）以及（高协调，高发展），前三种类型都有可能是"恶性耦合—失调衰退"性质，只有双高类型直接对应于"良性耦合—协调发展"性质。因此，图6—4对耦合度判断更为准确，并能通过其所在区域判断出导致"恶性耦合—失调衰退"的引致原因。

三 耦合度测算及结果分析

各县域海岛综合承载力与经济发展可视为相互作用的两个系统，符合耦合度测算和评价的基本要求。利用表5—5数据和公式（6—3）（6—4）和公式（6—5），分别测算出历年各县域海岛综合承载力与经济发展协调度C、综合发展度T以及耦合度D，计算结果如表6—2所示。

表 6—2　各县域海岛综合承载力与经济发展耦合度计算结果

	长海县			长岛县			崇明县			定海区		
	C	T	D	C	T	D	C	T	D	C	T	D
2008	0.812	0.291	0.486	0.982	0.311	0.553	1	0.247	0.496	0.988	0.459	0.673
2009	0.995	0.349	0.589	0.967	0.411	0.63	0.996	0.438	0.66	0.986	0.481	0.689
2010	0.995	0.503	0.707	1	0.499	0.706	0.879	0.35	0.555	1	0.557	0.746
2011	0.985	0.601	0.769	0.995	0.453	0.671	0.937	0.472	0.665	0.998	0.542	0.735
2012	0.989	0.688	0.824	0.99	0.551	0.738	0.999	0.519	0.72	0.986	0.587	0.761
2013	0.981	0.698	0.828	0.986	0.57	0.75	1	0.538	0.733	1	0.447	0.669
2014	0.977	0.574	0.749	1	0.639	0.799	0.999	0.587	0.766	0.999	0.484	0.695

	普陀区			嵊泗县			岱山县			玉环县		
	C	T	D	C	T	D	C	T	D	C	T	D
2008	0.916	0.337	0.556	0.96	0.228	0.467	0.968	0.303	0.541	1	0.391	0.625
2009	0.962	0.374	0.6	1	0.253	0.502	0.991	0.412	0.639	0.98	0.336	0.573
2010	0.993	0.459	0.675	0.997	0.343	0.585	0.992	0.419	0.645	0.997	0.5	0.706
2011	0.988	0.494	0.698	0.992	0.445	0.664	0.999	0.472	0.686	0.998	0.419	0.647
2012	1	0.619	0.787	0.999	0.7	0.836	0.981	0.635	0.789	0.975	0.487	0.689
2013	0.997	0.531	0.727	1	0.718	0.847	0.987	0.573	0.752	0.998	0.532	0.728
2014	0.971	0.622	0.777	1	0.807	0.898	0.998	0.653	0.807	0.986	0.553	0.738

	洞头区			平潭区			东山县			南澳县		
	C	T	D	C	T	D	C	T	D	C	T	D
2008	0.999	0.5	0.707	0.999	0.482	0.694	0.998	0.451	0.671	0.965	0.282	0.522
2009	1	0.514	0.717	0.994	0.491	0.698	0.992	0.446	0.665	0.986	0.37	0.604
2010	0.988	0.422	0.646	1	0.535	0.731	0.999	0.519	0.72	1	0.566	0.752
2011	1	0.41	0.64	0.991	0.462	0.677	0.99	0.496	0.7	0.986	0.59	0.763
2012	0.99	0.477	0.687	0.998	0.543	0.736	0.995	0.513	0.714	0.983	0.579	0.755
2013	1	0.504	0.71	0.997	0.506	0.71	0.999	0.489	0.698	0.999	0.6	0.774
2014	0.995	0.498	0.704	0.98	0.483	0.688	1	0.454	0.674	1	0.597	0.772

（一）各县域海岛协调度、综合发展度和耦合度总体趋势分析

对表6—2数据总体分析可以看出，各县域海岛综合承载力与经济

发展协调度 C 均较高，但综合发展度 T 有较大波动，有些县域海岛呈增长态势，有些则有升有降，而两者耦合度 D 也波动较大。为把握各县域海岛协调度 C、综合发展度 T 和耦合度 D 整体趋势，计算历年各变量均值，如表 6—3 所示。

表 6—3　各县域海岛协调度 C、综合发展度 T 和耦合度 D 均值

	2008	2009	2010	2011	2012	2013	2014
C	0.966	0.987	0.987	0.988	0.990	0.995	0.992
T	0.357	0.406	0.473	0.488	0.575	0.559	0.579
D	0.583	0.631	0.681	0.693	0.753	0.744	0.756

为便于分析，根据表 6—3 数据绘制图 6—5。

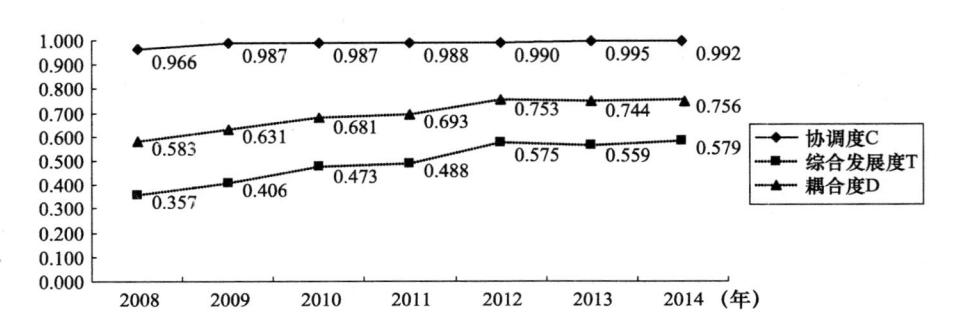

图 6—5　2008—2014 年各县域海岛协调度、综合发展度与耦合度平均值变动

由图 6—5 可知，从县域海岛协调度 C 均值来看，历年计算结果均达到 0.9 以上，并且整体走势平稳，因此，各县域海岛综合承载力与整体发展程度达到高度协调水平。从县域海岛综合发展度 T 均值来看，各年计算结果整体呈现上升态势，从（0.3，0.4）区间上升到（0.5，0.6）区间，尽管 2008 年以来综合发展度平均值均高于 0.25，即没有出现"伪协调"，但在 2012 年以前，各县域海岛综合发展度均低于 0.5，处于较低发展水平，即对应于"高协调，低发展"类型；同时，

综合发展度曲线波动较为明显，2011年增速明显放缓，2012年达到峰值后，2013年出现小幅下降。在 C 与 T 共同作用下，各县域海岛历年耦合度均值都在 0.5 以上，即属于"良性耦合—协调发展"性质；从历年演变过程来看，尽管在 2011 年和 2013 年出现小幅波动，但耦合度总体呈上升态势，从 2008 年"勉强协调发展"类型演变为 2014 年"中度协调发展"类型。由此可见，各县域海岛综合承载力与经济发展呈现出良性协调发展态势，即可持续发展水平在不断提升，但总体水平并不理想，距离"优质协调发展"类型仍有较大差距。综合发展度总体水平较低是导致各县域海岛耦合度总体水平不理想的主要原因，这与中国县域海岛开发建设实践是吻合的。由于中国县域海岛开发建设起步较晚，多数县域海岛基础设施建设和经济开发建设尚处于初期，同时，有些县域海岛主导产业处于转型升级时期，导致总体综合发展度水平较低。但从可持续发展角度而言，协调是基础和前提，发展是前进方向，县域海岛整体处于优质协调水平，为其后期向优质发展演进奠定了必要的基础。

（二）不同类型县域海岛协调度、综合发展度和耦合度分析

在对县域海岛综合承载力指数（$CCCI$）和经济发展指数（$EDDI$）评价结果分析时，根据这两个指数二维坐标折线形状将县域海岛分为中部集中型、横向演进型、纵向演进型以及 45°上升型四种类型。现选取各类型中具有代表性县域海岛，对比并分析其协调度、综合发展度和耦合度特征（如图 6—6 所示）。

图 6—6 中选取了嵊泗县（45°上升型）、洞头区（中部集中型）、长海县（横向演进型）以及普陀区（纵向演进型）四个县域海岛。从图形中可以看出，不同类型县域海岛协调度、综合发展度与耦合度演进态势存在较大差别。

嵊泗县三个变量均处于上升态势，尤其是综合发展度和耦合度，在 2012 年呈加速提升趋势，之后又进入缓慢提升态势。其协调度一直稳定在优质协调水平，尽管在 2008 年和 2009 年因其综合发展度水平较低而出现了"伪协调"，其耦合度也属于恶性耦合性质，但在

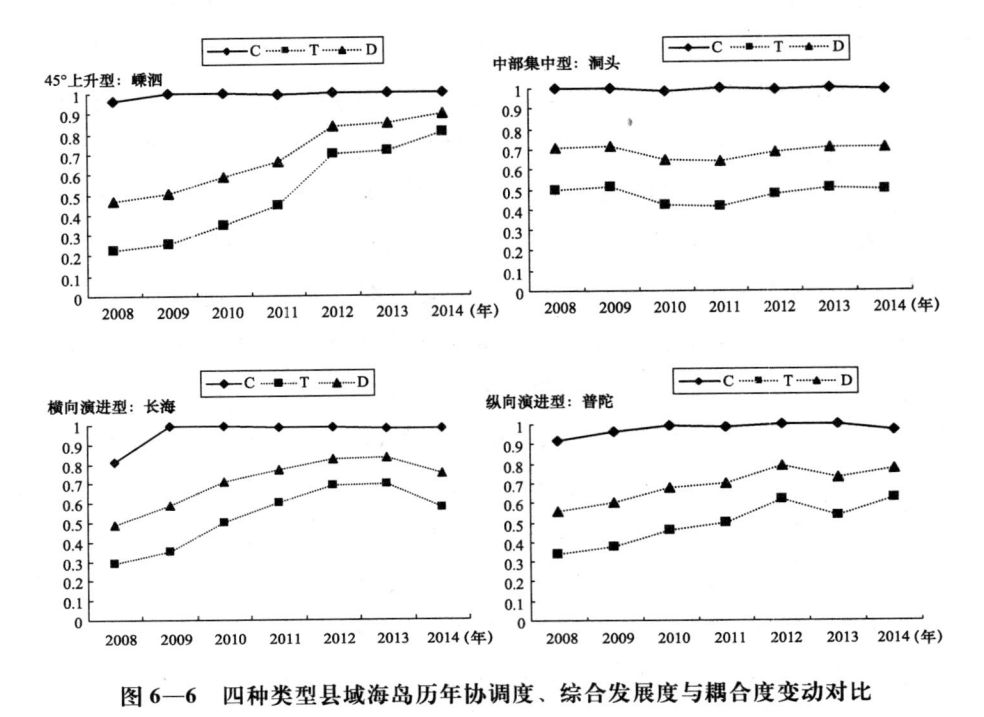

图 6—6　四种类型县域海岛历年协调度、综合发展度与耦合度变动对比

2010 年之后，在综合发展度提升之下，其耦合度转为优质耦合，并在短期内提升到 0.8 以上，即良好协调发展类型。这与之前对 45°上升型的初步判断是一致的，即综合承载力指数（CCCI）与经济发展指数（EDDI）呈同向上升趋势，说明两者具有很好的耦合度。该类型中长岛县、崇明县和岱山县等尽管三个变量也均处于上升态势，但耦合度水平仅达到（0.7，0.8）区间，在综合发展度方面需进一步提升。

洞头区 2008—2014 年综合承载力与经济发展协调度也稳定在优质水平，即计算结果接近 1，但其综合发展度和耦合度变动情况与嵊泗县相差较大。其综合发展度在 2008 年即达到 0.5，其后并没有呈上升态势，在 2010 年和 2011 年反而小幅下降，之后虽有所提升，但基本维持在 0.5 左右。高协调度与中等综合发展度相互作用，使得洞头区耦合度仅达到中级协调发展水平。同时，综合发展度波动也引起耦合度呈现出类似波动，2010 年至 2012 年，洞头区耦合度由中级下降到初级协调发展水平，其后稳定在中级类型。洞头区耦合度变动态势与其中部集中型特征相吻合，即其综合承载力与经济发展在2008—2014年并没有真正互促共进，尽管起步相对较高，但彼此间有所限制，导致其综合发展度和耦合度只能在一定区间内徘徊。

长海县属于横向演进型县域海岛，其综合承载力水平在样本期内大幅提升，但经济发展并没有显著提升。从图6—6中可以看出，长海县协调度呈上升态势，由期初0.8上升到1左右；但综合发展度呈明显先升后降态势，从2008年的0.29逐年上升到2012年的0.70，但之后逐年下降，2014年下降到0.57。在两者相互作用下，耦合度也呈现出先升后降态势，从中度失调衰退类型演变为中级协调发展类型，之后又演变为勉强协调发展类型。综合发展度与耦合度先升后降与其横向演进型特征相符，即长海县第一产业依赖严重，在遇到经济发展瓶颈时缺乏有效的经济推动力，导致其经济发展达到一定高度后不升反降，进而引起综合发展度和耦合度均大幅下降。

普陀区则是典型的纵向演进型县域海岛，即其综合承载力水平无明显提升，而经济发展则显著提高。图6—6中，普陀区综合发展度尽管在2013年出现一定程度波动，但基本呈现出上升态势。普陀区协调度变动态势与其他类型均不相同，尽管协调度均达到0.9以上，但在2012年达到最大值1之后，之后却逐年下降，呈现出先升后降态势。在协调度与综合发展度作用下，耦合度也呈现出一定的波动，2013年出现较大幅度下降，2014年虽有所上升，但仍低于2012年最高水平。普陀区协调度先升后降态势与其纵向演进型是对应的，即普陀区经济发展大幅提升，而综合承载力提升幅度有限，导致两者协调度呈下降态势。

为进一步分析四种类型县域海岛综合承载力指数和经济发展指数、协调度与综合发展度以及耦合度之间内在机制，利用图6—3和图6—4绘制图6—7和图6—8。

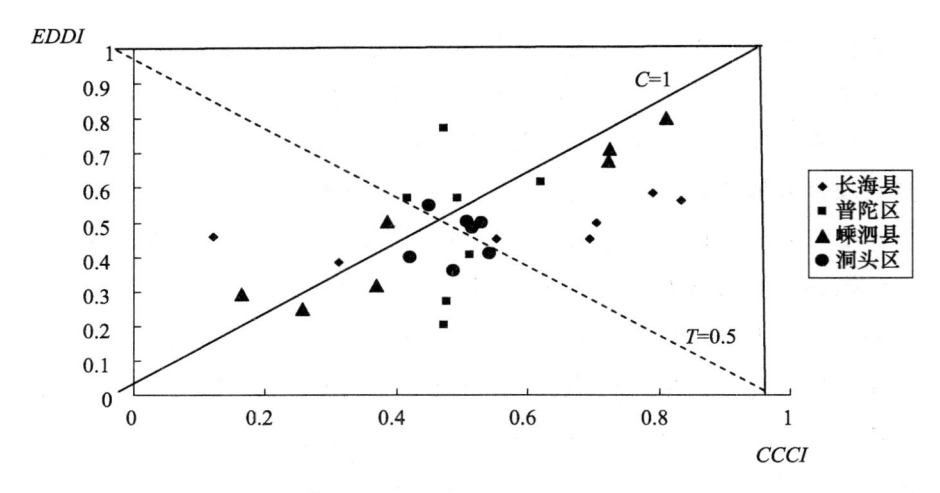

图 6—7　四种类型县域海岛综合承载力指数与经济发展指数协调度和综合发展度

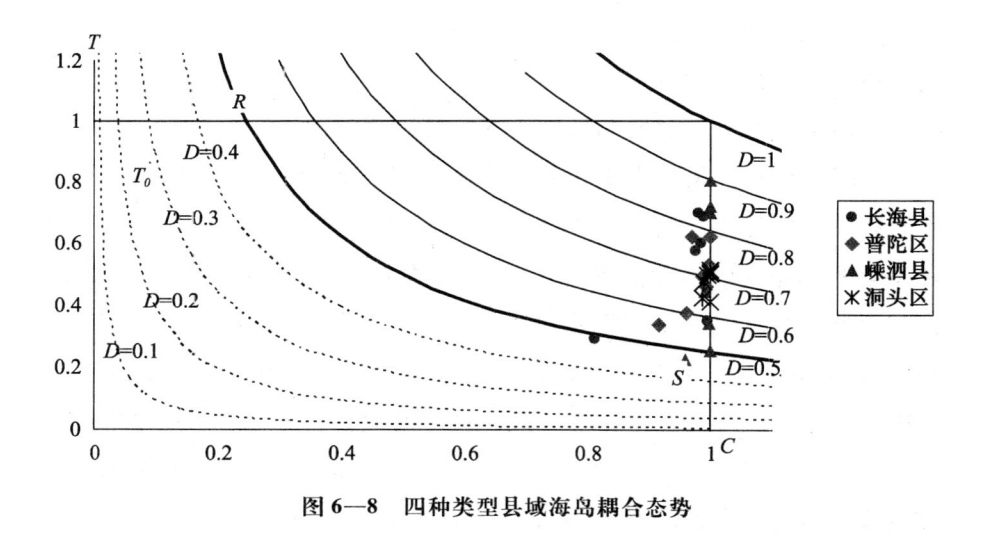

图 6—8　四种类型县域海岛耦合态势

由图 6—7 可知，四个县域海岛多数样本点位于 45°线附近，尤其是嵊泗县和洞头区，接近于 $C=1$ 水平，即各县域海岛协调度处于较高水平。但各县域海岛综合发展度则相差较大，多数样本点集中于中部位置，位于（0.4，0.6）区间，属于衰退向发展过渡类型；以 $T=0.5$ 为界限，良性与恶性综合发展度样本点数量相当，嵊泗县和长海县初期样本点综合发展度仅为 0.3 左右，属于"高协调，低发展"伪协调类型。普陀区各样本点协调度差别相对较大，而长海县各样本点综合发展度则差别较大，均呈现出"先升后降"态势。

图 6—8 以 C 和 T 为坐标轴，将四个县域海岛各年协调度和综合发展度二维坐标绘制在耦合度曲线簇中。可以看出，所观测样本点多集中在 $C=1$ 竖线旁，即协调度达到优质水平，综合发展度则分布于 0.2—0.8 区间，在 C 和 T 作用下，耦合度分布于 $D=0.4$ 和 $D=0.9$ 两条无差异曲线之间。2008 年和 2009 年嵊泗县和 2008 年长海县样本点位于 S 点以下区域，属于"伪协调"类型，其他各年份样本点均在 $D=0.5$ 以上，即都属于良性耦合。显然，县域海岛高协调度拉升了综合发展度水平，使多数样本点耦合度上升到良性水平，但多数样本点耦合值集中于 0.7 左右，对应于中级协调发展类型，县域海岛耦合度整体水平并不高。

由此可见，四种类型县域海岛协调度、综合发展度以及耦合度具有不同的变动特征：45°上升型三个变量均呈现上升态势，中部集中型三个变量围绕期初值波动，横向演进型协调度呈上升态势，综合发展度则先升后降，而纵向演进型与横向演进型恰好相反，协调度呈先升后降态势，这使得两者耦合度出现较大程度的波动。综合承载力变动对协调度影响较大，经济发展变动则对综合发展度影响较大，两者都会影响到耦合度变动态势。其他县域海岛分属于这四种演进类型之中，在协调度、综合发展度以及耦合度方面具有各自类型类似的特征。

第三节 本章小结

在定量评价结果基础上，对各县域海岛综合承载力指数和经济发展指数相关性和耦合度进行了测算和分析。在相关性分析过程中，首先绘制各县域海岛 2008—2014 年综合承载力指数与经济发展指数二维坐标散点图，观察发现多数县域海岛二维坐标呈同向变动趋势，即具有正相关性特征。在此基础上，利用皮氏积矩相关系数计算方法测算各县域海岛两指数相关系数，结果表明各县域海岛综合承载力指数与经济发展指数均具有正相关性，但不同县域海岛相关程度差别较大。

之后，对综合承载力指数和经济发展指数耦合关系进行测算。在耦合度测算过程中，首先对所使用耦合度模型进行说明，定义并阐释协调度、综合发展度和耦合度所代表含义及不同等级类型。其次，将综合承载力指数和经济发展指数对协调度和综合发展度作用机制，以及协调度和综合发展度对耦合度作用机制进行说明。在此基础上，利用之前综合承载力指数和经济发展指数结果，计算出 2008—2014 年各县域海岛协调度、综合发展度以及耦合度。

在耦合度结果分析过程中，首先，利用样本期内所有县域海岛协调度、综合发展度和耦合度均值分析其总体发展趋势，结果发现，县域海岛各年协调度平均值均达到 0.9 以上；但综合发展度从初期轻度衰退水平逐年上升到末期勉强发展水平，尽管呈上升态势，但总体水平不高。高协调度与中等综合发展度共同作用导致县域海岛耦合度总体水平仅达到中级协调发展类型。其次，对四种类型县域海岛协调度、综合发展度和协调发展度进行分析。在不同类型中选取典型县域海岛，利用图线分析各类型县域海岛样本期内协调度、综合发展度和耦合度变动特征，并依据耦合度模型各变量内在作用机制，分析各种类型县域海岛二维坐标下协调度与综合发展度以及耦合度态势。结果表明，四种类型中，45°上升型综合承载力指数与经济发展指数同向上升，互促共进；横向演进型协调度呈上升态势，而综合发展度则先升后降，纵向演进型与横向演进型恰好相反，其协调度先升后降，综合发展度则呈上升态势，在两者作用下导致整体耦合度出现一定程度的波动；而中部演进型协调度和综合发展度均出现不同程度波动，尽管仍保持较高协调度，但很容易出现"伪协调"状态。不同类型耦合度反映出各县域海岛可持续发展程度差别较大。

耦合度分析可对各县域海岛样本期内两指数协调发展程度进行判断，但并不能测评两指数相互作用程度及作用效果，因此，还需进一步分析两指数相互影响程度。

第七章

县域海岛综合承载力与经济发展相互影响分析

县域海岛综合承载力与经济发展是互为影响的两个系统，利用耦合度模型可分析出两者之间协调发展水平，结果表明综合承载力和经济发展密切相关，不同时期内体现出相应的协调和综合发展水平，但耦合度模型并不能测算出两者之间的相互作用关系。本章将利用综合承载力指数与经济发展指数及其系统层指数面板数据，建立计量模型，分别对目标层指数与另一目标层指数所包含系统层指数进行回归分析，以更精确描述两指数之间相互影响关系，并可对两系统相互影响下其耦合关系发展态势进行判断，为两系统协调发展对策建议提供理论支撑。

第一节 面板数据模型构建

鉴于综合承载力指数与经济发展指数均为综合指数，而两个系统的协调发展离不开系统内在的相互作用关系，本章以目标层指数和各目标层所含系统层指数为基础数据，分别测算综合承载力指数受经济发展指数各系统层指数影响程度以及经济发展指数受综合承载力各系统层指数影响程度，即建立（7—1）所示模型。

$$EDDI = f(CCCI_1, CCCI_2, CCCI_3)$$
$$CCCI = f(EDDI_1, EDDI_2, EDDI_3) \quad (7—1)$$

在公式（7—1）中，$CCCI$ 和 $EDDI$ 分别为综合承载力指数和经济发展指数；$CCCI_1$、$CCCI_2$ 和 $CCCI_3$ 分别为自然资源系统承载力指数、生态环境系统承载力指数和基础设施系统承载力指数；$EDDI_1$、$EDDI_2$ 和 $EDDI_3$ 分别为整体经济状态指数、主导产业发展程度指数和经济发展扩散效果指数。构造模型时，考虑到所选取变量多为宏观经济变量，模型将取用各变量数据对数值进行分析，一方面可克服潜在的异方差问题，另一方面对数值模型的参数可代表弹性系数，即自变量每变动1%，因变量变动相应系数值，便于分析。

因基础数据均为时间序列数据，为避免出现"伪回归"，在进行回归计算前，需要对数据进行单位根检验，如果不存在单位根，则表示数据平稳，不会出现"伪回归"。如果数据存在单位根，即数据不平稳，还需进行协整检验，只有通过协整检验才能进行回归计算。但协整检验前提是数据符合同阶单整，即如果两组数据均不平稳，在对其协整检验前，应对这两组数据进行一阶差分，检验这两组数据一阶差分是否平稳，如果平稳，则属于一阶单整数据，也就是符合同阶单整条件，可以进行协整检验。在通过了协整检验以后，才能进行面板模型检验，并根据所选择模型进行回归计算。

因此，本章实证分析步骤包括单位根检验、协整检验、面板模型检验、面板模型回归。

一　数据单位根检验和协整检验

面板数据模型在回归前需检验数据的平稳性。李子奈（2010）指出，一些非平稳的经济时间序列数据，表现出共同的变化趋势，但其本身不一定有直接的关联，对这些数据进行回归计算，尽管有较高的拟合优度 R^2，但其结果是没有任何实际意义的，这种情况称为虚假回归或伪回归（spurious regression）。为避免伪回归，确保估计结果有效性，必须对面板序列平稳性进行检验。检验数据平稳性最常用的办法就是单位根检验。

（一）单位根检验

单位根检验通常采用 ADF 检验，但 ADF 检验只针对时间序列数据。面板数据单位根检验方法主要有：LLC 检验（Levin, Lin & Chut, 2002），IPS 检验（Im, Pesaran and Shin, 2003），ADF-Fisher（Maddala, 1999），PP-Fisher（Choi, 2001）。LLC 统计量原假设为存在普通的单位根过程，IPS 统计量、ADF-Fisher 统计量、PP-Fisher 统计量原假设为存在有效的单位根过程。

为保证数据平稳性，在对各变量数据对数化处理后，运用 Eviews 7.0，分别采用 LLC、IPS、ADF-Fisher 和 PP-Fisher 对数据进行检验。考虑到所选变量多为宏观经济变量，对每个变量都进行对数值的单位根检验和对数值一阶差分的单位根检验，检验结果见表 7—1。

表 7—1　　对数值单位根和对数值一阶差分单位根检验结果

	LLC	IPS	ADF-Fisher	PP-Fisher	检验结果
$\log CCCI$	-5.1345***	-0.1576	3.9383	54.690***	不平稳
$\log CCCI_1$	-1.91571**	1.40778	11.1752	10.568	不平稳
$\log CCCI_2$	-5.80701***	-1.52706	39.9522*	58.4299***	不平稳
$\log CCCI_3$	-2.60487***	1.16432	18.7089	35.3620*	不平稳
$D\log CCCI$	-7.59304***	-2.37561***	51.4306***	77.0091***	平稳
$D\log CCCI_1$	-12.6690***	-3.85999***	64.0098***	92.4974***	平稳
$D\log CCCI_2$	-9.73393***	-2.04266**	42.5427**	63.2485	平稳
$D\log CCCI_3$	-6.16851***	-1.21871*	36.6774**	47.5541**	平稳
$\log EDDI$	-2.84313***	0.41435	19.6511	29.2835	不平稳
$\log EDDI_1$	-2.41812***	1.27877	17.0731	25.6435	不平稳
$\log EDDI_2$	-4.79645***	-0.71707	31.3505	43.1212***	不平稳
$\log EDDI_3$	3.26372	3.75219	4.85948	5.42219	不平稳
$D\log EDDI$	-7.11439***	-1.74941**	40.2594**	53.0376***	平稳
$D\log EDDI_1$	-7.15755***	-1.09275*	35.9442*	46.8864***	平稳
$D\log EDDI_2$	-10.6011***	-3.18762***	56.5100***	81.3339***	平稳
$D\log EDDI_3$	-8.11307***	-1.70360**	40.5295**	55.7875***	平稳

注：***、**、* 分别表示在 1%、5%、10% 的显著性水平下拒绝原假设。

由表 7—1 检验结果可知，各变量对数值通过 LLC 和 PP-Fisher 检验较多，但几乎都没有通过 IPS 和 ADF-Fisher 检验，因此，面板数据对数值并不平稳；但对数值一阶差分后大多数在 1% 显著性水平下拒绝原假设，其他也在 5% 或 10% 显著性水平下拒绝原假设，因此，各变量对数值一阶差分通过平稳性检验，即虽然变量对数值不平稳，但是属于一阶单整数据，可对其进行协整检验。

（二）协整检验

由于是测算县域海岛综合承载力与经济发展相互影响程度，将所有变量数据分为两组，即 $\log EDDI$、$\log CCCI_1$、$\log CCCI_2$ 和 $\log CCCI_3$ 一组（series 1），$\log CCCI$、$\log EDDI_1$、$\log EDDI_2$ 和 $\log EDDI_3$ 为另一组（series 2）。对两组一阶差分分别进行 Pedroni 协整检验（Pedroni，1999）和 Kao 协整检验（Kao，1999）。Pedroni 协整检验零假设是动态多元面板回归中不存在协整关系，其模型基本形式为：

$$y_{it} = \alpha_i + \beta_i X_i + \delta_i t + e_{it} \qquad (7—2)$$

该检验共包括 7 种基于残差的面板协整检验方法，在 7 个统计量中，其中 4 个用组内尺度描述，即 "Panel" 统计量，分别指 Panel v-statistic、Panel rho-statistic、Panel PP-statistic 和 Panel ADF-statistic；另外 3 个用组间尺度描述，即 "Group" 统计量，分别指 Group rho-statistic、Group PP statistic 和 Group ADF-statistic。

Kao 协整检验利用推广的 DF 和 ADF 检验，在不存在协整关系零假设基础上，利用静态面板回归的残差来构建统计量，其基本回归模型为：

$$y_{it} = x_{it}\beta + z_{it}\gamma + e_{it}$$

$$\hat{e}_{it} = \rho \hat{e}_{i,t-1} + \sum_j^p \theta_j \Delta \hat{e}_{i,t-j} + v_{itp} \qquad (7—3)$$

检验结果如表 7—2 所示。

表 7—2　　　　　Pedroni 协整检验和 Kao 协整检验结果

检验方法	统计量名	Series 1		Series 2	
		统计量值	P 值	统计量值	P 值
Pedroni 协整检验	Panel v-Statistic	-0.661865	0.7460	-0.495901	0.6900
	Panel rho-Statistic	3.727849**	0.0180	2.433041**	0.0230
	Panel PP-Statistic	-5.101214***	0.0000	-7.685808***	0.0000
	Panel ADF-Statistic	-3.841792***	0.0000	-4.816360***	0.0000
	Group rho-Statistic	3.601353	0.0998	3.402112	0.0627
	Group PP-Statistic	-4.484305***	0.0000	-22.75332***	0.0000
	Group ADF-Statistic	-2.659147***	0.0012	-8.437384***	0.0000
Kao 协整检验	ADF	-2.922496***	0.0017	-3.145307***	0.0000

注：***、** 分别表示在 1%、5% 的显著性水平下拒绝原假设。

从表 7—2 协整检验结果可以看出，两组数据在 Pedroni 协整检验 Panel v-Statistic 和 Group rho-Statistic 统计量中 P 值大于 0.05，即未通过 5% 显著性检验，Pedroni 协整检验中其余统计量和 Kao 协整检验 ADF 统计量都通过了检验。应当指出的是，面板数据样本期只有 7 年，即 $T<20$，在样本期相对较短时，Pedroni 协整检验中只有统计量 Panel ADF-Statistic 和 Group ADF-Statistic 有最好的效能（Jing Sun，2016）。因此，Panel v-Statistic 和 Group rho-Statistic 统计量未通过检验并不影响两个组中变量之间协整检验结果。因此，两个组变量之间存在长期的均衡关系，可进一步进行回归计算。

二　模型选择和模型构建

（一）模型选择

在构建面板模型之前，应对面板模型类型进行检验。面板模型分类有多种，根据张晓峒（2014）分类标准，面板模型有三种类型，包括变系数模型、变参数模型（也称变截距模型）和不变参数模型。这三种类型的区别是，变系数模型中所有系数值会随截面改变而改变，变截距模型中截距项会随截面改变，但自变量系数值不会随截面改变而改变，不变参数模型则自变量系数值和截距项均不会改变，即所有截面共用相同系数值和截距项。利用公式（7—4），对三种形式模型进行区分。

$$y_{it} = c_i + x_{it}\alpha_i + u_{it}$$
$$i = 1, 2, \cdots, n; \ t = 1, 2, \cdots, T \tag{7—4}$$

公式（7—4）中，x_{it}代表面板数据；c_i代表截距变化；α_i代表自变量系数变化。当$c_i = c_j$，$\alpha_i = \alpha_j$时，该模型为不变参数模型，相当于多个时期的截面数据共同作为样本数据；当$c_i \neq c_j$，$\alpha_i = \alpha_j$时，该模型为变参数模型（即变截距模型）；当$c_i \neq c_j$，$\alpha_i \neq \alpha_j$时，该模型为变系数模型。变参数模型和变系数模型又分别包括固定效应和随机效应两种类型。

1. F检验。

为确定面板模型类型，首先通过F检验进行判断。在采用F检验时，要分别构建三种类型模型，根据每种模型估计结果，记录各类型模型的残差平方和，即S_1、S_2和S_3，F检验统计量如公式（7—5）所示：

$$F_2 = \frac{(S_3 - S_1) / [(N-1)(K+1)]}{S_1 / [NT - N(K+1)]} \sim F\left[\begin{array}{c}(N-1)(K+1), \\ NT - N(K+1)\end{array}\right]$$

$$F_1 = \frac{(S_2 - S_1) / [(N-1)K]}{S_1 / [NT - N(K+1)]} \sim F[(N-1)K, NT - N(K+1)]$$

$$\tag{7—5}$$

在公式（7—5）中，S_1、S_2和S_3分别代表变系数模型、变参数模型、不变参数模型的残差平方和；N代表所有截面数；T代表样本期个数；K代表所解释变量的个数。将S_1、S_2、S_3和N、T、K代入公式（7—5），即可计算出F_2和F_1统计量值。F检验包含两个原假设，H_1：假设回归斜率系数相同但截距不同；H_2：假设回归斜率系数和截距都相同。将统计量值与其各自的临界值进行对比：若接受假设H_2，即F_2小于其临界值，则应构建不变参数面板模型；若拒绝假设H_2，即F_2大于其临界值，则应继续检验假设H_1。如果接受假设H_1，则构建变截距面板模型，如果拒绝假设 H_1，则构建变系数面板模型。

首先对第一组变量，即 $\log EDDI$、$\log CCCI_1$、$\log CCCI_2$ 和 $\log CCCI_3$ 进行 F 检验。分别构建公式（7—6）、（7—7）和（7—8）代表变系数模型、变参数模型和不变参数模型。

$$\log EDDI_{it} = c_i + \log CCCI_{1it}\alpha_i + \log CCCI_{2it}\beta_i + \log CCCI_{3it}\gamma_i + u_{it} \tag{7—6}$$

$$\log EDDI_{it} = c_i + \log CCCI_{1it}\alpha + \log CCCI_{2it}\beta + \log CCCI_{3it}\gamma + u_{it} \tag{7—7}$$

$$\log EDDI_{it} = c + \log CCCI_{1it}\alpha + \log CCCI_{2it}\beta + \log CCCI_{3it}\gamma + u_{it}$$
$$i = 1, 2, \cdots, n; \ t = 1, 2, \cdots, T \tag{7—8}$$

利用公式（7—5），得到 F 检验结果，如表 7—3 所示。

表 7—3　　　　　　　　模型类型 F 检验结果

统计量	自由度	统计量值	临界值
F_2	(44, 36)	12.56	1.685
F_1	(33, 36)	2.27	1.734
	$N = 12$	$T = 7$	$K = 3$
	$S_1 = 0.905$	$S_2 = 11.634$	$S_3 = 58.336$

从表 7—3 检验结果来看，统计量值 F_2 和 F_1 均大于各自的临界值，即检验结果拒绝原假设 H_2 和 H_1，应构建变系数面板模型。

2. Hausman 检验

由于变系数模型又包括随机效应和固定效应两种类型，在确定构建变系数面板模型之后，借鉴 A. 科林·卡梅伦（2010）研究中所采用 Hausman 检验以确定该模型是包含随机效应还是固定效应。在进行 Hausman 检验时，其原假设 H_0 表示个体影响与解释变量不相关，即包含随机效应，如果拒绝原假设，则为固定效应。假设条件如公式（7—9）所示：

$$H_0: plim\ (\dot{\theta} - \tilde{\theta}) = 0$$
$$H_\alpha: plim\ (\dot{\theta} - \tilde{\theta}) \neq 0 \qquad (7—9)$$

Hausman 检验统计量 Chi-square 为：

$$H = (\dot{\theta} - \tilde{\theta})'(N^{-1}\hat{V}_H)^{-1}(\dot{\theta} - \tilde{\theta}) \sim \chi^2(q) \qquad (7—10)$$

在水平 α 上，当 $H > \chi_\alpha^2(q)$ 时，就拒绝原假设 H_0。

对第一组变量进行 Hausman 检验，检验结果如表 7—4 所示。

表 7—4　　　　　　　　　　Hausman 检验结果

统计量	自由度	统计量值	P 值
Chi-square	1	6.569**	0.0124

注：** 表示在 5% 的显著性水平下拒绝原假设。

表 7—4 中检验结果表明，在 5% 显著性水平下拒绝原假设，即应建立固定效应模型。因此，综合对面板模型类型 F 检验和 Hausman 检验，对第一组变量进行面板回归计算时，应构建变系数固定效应模型。

按照同样过程，第二组变量检验结果与第一组结果一致，即也构建变系数固定效应模型。

（二）模型构建

F 检验和 Hausman 检验结果显示，应构建变系数固定效应模型。但为便于对照和分析，首先构建不变参数模型，以对各县域海岛各指数之间影响进行总体判断，之后根据其检验结果再构建变系数固定效应模型。

对第一组变量，即经济发展指数 $\log EDDI$ 与综合承载力系统层各指标指数 $\log CCCI_1$、$\log CCCI_2$ 和 $\log CCCI_3$，构建不变参数模型，如公式（7—11）所示。

$$\log EDDI_{it} = c + \alpha \log CCCI_{1it} + \beta \log CCCI_{2it} + \gamma \log CCCI_{3it} + u$$
$$(i = 1, 2, \cdots, 12;\ t = 1, 2, \cdots, 7) \qquad (7—11)$$

在公式（7—11）中，i 代表县域海岛数量；t 代表时间；u 是随机扰动项。不变参数模型可对县域海岛经济发展指数与综合承载力系统层指数进行初步对比和分析,从县域海岛整体角度判断自然资源系统承载力、生态环境承载力和基础设施系统承载力对经济发展的影响。但根据 F 检验和 Hausman 检验结果,不变参数模型拟合效果较差,还应对 $\log EDDI$、$\log CCCI_1$、$\log CCCI_2$ 和 $\log CCCI_3$ 构建变系数固定效应模型,如公式(7—12)所示。

$$\log EDDI_{it} = c_i + \alpha_i \log CCCI_{1\,it} + \beta_i \log CCCI_{2\,it} + \gamma_i \log CCCI_{3\,it} + u_i$$
$$(i = 1, 2, \cdots, 12; t = 1, 2, \cdots, 7) \qquad (7\text{—}12)$$

在公式(7—12)中,i 和 t 仍代表县域海岛数量和样本期时间,因所建模型为变系数固定效应模型,将得到各个县域海岛回归计算结果,每个县域海岛对应于各自的 c_i、α_i、β_i 和 u_i。

依照同样分析过程,对第二组变量即综合承载力指数 $\log CCCI$ 与经济发展系统层各指标指数 $\log EDDI_1$、$\log EDDI_2$ 和 $\log EDDI_3$,首先构建不变参数模型,以初步分析县域海岛综合承载力受经济发展系统层各指标总体影响情况,如(7—13)所示。

$$\log CCCI_{it} = c + \alpha \log EDDI_{1\,it} + \beta \log EDDI_{2\,it} + \gamma \log EDDI_{3\,it} + u$$
$$(i = 1, 2, \cdots, 12; t = 1, 2, \cdots, 7) \qquad (7\text{—}13)$$

对公式(7—13)回归结果初步分析和对比,之后对 $\log CCCI$、$\log EDDI_1$、$\log EDDI_2$ 和 $\log EDDI_3$ 构建变系数固定效应模型,以分析各县域海岛综合承载力与经济发展系统层各指数内在影响关系,其模型如(7—14)所示。

$$\log CCCI_{it} = c_i + \alpha_i \log EDDI_{1\,it} + \beta_i \log EDDI_{2\,it} + \gamma_i \log EDDI_{3\,it} + u_i$$
$$(i = 1, 2, \cdots, 12; j = 1, 2, \cdots, 7) \qquad (7\text{—}14)$$

第二节 面板数据回归结果分析

一 经济发展指数受综合承载力系统层指数影响分析

对第一组变量,即经济发展指数与综合承载力系统层指数首先进行不变参数固定效应模型回归分析,之后再进行变系数固定效应模型回归分析。

(一) 不变参数固定效应模型回归结果分析

根据所构建模型（7—11），将 12 个县域海岛 7 个年度 $logEDDI$、$logCCCI_1$、$logCCCI_2$ 和 $logCCCI_3$ 面板数据进行不变参数固定效应模型回归分析，回归结果如表 7—5 所示。

表 7—5　　　　　第一组变量不变参数模型回归分析结果

变量	估计系数	t 值	P 值	拟合优度 R^2
C	-0.630249	-16.67943	0.0000	0.372400
$logCCCI_1$	-0.042798	0.295091	0.1687	
$logCCCI_2$	-0.006768	-1.081503	0.2827	
$logCCCI_3$	0.144336	6.464247	0.0000	

由表 7—5 可以看出，综合承载力系统层各指数对经济发展影响程度和作用方向均有所差别。总体比较来看，基础设施系统对经济发展影响作用最大，$logCCCI_3$ 对 $logEDDI$ 影响系数达到 0.1443，即基础设施系统承载力指数每增加 1%，经济发展指数可增加 0.14%；同时，其 P 值接近于 0，表明在 1% 的显著性水平下拒绝原假设，表明县域海岛基础设施系统对经济发展具有显著正向促进作用。自然资源系统和生态环境系统则对经济发展影响程度较小，$logCCCI_1$ 和 $logCCCI_2$ 对 $logEDDI$ 影响系数分别为 0.0428 和 0.0068。同时，两系统对经济发展影响系数均为负值，说明县域海岛经济发展建立在自然资源系统承载力和生态环境系统承载力降低的基础上。若保持或提升县域海岛自然资源系统和生态环境系统质量，则需降低一定程度经济发展，即县域海岛自然资源系统和生态环境系统对经济发展具有负向阻碍作用；尽管两变量的 P 值较大，即样本期内自然资源系统和生态环境系统和对经济发展负向影响效果并不显著，但这种负向作用具有一定的警示性，在一定程度上反映出综合承载力与经济发展的不协调性，并可能对两者耦合度发展态势产生一定的影响。

综合第一组变量不变参数模型回归结果，县域海岛综合承载力系统层各指数对经济发展影响有一定差异，基础设施系统对经济发展具有显著正向促进作用，自然资源系统和生态环境系统则对经济发展产生不显著的负向阻碍效果。

（二）变系数固定效应模型回归结果分析

表7—5不变参数模型回归结果在一定程度上反映出县域海岛经济发展受综合承载力系统层指数影响程度和作用效果，但由于不变参数模型拟合优度 R^2 值只有0.372，其拟合程度相对较差，因此，根据所构建变系数固定效应模型（7—12），对各县域海岛第一组变量进一步进行回归分析。回归计算结果如表7—6所示。

表7—6　　　　第一组变量变系数模型回归分析结果

	$logCCCI_1$		$logCCCI_2$		$logCCCI_3$		C_i
	α_i	t-Statistic	β_i	t-Statistic	γ_i	t-Statistic	
长海县	-0.149827**	-2.435598	0.080310*	1.243728	0.250440*	1.243728	0.034376
长岛县	0.035571	-1.657620	0.147586*	-1.763956	0.283478**	-2.263956	-0.170257
崇明县	0.173967	1.213361	0.047242	-0.389138	0.367137**	-2.389138	-0.274560
定海区	-0.111698**	2.989646	-0.160897	-1.281653	0.339943***	-4.281653	0.060189
普陀区	-0.193079*	-1.663915	-0.134077*	1.676805	0.242443**	2.676805	0.398551
嵊泗县	0.423251*	1.309941	0.069523	0.084825	0.297234***	5.084825	0.583650
岱山县	0.146275	0.725964	0.004576	-0.040969	0.176992***	-3.040969	0.111123
玉环县	-0.151916	-0.885373	-0.134077*	-1.399769	0.251201**	-2.099769	-0.292911
洞头区	-0.115034*	-1.316923	-0.072552*	1.526620	0.286215***	4.526620	-0.254615
平潭区	-0.051559**	-2.507825	-0.017138*	-1.262910	0.082213**	-2.262910	-0.008826
东山县	-0.094423**	2.214138	-0.096673*	-1.695496	0.138328**	-2.695496	-0.129899
南澳县	-0.157268**	-2.415026	0.072749	-0.371623	0.161025	-0.371623	-0.056821

注：***，**，*分别表示在1%、5%、10%的显著性水平下拒绝原假设。

表7—6中，α_i、β_i 和 γ_i 分别为各县域海岛自然资源系统承载力指数、生态环境系统承载力指数和基础设施系统承载力指数的影响系数。与不变参数模型相比，各县域海岛变系数固定效应模型拟合优度 R^2 值和调整后 R^2 值分别为0.8602和0.7576，表明该模型具有较好的拟合

程度。由表7—6可知，各县域海岛经济发展受综合承载力系统层指标影响差别较大，现分别对各指数影响系数进行分析。

首先，分析 β_i，即生态环境系统承载力指数影响系数，可以看出，各县域海岛生态环境系统对经济发展影响既有正向促进，也有负向阻碍，但影响系数均在0.15以下，即影响强度相对较小；同时，县域海岛生态系统承载力指数大多数不显著，只有少数在10%显著性水平下拒绝原假设，生态环境系统对经济发展影响均低于95%的显著水平。这主要是由于样本期时间较短，样本期内生态环境系统变化幅度较小，生态环境系统对经济发展影响作用相对较弱。

其次，对自然资源系统承载力指数影响系数 α_i 分析可以看出，α_i 数值相差较大，最大值为嵊泗县，达到0.4233，即自然资源系统承载力指数每增加1%，经济发展指数增加0.42%。从作用方向来看，8个县域海岛自然资源系统对经济发展具有负向影响效果，其中，长海县、平潭区、东山县和南澳县具有95%以上的显著水平，说明这四个县域海岛自然资源系统对经济发展已具有显著阻碍作用，在一定程度上也会影响到综合承载力和经济发展耦合关系。显然，与生态环境系统相比，自然资源系统对经济发展的影响效果更显著，并主要表现为对经济发展的约束作用。

最后，分析各县域海岛基础设施系统承载力指数影响系数 γ_i，可以看出，该影响系数均为正值，说明基础设施系统对经济发展具有正向促进作用，这与表7—5中不变参数模型回归结果中基础设施系统估计系数是一致的。从影响系数值来看，大多数县域海岛 γ_i 分布在[0.15，0.35]区间，即基础设施系统承载力指数每提升1%，经济发展指数将提升0.2%左右，由此可以看出样本期内县域海岛基础设施建设对经济发展产生较强拉动作用。同时，从显著水平来看，大多数县域海岛达到95%以上的显著水平，定海区、嵊泗县、岱山县和洞头区达到99%以上的显著水平，但值得注意的是，长海县和南澳县影响作用并不显著，说明基础设施系统对经济发展的正向促进作用不明显，这与两县域海岛横向演进型特征是一致的，即基础设施建设提升了综合承载力，但对经济发展拉动作用较小。

结合县域海岛综合承载力指数和经济发展指数二维折线类型，对县域海岛变系数固定效应模型回归结果进一步归纳总结，如表7—7所示。

表7—7　不同类型县域海岛第一组变量变系数模型回归结果汇总

		α_i	特征	β_i	特征	γ_i特征	特征	综合影响
中部集中型	定海区	-0.111698**	显著负向	-0.160897	不显著负向	0.339943***	显著正向	不稳定
	洞头区	-0.115034*		-0.072552*		0.286215**		
	平潭区	-0.051559**		-0.017138*		0.082213**		
	东山县	-0.094423**		-0.096673*		0.138328**		
横向演进型	长海县	-0.149827**	显著负向	0.080310*	不显著正向	0.250440**	不显著正向	负向阻碍
	南澳县	-0.157268**		0.072749		0.161025		
纵向演进型	普陀区	-0.193079*	不显著负向	-0.134077*	不显著负向	0.242443**	显著正向	正向促进
	玉环县	-0.151916		-0.134077*		0.251201**		
45°上升型	长岛县	0.035571	不显著正向	0.147586*	不显著正向	0.283478**	显著正向	正向促进
	崇明县	0.173967		0.047242		0.367137**		
	嵊泗县	0.423251*		0.069523		0.297234***		
	岱山县	0.146275		0.004576		0.176992***		

注：***，**，*分别表示在1%、5%、10%的显著性水平下拒绝原假设。

由表7—7可以看出，同种类型县域海岛影响系数具有类似的特征。中部集中型县域海岛自然资源系统和基础设施系统对经济发展均有显著影响作用，但两者影响效果相反，基础设施建设促进作用与自然资源系统约束作用并存，这使得整体综合承载力对经济发展影响效果不稳定。横向演进型县域海岛尽管生态环境系统和基础设施系统对经济发展均有正向促进作用，但显著性都较低，而自然资源系统对经济发展则具有显著负向阻碍影响，这将导致整体综合承载力系统对经济发展具有一定程度负向阻碍影响。纵向演进型县域海岛自然资源系统和生态环境系统对经济发展具有不显著负向阻碍作用，而其基础设施系统则对经济发展具有显著正向促进作用，整体综合承载力系统对经济发展将产生正向促进影响。45°上升型县域海岛综合承载力系统层指数对经济发展均具有正向促进影响，尽管自然资源系统和生态环境系统影响效果并不显著，整体综合承载力对经济发展仍将产生正向促进作用。

二 综合承载力指数受经济发展系统层指数影响分析

综合承载力系统层指数会影响经济发展，而经济发展系统层指数同样会影响综合承载力。依照同样过程，对第二组变量，即综合承载力指数与整体经济状态指数、主导产业发展程度指数、经济发展扩散效果指数，首先进行不变参数固定效应模型回归分析，之后再进行变系数固定效应模型回归分析。

（一）不变参数固定效应模型回归结果分析

根据所构建模型公式（7—13），将12个县域海岛7个年度$logCCCI$、$logEDDI_1$、$logEDDI_2$和$logEDDI_3$面板数据进行不变参数固定效应模型回归分析，回归结果如表7—8所示。

表7—8　　　　第二组变量不变参数模型回归分析结果

变量	估计系数	t值	P值	拟合优度 R^2
C	-0.592755	-7.077769	0.0000	
$logEDDI_1$	0.049585	0.667157	0.2066	0.370700
$logEDDI_2$	-0.007812	-0.169005	0.3662	
$logEDDI_3$	0.095765	2.732873	0.0077	

由表7—8可知，尽管不变参数模型拟合优度R^2值只有0.3707，拟合程度相对较差，但其回归结果仍具有一定参考价值。经济发展扩散效果指数对综合承载力指数影响作用最大，$logEDDI_3$对$logCCCI$影响系数γ达到0.0958，即经济发展扩散效果指数每提高1%，综合承载力指数可提升0.096%，并且该影响效果可达到99%的显著水平。

县域海岛整体经济状态指数与主导产业发展程度指数对综合承载力指数影响系数 α 和 β 值分别为 0.0496 和 -0.0078，影响程度相对较小，而且两者对经济发展影响效果相反，说明整体经济发展对综合承载力具有一定的促进作用，而主导产业发展对综合承载力则具有一定的阻碍作用。但两变量 P 值都较大，即这两个指数对综合承载力影响效果都不显著，这是因为不同县域海岛整体经济发展与主导产业发展差别较大，对综合承载力影响效果相互抵消，导致回归结果显著水平不高。为进一步分析各县域海岛经济发展系统层指数对综合承载力指数影响关系，采用变系数固定效应模型（7—14）进行回归计算。

（二）变系数固定效应模型回归结果分析

将12个县域海岛7个年度 $logCCI$、$logEDDI_1$、$logEDDI_2$ 和 $logEDDI_3$ 面板数据进行变系数固定效应模型回归分析，回归结果如表7—9所示。

表7—9　　　　第二组变量变系数模型回归分析结果

	$logEDDI_1$		$logEDDI_2$		$logEDDI_3$		C_i
	α_i	t-Statistic	β_i	t-Statistic	γ_i	t-Statistic	
长海县	0.617479***	2.732750	-0.109373*	0.547447	0.679664**	2.390151	1.380040
长岛县	0.229980**	2.350991	-0.243798	-1.103386	0.515913**	2.900068	0.080797
崇明县	0.599275**	2.120770	-0.214350*	-1.152113	0.105313*	-1.264834	-0.569870
定海区	-0.008645	0.027808	-0.121285**	2.123053	0.196170**	-2.036299	-0.164527
普陀区	-0.121913	-0.369413	-0.271129**	2.441144	0.147057	0.473967	-0.397052
嵊泗县	0.139864***	-3.148810	-0.279842	1.184555	0.224072***	4.312668	0.594875
岱山县	0.210078**	2.256747	-0.027373	-0.042875	0.341406***	3.299370	0.178911
玉环县	-0.068614	0.628942	-0.133385**	-2.443789	0.011925*	0.873541	-0.347793
洞头县	-0.096571*	1.421477	-0.120590**	3.055789	0.143878**	-0.312672	-0.205793
平潭区	-0.068838	0.245259	-0.224106**	-2.696591	0.404216***	-2.627099	-0.764058
东山县	-0.061670	-0.509038	-0.084839**	-2.860749	0.089229**	2.332397	-0.448599
南澳县	0.565119***	2.592091	-0.243368	1.366759	0.266727**	2.791875	0.674609

注：***，**，*分别表示在1%、5%、10%的显著性水平下拒绝原假设。

由表 7—9 可以看出，各县域海岛经济发展系统层指数对综合承载力指数影响程度和作用方向也存在较大差别。

首先，对影响系数 α_i 分析可以看出，多数县域海岛整体经济状态指数对综合承载力具有正向促进作用，且影响效果达到 95% 以上显著水平，长海县、崇明县和南澳县影响系数值均在 0.5 以上，而且其显著水平达到 99% 以上。其他县域海岛整体经济状态指数对综合承载力具有一定负向阻碍作用，但影响系数普遍较低，说明负向阻碍程度并不强，同时，其影响效果显著水平不高。因此，总体来看，各县域海岛整体经济发展对综合承载力具有正向促进作用。

其次，对 β_i 分析可以看出，各县域海岛主导产业发展程度指数影响系数均为负值，即主导产业发展普遍对综合承载力具有负向阻碍作用。从县域海岛经济实践来看，这种阻碍主要表现为主导产业发展与其综合承载力不相适应；从主导产业类型来看，第一产业对资源环境系统过于依赖，第二产业对生态环境系统具有负反馈机制，而第三产业则对基础设施系统依赖严重，在各产业发展到一定程度后，对综合承载力负向作用会逐渐显现。从回归结果来看，各县域海岛影响系数值和显著水平相差都比较大，比较而言，定海区、普陀区、玉环县、洞头区、平潭区等负向影响效果比较明显，需对其主导产业发展进行适当调整。

最后，对影响系数 γ_i 分析可知，各县域海岛经济发展扩散效果指数对综合承载力指数均具有正向促进作用，这与表 7—8 中不变参数固定效应模型回归结果是一致的。从 γ_i 值可知，经济发展扩散效应对综合承载力促进程度普遍较高，如长海县，其经济发展扩散效果指数提升 1%，综合承载力指数将提升 0.68%；从变量影响效果显著水平来看，大多数县域海岛达到 95% 以上显著水平，说明经济发展扩散效应对综合承载力正向促进效果显著。但普陀区和玉环县影响效果均不显著，说明两县域海岛经济发展扩散对综合承载力促进作用并不明显，这主要是由于样本期内两县域海岛经济发展扩散效果明显，而综合承载力提升缓慢导致。

结合县域海岛综合承载力指数和经济发展指数二维折线类型，对县域海岛第二组变量变系数固定效应模型回归结果主要特征归纳总结，如

表 7—10 所示。

表 7—10 不同类型县域海岛第二组变量变系数模型回归结果汇总

		α_i	特征	β_i	特征	γ_i	特征	综合影响
中部集中型	定海区	-0.008645	不显著负向	-0.121285**	显著负向	0.196170**	显著正向	不稳定
	洞头区	-0.096571*		-0.120590**		0.143878**		
	平潭区	-0.068838		-0.224106**		0.404216***		
	东山县	-0.061670		-0.084839**		0.089229**		
横向演进型	长海县	0.617479***	显著正向	-0.109373*	不显著负向	0.679664**	显著正向	正向促进
	南澳县	0.565119***		-0.243368		0.266727***		
纵向演进型	普陀区	-0.121913	不显著负向	-0.271129**	显著负向	0.147057	不显著正向	负向阻碍
	玉环县	-0.068614		-0.133385**		0.011925*		
45°上升型	长岛县	0.229980**	显著正向	-0.243798	不显著负向	0.515913***	显著正向	正向促进
	崇明县	0.599275**		-0.214350*		0.105313*		
	嵊泗县	0.139864**		-0.279842		0.224072**		
	岱山县	0.210078**		-0.027373		0.341406***		

注：***，**，*分别表示在1%、5%、10%的显著性水平下拒绝原假设。

由表 7—10 汇总结果可知，同一类型县域海岛经济发展系统层指数对综合承载力具有类似的影响效果。中部集中型县域海岛主导产业发展程度指数与经济发展扩散效果指数对综合承载力均有显著影响作用，但两者影响效果相反，主导产业发展对承载力产生的负向压力与经济发展扩散对承载力产生的促进效果并存，这将导致经济发展对综合承载力所产生的整体影响效果不稳定。横向演进型县域海岛尽管主导产业发展对综合承载力具有负向阻碍作用，但影响效果不显著，同时其整体经济态势指数与经济发展扩散效果指数对综合承载力指数均有显著正向促进作用。因此，整体来看，横向演进型县域海岛经济发展对综合承载力具有正向促进作用。纵向演进型县域海岛整体经济状态指数与主导产业发展程度指数对综合承载力均具有负向阻碍作用，且主导产业发展对综合承载力负向影响效果显著，这将导致经济发展对综合承载力具有负向阻碍作用。45°上升型县域海岛与横向演进型县域海岛类似，其整体经济态势指数与经济发展扩散效果指数对综合承载力指数均有显著正向促进作用，从经济发展综合影响来看，对综合承载力也具有正向促进作用。

综合来看，不同类型县域海岛综合承载力指数与经济发展指数相互影响作用相差较大，在两者相互作用下，不同类型县域海岛耦合度态势预期变化如表7—11所示。

表7—11　　　　　不同类型县域海岛耦合度态势预期变化

	中部集中型	横向演进型	纵向演进型	45°上升型
CCCI 对 EDDI 综合影响	不稳定	负向阻碍	正向促进	正向促进
EDDI 对 CCCI 综合影响	不稳定	正向促进	负向阻碍	正向促进
耦合度态势预期变化	横向波动	波动上升	波动上升	平稳上升

耦合度是对两指数协调发展程度的评估，也是两指数相互影响的结果。当两指数相互促进，其耦合度将呈现良性发展态势，而当两指数相互掣肘，则其耦合度波动较大，难以评估。由表7—11可知，中部集中型县域海岛综合承载力系统层指数对经济发展指数既具有显著正向影响效果，也具有显著负向影响效果，同时经济发展系统层指数对综合承载力指数也具有显著双向影响效果，这导致两指数相互影响正反效果难以评估，并两指数耦合度预期会横向波动。横向演进型和纵向演进型综合承载力指数和经济发展指数相互影响出现正反两种效果，在一定程度上会影响两指数协调性和综合发展程度。但目前来看，县域海岛两指数协调度均达到0.9以上，而协调是发展的约束前提，因此，尽管两种类型县域海岛耦合度会出现较大程度波动，但将保持整体向上的发展态势。而45°上升型县域海岛两指数之间均为正向促进影响，且影响效果大多数达到95%显著水平，可以预见，其耦合度将在一定时期内保持平稳上升态势。

第三节 本章小结

县域海岛综合承载力与经济发展可视为相互作用的两大系统，耦合度模型尽管可评估两系统间协调度、综合发展度和协调发展度状态，但并不能评估两系统之间相互影响程度，也无法对其耦合度发展态势进行预估。利用综合承载力指数与经济发展指数及其系统层各指数面板数据，建立计量模型，分别对目标层指数与另一目标层指数所包含系统层指数进行回归分析，以更精确描述两指数之间相互影响关系，并可对两系统相互影响下其耦合关系发展态势进行判断。

在构建回归分析模型前，首先对相关变量面板数据进行检验。单位根检验发现，原数据对数值并不平稳，但均属于一阶单整数据。之后将变量分为两组进行协整检验，结果发现两组变量均通过检验，可进行回归计算。为确定所构建面板回归模型类型，对两组变量均进行了 F 检验和 Hausman 检验，检验结果发现，两组变量应建立变系数固定效应模型。

为便于分析和比较，在对每组变量构建模型时，首先构造不变参数固定效应模型，以总体判断县域海岛系统层各指数影响系数和显著水平，之后构造变系数固定效应模型对各县域海岛系统层指数影响系数进行分析，并结合各县域海岛所属类型对其影响系数共同特征进行归纳。第一组变量不变参数固定效应模型回归结果发现，综合承载力系统层中，基础设施系统对经济发展具有显著正向促进作用，其余系统具有不显著负向阻碍作用。变系数固定效应模型回归结果发现，不同县域海岛综合承载力系统层各指数对经济发展影响程度和影响效果差别较大，但结合各县域海岛四种类型进行归纳，同类型县域海岛系统层各指数影响系数具有相似的特征。对第二组变量采取同样处理过程，各县域海岛回归结果也差别较大，同类型影响系数也具有相似特征。在此基础上，对不同类型县域海岛两指数相互影响下其耦合度态势预期变化进行了分析。

综合来看，中部集中型县域海岛综合承载力系统与经济发展系统正反影响不稳定，两指数耦合度态势预期会横向波动；横向演进型和纵向演进型县域海岛两指数构成正反影响关系，但鉴于两指数当前协调度均达到 0.9 以上，预期其耦合度态势将波动上升；45°上升型县域海岛因两指数相互正向促进，且两者当前协调度也均在 0.9 以上，预期其耦合度态势将平稳上升。

第八章

研究结论与对策建议

县域海岛可持续发展建立在综合承载力和经济发展协调共进基础上。综合承载力指数和经济发展指数变动类型、耦合度以及相互影响分析结果表明，各县域海岛之间既存在较大的差别，也存在一定的共性，同时，引起同种类型县域海岛协调发展变动的因素也存在一定共性。因此，本章立足于各种类型县域海岛层面，首先对不同类型县域海岛研究结果进行总结，其次结合所构建评价体系，从所有县域海岛和不同类型县域海岛两个层面提出对策建议。

第一节 研究结论

县域海岛类型划分是以综合承载力指数和经济发展指数二维坐标连线形状为标准，共分为四种类型，即中部集中型、横向演进型、纵向演进型和45°上升型。各种类型县域海岛具有各自相似特征，表现在系统层指数变动类型，目标层协调度、综合发展度和耦合度特征，以及目标层指数与另一目标层指数所包含系统层指数之间相互影响等方面，见表8—1。

表8—1是对各种类型县域海岛主要特征进行归纳，个别县域海岛在其所属类型中可能会跟整体特征有差别，但总体来看，这种差别幅度一般较小，跟所属类型总体特征基本一致。因此，不同类型县域海岛综合承载力与经济发展表现出不同的协调发展程度和相互影响关系。

各类型总体特征及相关原因总结如下：

表8—1　　　　　　　　　四种类型县域海岛特征归纳

（$CCCI$，$EDDI$）类型			中部集中型	横向演进型	纵向演进型	45°上升型
县域海岛			定海、洞头、平潭、东山	长海、南澳	普陀、玉环	长岛、崇明、嵊泗、岱山
波动下降系统层指数			$CCCI_1$，$EDDI_2$	$EDDI_2$	$CCCI_1$	基本属上升类型
目标层指数耦合情况	C	变动特征	基本保持横向	样本期内上升	样本期先升后降	样本期逐年上升
		期末所处区间	[0.9, 1]	[0.9, 1]	[0.9, 1]	[0.9, 1]
	T	变动特征	波动横向发展	样本期先升后降	样本期内上升	样本期内上升
		期末所处区间	[0.4, 0.5)	[0.5, 0.6)	[0.5, 0.7)	[0.5, 0.8)
	D	变动特征	波动横向变动	波动较大，但总体向上	波动较大，但总体向上	样本期内上升
		期末所处区间	[0.6, 0.8)	[0.7, 0.8)	[0.7, 0.8)	[0.7, 0.9)
相互影响	$EDDI$	受$CCCI_1$影响	显著负向阻碍	显著负向阻碍	不显著负向阻碍	不显著正向促进
		受$CCCI_2$影响	不显著负向阻碍	不显著正向促进	不显著负向阻碍	不显著正向促进
		受$CCCI_3$影响	显著正向促进	不显著正向促进	显著正向促进	显著正向促进
		综合影响	不稳定	负向阻碍	正向促进	正向促进
	$CCCI$	受$EDDI_1$影响	不显著负向阻碍	显著正向促进	不显著正向促进	显著正向促进
		受$EDDI_2$影响	显著负向阻碍	不显著负向阻碍	显著负向阻碍	不显著负向阻碍
		受$EDDI_3$影响	显著正向促进	显著正向促进	不显著正向促进	显著正向促进
		综合影响	不稳定	正向促进	负向阻碍	正向促进

（一）中部集中型

首先，从中部集中型系统层各指数变动情况来看，四个县域海岛自然资源系统承载力指数 $CCCI_1$ 和主导产业发展程度指数 $EDDI_2$ 在样本期均表现为较大幅度下降，其他指数基本保持平稳上升或波动上升状态，因此，$CCCI_1$ 和 $EDDI_2$ 是阻碍综合承载力和经济发展提升的主要原因。对自然资源系统分析可以看出，人口密度过高、人口数量增速较快以及自然资源保护力度不足是导致自然资源综合承载力下降的主要原因。同时，迅速增加的旅游者数量对自然资源和生态环境也带来巨大压力。对主导产业发展分析可以看出，导致主导产业发展程度指数呈波动下降态势的原因并不相同。各县域海岛主导产业是以其产业区位商值为依据，定海区和洞头区主导产业为第三产业，而平潭区和东山县主导产业则是第一产业。引起定海区和洞头区主导产业发展程度指数下降的原因是第三产业发展受阻，导致其增加值额增速变缓；而平潭区和东山县则主要是因处于产业转型时期，第一产业投入力度有所减少，导致其吸引投资额、就业人数等均出现下降。

其次，从样本期协调度 C、综合发展度 T 以及协调发展度 D 特征来看，中部集中型县域海岛协调度均保持在 0.9 以上，达到优质水平，但综合发展度在整个样本期内在 [0.4，0.5) 区间内波动，末期水平与初期相比几乎没有提升，耦合度在两者作用下停留在 [0.6，07) 区间内，即中级协调发展类型，末期水平与初期相比也几乎没有提升。由此可见，中部集中型县域海岛耦合度总体属于"高协调，低发展"类型，提高综合承载力与经济发展耦合度的关键是提升两者综合发展度 T 水平，同时兼顾协调度水平不能出现大幅下降。根据耦合度模型作用机制，综合发展度若要达到良性发展等级，综合承载力指数和经济发展指数二维坐标应保持在 $T=0.5$ 线右上方，且不能偏离 45°线太远。从综合发展度角度分析，中部集中型生态环境系统承载力指数 $CCCI_2$ 和整体经济状态指数 $EDDI_1$ 中推动力指标对综合发展度影响较大，从具体要素层指标来看，近岸海域水质质量下降，出口额下滑趋势明显，消费增长相对缓慢。

最后，从中部集中型县域海岛综合承载力与经济发展相互影响来看，基础设施建设对经济发展有明显拉升作用，但自然环境系统与生态环境系统对经济发展已构成一定程度负向影响，并且自然资源系统负向阻碍效果显著；综合承载力受到经济发展扩散效果显著正向促进影响，但同时会受其整体经济发展和主导产业发展负向阻碍影响，主导产业发展对综合承载力负向阻碍效果显著。形成负向影响的原因主要是由于经济发展对综合承载力系统的负反馈机制，在自然资源系统短期内提升有限的情况下，应适当控制主导产业发展规模和速度。

(二) 横向演进型

首先,从横向演进型系统层各指数变动情况来看,长海县和南澳县综合承载力系统层指数和经济发展系统层指数多为上升类型,但主导产业发展程度指数 $EDDI_2$ 在样本期内出现较大程度下降,显然,$EDDI_2$ 是阻碍经济发展提升的主要原因。对长海县和南澳县主导产业发展分析可以看出,导致主导产业发展程度指数呈波动下降态势的原因类似于平潭区和东山县。两县域海岛第一产业区位商值最高,近年来两县域海岛积极发展第三产业,谋求产业转型和升级,第一产业区位商、贡献率等指标均有所下降。

其次,从样本期内协调度 C、综合发展度 T 以及协调发展度 D 特征来看,横向演进型县域海岛协调度 C 呈上升态势,但综合发展度 T 先升后降,波动明显,两者作用下导致协调发展度 D 总体呈上升态势,从期初濒临衰退失调类型上升到期末中级协调发展类型,但与期中良好协调发展类型相比,出现一定程度下降。由此可见,综合发展度 T 是影响横向演进型县域海岛耦合度的主要因素。结合其目标层指数和指标层指数变动类型来看,横向演进型县域海岛综合承载力呈良性发展态势,但其经济发展近年来增长缓慢,除了面临主导产业转型升级压力之外,整体经济发展推动力不足,投资和消费增长缓慢,出口甚至出现下降,同时,对外吸引力也增长缓慢,旅游收入占 GDP 比重下降,实际利用外资限于停滞。因此,横向演进型经济发展动力不足弊端逐渐显现。

最后,从横向演进型县域海岛综合承载力与经济发展相互影响来看,综合承载力各系统层对经济发展既有正向促进作用,也有负向阻碍效果,自然资源系统对经济发展的负向阻碍效果显著。同时,生态环境系统和基础设施系统对经济发展并没有产生显著正向促进作用;经济发展各系统层中总体经济发展和经济发展扩散对综合承载力具有正向促进作用,而主导产业发展则对综合承载力具有负向阻碍影响。

(三) 纵向演进型

首先,从纵向演进型系统层各指数变动情况来看,普陀区和玉环县综合承载力系统层指数和经济发展系统层指数也基本属于上升类型，但其自然资源系统承载力指数 $CCCI_1$ 在样本期内下降明显，生态环境系统承载力指数 $CCCI_2$ 波动明显，上升幅度很小。显然，纵向演进型县域海岛自然资源系统和生态环境系统是阻碍其综合承载力提升的原因。而导致自然资源系统承载力和生态环境系统承载力下降的原因类似于定海区，一方面，两县域海岛人口密度都较高，人口增长速度较快，人均自然资源量下降较快；另一方面，两县域海岛主导产业对自然资源系统和生态环境系统造成巨大压力，甚至会造成负面影响。普陀区第三产业中旅游收入占总区 GDP 50% 以上，旅游者数量是所有县域海岛最多的，玉环县则重点发展了通用设备制造业、汽车制造业等产业。

其次，从耦合度模型相关指标分析，纵向演进型县域海岛协调度 C 尽管一直保持在 [0.9, 1] 区间，但在样本期内呈先升后降态势，而综合发展度尽管有一定波动，整体仍呈上升趋势，耦合度在样本期内也有一定波动，但在期末都上升为中级协调发展类型。从协调发展角度分析，协调度是影响纵向演进型县域海岛耦合度的主要因素，两县域海岛经济发展强度超过综合承载力载荷界限，导致两者协调度呈下降态势，同时，综合承载力对经济发展产生一定的负向阻碍，使得其综合发展度也出现一定波动。因此，在综合承载力难以提升情况下，适当降低经济发展强度以适应综合承载力载荷。

最后，从纵向演进型县域海岛综合承载力与经济发展相互影响来看，综合承载力中基础设施系统对经济发展有显著正向促进作用，而自然资源系统和生态环境系统已对经济发展产生负向阻碍效果，经济发展各系统层中，整体经济发展和主导产业发展对综合承载力已产生负向阻碍，并且主导产业发展所产生负面影响效果显著。因此，纵向演进型县域海岛经济发展与综合承载力濒临相互掣肘，应对其整体经济和主导产业发展适当降温，以缓解其对自然资源系统和生态环境系统造成的压力。

(四) 45°上升型

从之前研究结果来看，45°上升型县域海岛当前可持续发展程度处于优质水平。首先，从系统层各指数变动情况来看，在样本期内尽管某些系统层指数波动幅度较大，但总体均呈上升态势。波动幅度较大的主要集中在自然资源系统承载力指数、生态环境承载力指数和主导产业发展程度指数。从造成波动的原因来看，自然资源系统和生态环境系统一方面受大气降水、台风等气候因素影响较大，另一方面由于对自然资源保护力度不够以及对废水等污染物处理不够彻底，而主导产业发展波动则缘于产业升级和转型所引起的投入下降。

其次，从耦合度模型相关指标分析，45°上升型县域海岛协调度、综合发展度在样本期内均呈上升态势，协调度保持在 [0.9, 1] 区间，上升幅度不明显，综合发展度则由初期 0.3 左右上升到末期 0.6 左右，在两者作用下，耦合度也由初期勉强协调发展类型上升到末期中级甚至是良好协调发展类型。但值得注意的是，其整体耦合度水平距优质协调发展尚有较大距离，仍有较大提升空间。因此，该类型应以保持综合承载力和经济发展协调发展为主要任务，发挥两者之间的互促共进效应。

最后，从纵向演进型县域海岛综合承载力与经济发展相互影响来看，综合承载力各系统层指数对经济发展均有正向促进作用，尤其是基础设施系统影响效果最显著。而经济发展系统层指数中，整体经济发展和经济发展扩散效果均正向促进承载力提升，但主导产业发展对综合承载力有负向阻碍效果，这是因为该类型县域海岛主导产业以第一产业和第二产业为主，资源依赖比较严重，污染排放较多，对综合承载力产生更大压力。

综合来看，从可持续发展程度来看，45°上升型县域海岛综合承载力与经济发展呈互促共进态势，其可持续发展达到优质状态；横向演进型和纵向演进型则综合承载力与经济发展两大系统中某一系统慢于另一系统，导致协调度下降或综合发展度下降，并使得两系统相互之间出现一定程度负向影响，这两种类型可持续发展达到次优状态；而中部集中型综合承载力指数与经济发展指数在样本期内波动明显，末期与初期相比几乎没有提升，两者耦合度也几乎没有提升，并且两指数之间正向和负向影响均非常显著，其可持续发展属于不稳定状态。

第二节　对策建议

县域海岛在中国海洋开发中具有重要战略意义，其特殊的地理位置和相对封闭的资源环境系统要求其在开发建设中必须以可持续发展为基本原则，但研究结果表明，各县域海岛综合承载力与经济发展总体协调发展度并不高，大多数属于中级协调发展类型，同时，各县域海岛不同层级指数变动以及指数间相互影响均有较大差异。本节结合县域海岛评价体系层级结构，分别从所有县域海岛层面和不同类型县域海岛层面，对进一步提升县域海岛协调发展提出建议。

（一）基于所有县域海岛层面

县域海岛可持续发展是建立在综合承载力与经济发展协调共进基础之上，对两者进行科学评价，并从整体把握两者关系，是提升两者协调共进程度第一要务。

1. 总体指导思想。

第一，理清综合承载力与经济发展两者关系，科学认识两者优先次序，避免单纯追求某一指数提升的发展模式。从可持续发展角度理解，综合承载力是系统的有益约束条件，经济发展不能超越综合承载力框架，但综合承载力具有弹性，经济发展应根据弹性适当调整；经济发展是系统的前进方向，也是系统螺旋式上升的动力，并可促进综合承载力水平提升。两者在出现冲突时，优先保证综合承载力不受破坏。

第二，科学评价综合承载力指数与经济发展指数，并动态监测各县域海岛两指数耦合关系和相互影响关系，以便随时调整各层级指标发展策略。综合承载力与经济发展均处于动态变化过程，同时，其各层级指标也处于动态变化过程中。因此，对综合承载力指数和经济发展指数评价应注重实效性，对各层级指标权重应广泛搜集专家、当地居民以及外来者建议，并随时根据测评结果调整现行政策。

第三，结合县域海岛竞争性和互补性，从整体上对各县域海岛开发建设进行统筹，避免县域海岛之间简单重复。县域海岛尽管分布范围广泛，但在东海海域相对密集，在开发建设过程中易陷入简单模仿。县域海岛可根据自身综合承载力与经济发展类型，结合当地资源特色、文化背景以及民俗风情等，打造各具特色的海岛风格。同时，海岛之间加强合作，相互借鉴，并可对外统一宣传，形成合力。

2. 综合承载力方面。

综合承载力是经济发展的约束框架，是可持续发展的前提，这对于相对封闭的海岛系统尤其重要，提升县域海岛综合承载力可考虑从以下几方面着手。

第一，加大岛内自然资源保护力度。根据资源类型实施分类管理。县域海岛不可再生资源主要包括土地资源和矿产资源，对于土地资源，尤其是耕地资源，在精确测量登记基础上合理规划，严格控制耕地征用，在不破坏海域生态系统前提下，可通过填海适当增加陆域面积；对于矿产资源，应全面禁止县域海岛矿产类自然资源开采，保持岛内自然资源系统"原生态"。县域海岛可再生资源主要包括各种海洋生物资源、潮汐能、风能、太阳能、水资源和气候资源等，对于海洋生物资源，应根据海域服务功能统筹区划，严格监管海洋生物保护区，合理安排海洋养殖区和捕捞区，结合各海域特点规定渔业作业时间，以保持海域内生物资源平衡性；对于可再生能源，应根据岛内实际情况，合理推进能源项目建设，避免盲目引进和开工建设；对于水资源和气候资源等，应严格控制水资源总量，加强大气降水循环利用，积极推进海水淡化项目。

第二，控制县域海岛当地居民和外来者整体规模，减轻人均资源稀缺所带来的压力。与国内其他地区相比，县域海岛人口密度大，人均自然资源量不仅稀缺，且呈逐年下降趋势，导致其自然资源系统承载力指数逐年下降。适当控制迁移性外来者数量，鼓励当地居民对外增加流动性，降低岛内居民"离岛成本"，以减轻岛内资源压力，例如，可鼓励当地居民通过工作、迁移、旅游等各种方式长期或短期"离岛"。同时，结合县域海岛淡旺季控制外来者规模，可通过监测进岛和离岛运输工具控制在岛总体人数，避免过度拥挤而引致的自然资源破坏。

第三，应继续推进各海岛绿化项目建设，稳步提升各海岛森林覆盖率。各县域海岛生态环境涵盖海、陆、空三大环境系统，但总体相对封闭，其生态环境系统主要由海岛内相关因素决定。森林对海陆空三大领域均起到关键作用，可有效防止生态环境恶性变化。为此，各县域海岛应继续坚持"绿岛工程""森林工程"等绿化项目，严厉打击破坏林地资源行为；可结合自然保护区建设与旅游项目开发，形成林地建设与保护、公益与商业相融合推进模式；并加强恶劣天气和自然灾害预警，防范因气候变化而导致的生态环境破坏。

第四，坚持污染"源头治理"原则，对生产类污染和生活类污染实施分类监督管控。研究结果表明，县域海岛生态环境系统承载力指数变动态势均为波动上升类型，即样本期内指数呈上升趋势，但不同年份波动幅度较大，这与污染因素所造成的空气质量和海域水质下降息息相关。海岛污染治理必须坚持"源头切断"，而不能走先污染后治理道路，应对海岛内污染源进行排查，对海岛内污染源进行排查，结合当前各县域海岛主导产业类型，严格实施分类监督和管控。从当前各县域海岛经济实践来看，生产类污染源主要为加工类企业和临港工业，应以行政管理手段为主，如强制拆除、关停、集中迁移等，生活类污染源则主要为服务类企业，可采取经济管理方法，如收取排污费、规定垃圾排放额度、严惩垃圾违规投放等。

第五，在积极推进基础设施建设进程中，根据基础设施类型进行适当管控。基础设施是各县域海岛开发与建设重点，研究结果表明，基础设施承载力指数上升不仅直接提高综合承载力整体水平，而且也促进经济发展指数提高，因此，基础设施建设仍是各县域海岛开发建设的重点。但基础设施系统承载力有别于传统资源环境承载力,在达到一定规模后将产生负反馈效应,考虑到县域海岛特殊地理位置和相对狭小空间范围,基础设施建设应根据其所属类型进行管控:

(1) 推动和完善水陆交通、水电供应和信息网络等基础设施建设。尽管县域海岛相对封闭和孤立,但其开发与建设离不开海岛外各种要素输入与支持,这三类基础设施可保证海岛内外物流、能源流、信息流畅通,因此,是各县域海岛基础设施建设的重中之重。

(2) 规划和控制商贸、餐饮和旅游类基础设施建设整体规模和发展速度。县域海岛旅游业迅速发展,对相关基础设施需求日益增加,但此类设施服务功能相对单一,重叠性也较高,而且受旅游者波动影响大,淡旺季利用率差别显著,因此,此类基础设施不能仅考虑旅游者最大需求,应综合考虑县域海岛资源环境系统以及旅游者特征进行规划建设。

(3) 完善县域海岛教育和医疗机构建设,结合县域海岛特色打造文化和科研类配套服务设施。教育和医疗基础设施以服务当地居民为主要目标,并以基础教育和卫生健康服务为主要类型;在文化基础设施建设上,应以继承和发扬当地民俗和传统海岛文化为目标,同时,可结合当地海岛或海洋特色,推动专业型科研机构建设。

3. 经济发展方面。

可持续发展不是在已有水平重复或停滞,而是在综合承载力约束条件下,系统整体螺旋式上升,经济发展是县域海岛整体螺旋式上升的动力源泉。根据经济发展各系统层指数变动态势,经济发展指数提升可考虑从以下工作着手。

第一,在保持经济规模适当增加的同时,优化产业结构,提升第三产业占比,在各产业内部提升规模以上企业和高新技术企业占比。合理的经济结构首先表现在三次产业比例构成上,当前各县域海岛产业结构差别较大,包括"一、三、二""二、三、一"和"三、二、一"等结构类型。对于前两种类型,积极实施农业产业化和工业现代化政策,提升第三产业比重,促进产业结构转型和升级是优化产业结构的关键；同时，各次产业内应保持合理的企业比例构成，规模以上企业和高新技术企业在产业发展中具有龙头和引领作用，对这两类型企业可适当给予资金、技术以及用人等方面鼓励和扶持。

第二，在鼓励消费、增加投资和推动出口的过程中，引导"绿色消费""合理投资"以及"品质出口"。消费、投资和出口是经济增长的主要推动力，但县域海岛特殊性使其对消费、投资和出口均具有严格限制，引导本地居民和外来者理性消费，防范恶性消费和盲目消费可能造成的资源浪费和环境污染；以政府投资带动民间投资，并引导投资进入关键产业，如环保产业、高新技术产业等；鼓励企业依托海岛特色和海洋优势，利用其特殊地理位置，积极与港澳台地区或日韩地区接轨，增强自身竞争力，并在对外出口中以"质"取胜。

第三，根据县域海岛自身优势扶持主导产业发展，适当引导当前主导产业升级转型。根据区位商值计算结果，各县域海岛主导产业差别较大。以第一产业和第二产业为主导产业县域海岛，可积极扶持以现代服务业为核心的第三产业发展，利用其特殊地理位置，积极引进港澳台地区和日韩等第三产业及第三产业配套相关投资；同时，应稳定当前主导产业发展态势，积极发展当地特色农林牧渔业，依托海洋优势发展临港工业和海洋工业，推动第一产业、第二产业信息化和产业化，并逐渐形成海岛特色三次产业联动有机发展模式。以第三产业为主导产业县域海岛，应根据第三产业类型适当实施分类管理：对于传统服务业类型，如餐饮业、住宿业、商贸业和旅游业等，应规划和控制其总体发展规模和发展速度，避免盲目大规模开发；对于现代服务业类型，如健康产业、信息服务、文化产业等高技术含量和高附加值产业，可结合岛内独特环境、传统文化与海洋优势，重点扶持特色产业发展。同时，传统服务业与现代服务业应积极融合，相互促进。

第四，利用经济发展所产生扩散效应，均衡城乡家庭收入分配，扩大社会保险覆盖范围，并积极吸引外来投资。各县域海岛经济发展成果通过扩散效应影响当地政府收入、家庭收入、社会保障以及对外吸引力等多个层面。在城乡家庭收入分配方面，应积极引导海岛农村居民创收，通过渔家宴、渔民乐等方式将传统渔农业与旅游业结合，降低农村居民税负，并通过二次分配对农村居民给予适当补助。在基本社会保险方面，应鼓励海岛城镇和农村居民参加各种形式医疗保险、养老保险等社会保险，适当精简参保程序和保险理赔程序，成立互助组对特殊人群逐户排查，严防疏漏。在实际利用外资方面，应规划重点引资方向和引资项目，成立招商引资办公室和工作组，利用海岛特殊地理位置与港澳台等地区建立友好合作关系，定期向重点引资地区发布招商信息，并通过召开展会形式吸引各国投资方；同时，外资引进应符合县域海岛经济发展要求，禁止污染型、资源消耗型以及技术落后型等外资进入。

（二）基于四种类型县域海岛层面

研究结果表明，不同类型县域海岛处于不同程度的可持续发展状态，其综合承载力指数和经济发展指数变动类型、耦合度及其相互影响具有不同特征，并且导致这些特征的原因也差别较大，因此，不同类型县域海岛在促进两指数协调共进对策方面应有所侧重。

1. 中部集中型

中部集中型自然资源系统承载力指数与主导产业发展程度指数属于波动下降类型，并且这两个指数对经济发展指数和综合承载力指数已产生显著负向影响，应重点对两个系统层指数进行改善。

第一，严格控制岛内自然资源使用，适当控制县域海岛当地居民数量，分时控制入岛外来者规模。中部集中型 $CCCI_1$ 逐年下降的原因主要是人口增长较快和自然资源保护力度不足。县域海岛人口密度大，人口增长率高，人均自然资源量逐年下降，尤其是洞头区，人口密度在所有县域海岛中最大，且人口增长较快；同时，耕地、土地等不可再生资源的滥用导致其承载力迅速下降。因此，一方面控制迁移性外来者数量，鼓励当地居民增加对外流动性，并严格控制外来者，尤其是旅游者数量，在旅游业方面，适当采取"反季经营"策略，以减缓旅游者所造成过度拥挤压力；另一方面，严格规划自然资源使用方案，禁止滥用岛内不可再生性资源。

第二，根据导致主导产业波动下降的原因，实施不同扶持策略。中部集中型县域海岛主导产业发展程度指数均呈波动下降态势，但导致不同类型主导产业波动下降的原因并不相同：定海区和洞头区以第三产业为主导产业，其指数波动下降主要受经济环境影响，主导产业发展遇到瓶颈；平潭区和东山县以第一产业为主导产业，其指数波动下降则主要缘于该县域海岛处于产业升级转型期，对原主导产业投入产出均下降。定海区和洞头区应保持第三产业主导地位，根据第三产业类型适当采取分类管理，积极发展现代服务业类型，如健康产业、信息服务、文化产业等高技术含量和高附加值产业。平潭区和东山县应稳定当前主导产业发展态势，积极发展当地特色农林牧渔业，推动第一产业信息化和产业化；同时，积极扶持以现代服务业为核心的第三产业发展，利用其特殊地理位置，积极引进港澳台地区第三产业及第三产业配套相关投资。

2. 横向演进型

横向演进型县域海岛主导产业发展程度指数呈波动下降态势，同时，其基础设施建设对经济发展正向促进作用不显著，而自然资源系统对经济发展已产生显著负向阻碍作用，结合其相关特征，可考虑以下改善对策。

第一，合理规划基础设施建设，使其对经济发展有更强拉动作用。基础设施建设为经济发展提供必要保障，并对经济发展有显著拉升作用。但长海县和南澳县基础设施建设已超过经济发展需求，拉升作用不明显，因此，两县域海岛应对基础设施建设合理规划和分类管控：积极推动水陆交通、水电供应和信息网络等基础设施建设，以确保海岛内外物流、能源流、信息流畅通；控制商贸餐饮类基础设施建设规模和发展速度，避免淡旺季差异造成闲置；完善县域海岛教育和医疗机构建设，结合县域海岛特色打造文化类配套服务设施。

第二，积极推进产业转型升级，适当降低第一产业增加值比重，减轻对自然资源系统依赖程度。长海县和南澳县均以第一产业为主导产业,尤其是长海县,其第一产业增加值占 GDP 比重 50% 以上。由于第一产业对自然资源依赖严重,在达到一定程度后会受到自然资源系统的负向影响。因此,应适当减少捕捞业和养殖业等第一产业比重,积极发展当地特色农林牧渔业,并推动第一产业产业化和信息化,依托当地特色推动第三产业发展。

3. 纵向演进型

普陀区和玉环县属于纵向演进型,其总体经济发展程度较高,但其综合承载力提升缓慢,且自然资源系统承载力指数呈波动下降;同时,经济发展指数,尤其是主导产业发展指数对综合承载力已产生显著负向影响。提升综合承载力是纵向演进型县域海岛开发与建设重点。

第一,严格控制不可再生资源使用,完善可再生资源循环利用,并积极推动关键性基础设施项目建设。提升综合承载力水平,应保证自然资源系统整体水平不下降的前提下,积极提升基础设施服务能力。因此,普陀区和玉环县对自然资源实施分类管控,保护不可再生资源,循环利用可再生资源,同时,积极推进交通、信息、能源供应、医疗卫生、科技文化等基础设施建设。

第二,依据县域海岛综合承载力,适当控制主导产业发展规模和速度。综合承载力是经济发展的约束框架,超越约束框架的发展必将无法持续。普陀区和玉环县整体经济和主导产业发展速度和规模均位于所有县域海岛前列,但已对综合承载力形成负向影响。因此,应适当控制经济发展以及主导产业发展,可通过提高"进岛成本"控制外来者数量。同时,对部分企业征收环境税或资源税。并根据产业淡旺季,调整经营策略,实施"反季营销"策略提高淡季效率,并可有效避免旺季所造成的拥挤问题。

4. 45°上升型

第一,对资源环境保护、基础设施建设以及经济发展方面采取保持策略。45°上升型县域海岛可持续发展水平达到优质状态,其各系统层指数均保持上升态势,并且两指数之间已形成正向促进影响,因此,

45°上升型县域海岛以保持该态势为主要策略，不宜实施过于扩张性的发展策略。

第二，针对各自主导产业采取调整或升级策略。值得注意的是，长岛县和嵊泗县主导产业仍为第一产业，崇明县和岱山县主导产业则为第二产业。从产业发展角度来讲，45°上升型县域海岛产业结构需进行适当调整和完善。长岛县和嵊泗县可根据自身特点，重点扶持现代服务业发展，可依托第一产业打造特色渔家服务业，并积极推进渔业产业化和信息化建设，完成主导产业跳跃式升级，即第一产业为主导直接向第三产业为主导演变。崇明县和岱山县则积极推动第二产业配套服务业建设，禁止污染型第二产业运营，迁移资源依赖型企业，扶持高科技型和临港特色第二产业发展。

总之，不同类型县域海岛具有不同的发展特征，应根据县域海岛自身优劣势，结合县域海岛评价体系各指标，提升综合承载力指数与经济发展指数协调共进程度，从而在一定程度上提升可持续发展水平。

研究展望

县域海岛因其特殊地理位置而被认为是国家实施海洋战略的"桥头堡",是海洋和陆地的"天然桥梁",同时也是发展海洋经济重要的"增长极",实现县域海岛全面可持续发展具有重要意义。本书以可持续发展理论为核心,以综合承载力理论和区域经济发展理论为支撑,对全国12个县域海岛从综合承载力指数和经济发展指数进行评价,并对两指数在样本期内变动特征、耦合关系、相互影响进行分析,在此基础上提出对策建议。研究过程中仍有较多不足之处,在今后的研究中,力图从以下几方面进行改善:

第一,进一步细化综合承载力概念。本书借鉴区域综合承载力理论,将县域海岛综合承载力界定为自然资源、生态环境以及基础设施等系统满足当地居民和外来者各种需求的能力。从区域综合承载力相关研究来看,综合承载力内涵不断扩大,尤其是社会约束力系统承载力,不仅包括基础设施承载力,还包括公共服务、社会安全等承载力,因此,在后续研究中应将公共服务、社会安全等承载力纳入县域海岛综合承载力系统中。

第二,县域海岛经济发展指数系统层中纳入资源与环境效率指标。资源与环境效率包括万元GDP水耗、万元GDP能耗、万元GDP废弃物排放量等,是衡量经济发展质量的重要指标。但限于县域海岛数据可得性,在要素层指标初步筛选过程中并没有将其纳入评价体系中。随着县域海岛相关指标统计不断完善,在今后的研究中,应将此类指标纳入。

　　第三，从更开放视角对县域海岛进行评价及对策分析。本书在构建评价体系、耦合关系和相互影响分析以及对策分析过程中，研究范围集中于国内 12 个县域海岛所形成的样本空间。在后续研究中，应以更开放的视角，将更多国内及国际相关因素纳入研究范围。

　　第四，进一步扩充面板数据。本书面板数据由 12 个县域海岛 7 年相关数据构成，时间跨度相对较短，在一定程度上会影响到计量分析结果。因此，应搜集和挖掘县域海岛更长期的数据，并试图建立县域海岛数据库，以满足当前大数据背景下县域海岛相关研究需求。

参考文献

[1] UNESCO, *Expert consuctations on MAB project* 7: *ecology and rational Use of ecosystems*, Khabarovsk, UNESCO, Paris: MAB Report series No. 47, 1979.

[2] Manning R, Wang B, Valliere W, et al., "Research to estimate and manage carrying capacity of a tourist attraction: a study of Alcatraz Island", *Journal of Sustainable Tourism*, 2002, 10 (5): 388-404.

[3] Santana-Jiménez Y, Hernández J M, "Estimating the effect of overcrowding on tourist attraction: The case of Canary Islands", *Tourism Management*, 2011, 32 (2): 415-425.

[4] Zacarias D A, Williams A T, "Newton A Recreation carrying capacity estimations to support beach management at Praia de Faro, Portugal", *Applied Geography*, 2011, 31 (3): 1075-1081.

[5] Navarro Jurado E, Tejada Tejada M, Almeida García F, et al., "Carrying capacity assessment for tourist destinations: Methodology for the creation of synthetic indicators applied in a coastal area", *Tourism Management*, 2012, 33 (6): 1337-1346.

[6] Navarro Jurado E, Damian I M, Fernández-Morales A, "Carrying capacity model applied in coastal destinations", *Annals of Tourism Research*, 2013, 43: 1-19.

[7] Navarro Jurado E, Damian I M, Fernández-Morales A, "Carrying ca-

pacity model applied in coastal destinations", *Annals of Tourism Research*, 2013, 43: 1-19.

[8] Hamzah A, Hampton M P, "Resilience and non-linear change in island tourism", *Tourism Geographies*, 2013, 15 (1): 43-67.

[9] Lorenz S, Pusch M T, "Estimating the recreational carrying capacity of a lowland river section", *Integrated Water Resources Management in a Changing World: Lessons Learnt and Innovative Perspectives*, 2013: 171.

[10] Peng J, Du Y, Liu Y, et al., "How to assess urban development potential in mountain areas? An approach of ecological carrying capacity in the view of coupled human and natural systems", *Ecological Indicators*, 2016, 60: 1017-1030.

[11] Mashayekhan A, Calichi M M, Rassam G H, et al., "Recreation Carrying Capacity Estimations to Support Forest Park Management (Case Study: Telar Forest Park, Ghaemshahr, Iran)", *World Applied Sciences Journal*, 2014, 29 (3): 421-425.

[12] Dang X and Liu G, "Emergy measures of carrying capacity and sustainability of a target region for an ecological restoration programme: A case study in Loess Hilly Region, China", *Journal of environmental management*, 2012, 102: 55-64.

[13] Getz D, "Capacity to absorb tourism: Concepts and implications for strategic planning", *Annals of Tourism Research*, 1983, 10 (2): 239-263.

[14] O'reilly A M, "Tourism carrying capacity: concept and issues", *Tourism management*, 1986, 7 (4): 254-258.

[15] Saveriades A, "Establishing the social tourism carrying capacity for the tourist resorts of the east coast of the Republic of Cyprus", *Tourism management*, 2000, 21 (2): 147-156.

[16] Coccossis H, "Island tourism development and carrying capacity",

Island Tourism and Sustainable Development, 2002: 131-143.

[17] Jiang C H, Li G Y, Li H Q, et al, "Study about the Evaluation of Ecological Carrying Capacity in Beijing Mountainous Valley Areas-A Case Study of Puwa Valley Region", Advanced Materials Research, 2014, 962: 2061-2066.

[18] Macarthur R H and Wilson E O, "An equilibrium theory of insular zoogeography", Evolution, 1963, (17): 373-387.

[19] Simberloff D S, "Equilibrium theory of island biogeography and ecology", Annual Review of Ecology and Systematics, 1974: 161-182.

[20] Rees W E, "Revisiting carrying capacity: area-based indicators of sustainability", Population and environment, 1996, 17 (3): 195-215.

[21] Seidl I and Tisdell C A, "Carrying capacity reconsidered: from Malthus' population theory to cultural carrying capacity", Ecological Economics, 1999, 31 (3): 395-408.

[22] Cole S and Razak V, "How far, and how fast? Population, culture, and carrying capacity in Aruba", Futures, 2009, 41 (6): 414-425.

[23] Prato T, "Fuzzy adaptive management of social and ecological carrying capacities for protected areas", Journal of environmental management, 2009, 90 (8): 2551-2557.

[24] Byron C, Bengtson D, Costa-Pierce B, et al., "Integrating science into management: ecological carrying capacity of bivalve shellfish aquaculture", Marine Policy, 2011, 35 (3): 363-370.

[25] Huang J and Cai J, "Analysis of environmental carrying capacity of Hainan against the background of island economy", Remote Sensing, Environment and Transportation Engineering (RSETE), 2011 International Conference on. IEEE, 2011: 8054-8057.

[26] Nam J, Chang W, Kang D, "Carrying capacity of an uninhabited

island off the southwestern coast of Korea", *Ecological Modelling*, 2010, 221 (17): 2102 – 2107.

[27] Zhang Z W, Feng A P, Li P Y, "Carrying capacity of uninhabited island based on energy evaluation: A case of Da Island", *Marine Environmental Science*, 2012, 31 (4): 572 – 575.

[28] Zhang Z, Lu W X, Zhao Y, et al., "Development tendency analysis and evaluation of the water ecological carrying capacity in the Siping area of Jilin Province in China based on system dynamics and analytic hierarchy process", *Ecological Modelling*, 2014, 275: 9 – 21.

[29] Cao J, Zhang J, Ma S Q, "The Analysis of Water Resource Ecological Carrying Capacity of Hainan International Island", *Ecosystem Assessment and Fuzzy Systems Management. Springer International Publishing*, 2014: 63 – 71.

[30] Braun G, Schliephake K, Perception, "Evaluation and carrying capacity of infrastructure in tourist areas: a case study from Carinthia", *Geographische Zeitschrift*, 1987, 67 (3): 41 – 57.

[31] Mcgrath J, Boak L, Jackson A, *Infrastructure to Enhance the Natural Capacity of the Environment to Support a Tourist Economy-a Coastal Case Study: The Northern Gold Coast Beach Protection Strategy*, Coasts & Ports 1999: Challenges and Directions for the New Century; Proceedings of the 14th Australasian Coastal and Ocean Engineering Conference and the 7th Australasian Port and Harbour Conference. National Committee on Coastal and Ocean Engineering, Institution of Engineers, Australia, 1999.

[32] Maggi E, Fredella F L, "The carrying capacity of a tourist destination. The case of a coastal Italian city", *ERSA conference papers. European Regional Science Association*, 2010, 21 (4): 131 – 134.

[33] Soller J D, Borghetti C, Catrogiovanni A C, et al., "Tourist carrying capacity: a study in the Caminhos Rurais de Porto Alegre, RS", *Rosa Dos Ventos*, 2013, 80 (09): 109 – 125.

[34] Elek A, Hill H, Tabor S R, "Liberalization and diversification in a small island economy: Fiji since the 1987 coups", *World Development*, 1993, 21 (5): 749 – 769.

[35] Zhao N, Shen J, Jia L, "An Empirical Study on Infrastructure Carrying Capacity and Carrying Condition of Beijing", *Urban Studies*, 2009, 41 (6): 41 – 45.

[36] Peng Z, Shuangjian L, "Trends and Features of Vietnam Island Economy Development", *Around Southeast Asia*, 2012, (2): 013.

[37] Prakash T N, Nair L S, Hameed T S S, *Integrated Coastal Zone Management Plan for Lakshadweep Islands*, Geomorphology and Physical Oceanography of the Lakshadweep Coral Islands in the Indian Ocean. Springer International Publishing, 2015: 99 – 111.

[38] Mclindon M P, "Small Island Economies: Structure and Performance in the English-Speaking Caribbean Since 1970", *Journal of Interamerican Studies & World Affairs*, 1989, 32 (1): 53 – 58.

[39] Mcallister K R, *Operating at sea island station*, US 5189978. 1993.

[40] Paler D A, Shinohara T, Castillo R A D, et al., "Development of industrial tree plantation in the administrative region No. 10, in mindanao island, philippines: With two case studies", *Journal of Forest Research*, 1998, 3 (4): 193 – 197.

[41] Bradley J, "An Island Economy or Island Economies? Ireland after the Belfast Agreement", *Belfast Agreement*, 2006.

[42] Taylor J E, Hardner J and Stewart M, "Ecotourism and economic growth in the Galapagos: an island economy-wide analysis", *Environment and Development Economics*, 2009, 14 (02): 139 – 162.

[43] Ashton W S, *The Structure*, "Function, and Evolution of a Regional

Industrial Ecosystem", *Journal of Industrial Ecology*, 2009, 13 (13): 228-246.

[44] Ellison J C, "Wetlands of the Pacific Island region", *Wetlands Ecology & Management*, 2009, 17 (3): 169-206.

[45] Wolcott E L and Conrad J M, "Agroecology of an Island Economy", *Land Economics*, 2011, 87 (3): 403-411.

[46] Muchdie E, *Spatial Structure of the Island Economy of Indonesia*, LAP LAMBERT Academic Publishing, 2011.

[47] Seetanah B, "Assessing the dynamic economic impact of tourism for island economies", *Annals of Tourism Research*, 2011, 38 (1): 291-308.

[48] Havice E and Reed K, "Fishing for development? Tuna resource access and industrial change in Papua New Guinea", *Journal of Agrarian Change*, 2012, 12 (2-3): 413-435.

[49] Storai C and Cristofari C, "Regional Incentives to Increase the Competitiveness of a Renewable Energy Business Cluster in a Small Island Like Corsica", *Journal of Resources and Ecology*, 2014, 9 (3): 32-81.

[50] Weishan Q and Yifeng Z, "Evolution of Industrial Structure and Evaluation of the Economic Competitiveness of Island Counties in China", *Journal of Resources and Ecology*, 2014, 5 (1): 74-81.

[51] Dornan M and Newton Cain T, "Regional Service Delivery among Pacific Island Countries: An Assessment", *Asia & the Pacific Policy Studies*, 2014, 1 (3): 541-560.

[52] Ghina F, "Sustainable Development in Small Island Developing States", *Environment*, 2003, 5 (1): 139-165.

[53] Kerr S A, "What is small island sustainable development about?" *Ocean & Coastal Management*, 2005, 48 (s7-8): 503-524.

[54] Velde M V D, Green S R, Vanclooster M, et al., "Sustainable

Development in Small Island Developing States: Agricultural Intensification, Economic Development, and Freshwater Resources Management on the Coral Atoll of Tongatapu", *Ecological Economics*, 2007, 61 (2-3): 456-468.

[55] Consultant CLME and Advisor LOHS, "Small island developing states and sustainable development of ocean resources", *Natural Resources Forum*, 2009, 23 (3): 235-244.

[56] Ríos-Jara E, Galván-Villa C M, Rodríguez-Zaragoza F A, et al., "The tourism carrying capacity of underwater trails in Isabel Island National Park, Mexico", *Environmentual management*, 2013, 52 (2): 335-347.

[57] Maul G A, "Sustainable Development and Small Island States of the Caribbean// Small Islands: Marine Science and Sustainable Development", *American Geophysical Union*, 2013: 385-419.

[58] Lina K E, Wang Q, Geng Y, et al., "The Island Sustainable Development Evaluation Model And Its Application in CHANGHAI County Based on the Non-structral Decision Fuzzy Set Theory", *Transactions of Oceanology & Limnology*, 2013.

[59] Erik B, Barbara B, Trevor H, et al., "Sustainable Development and Small Island States of the Caribbean", *Small Islands: Marine Science and Sustainable Development, American Geophysical Union*, 2013: 385-419.

[60] Jucker R, "Education for Sustainable Development in Small Island Developing States", *Journal of Education for Sustainable Development*, 2014, 7 (2): 245-247.

[61] Ambassador H E and Koonjul J, "The special case of Small Island Developing States for sustainable development", *Natural Resources Forum*, 2004, 28 (2): 155-156.

[62] Vallega A, "The role of culture in island sustainable development",

Ocean & Coastal Management, 2007, 50 (5 -6): 279 -300.

[63] Romadhon A, Yulianda F, Bengen D, et al., "Sustainable Tourism Based on Carrying Capacity and Ecological Footprint at Sapeken Archipelago, Indonesia", *International Journal of Ecosystem*, 2014, 4 (4): 190 -196.

[64] Levin A and Lin C F, "Unit root tests in panel data: asymptotic and finite sample properties", *UC San Diego: Working Paper*, 1992: 92 -93.

[65] Im K S, Pesaran N H, Shin Y, "Testing for unit roots in heterogeneous panels", *Journal of Econometrics*, 2003, 115: 53 -74.

[66] Maddala G S and Wu S, "A comparative study of unit root tests with panel data and a new simple test", *Oxford Bulletin of Economics and Statistics*, 1999, 61: 631 -652.

[67] Choi l, "Unit root tests for panel data", *Journal of International Money and Finance*, 2001, 20: 249 -272.

[68] Pedroni P, *Fully modified OLS for heterogeneous cointegrated panels*, Indiana: Workingpaper, Economics department, Indiana University, 1999.

[69] Kao C, "Spurious regression and residual-based tests for cointegration in panel data", *Journal of Econometrics*, 1999, 90 (1): 1 -44.

[70] Jing Sun, Chi-Wei Su, Gui-lan Shao, "Is Carbon Dioxide Emission Convergence in the Ten Largest Economies?", *International Journal of Green Energy*, 2016, 13 (5): 454 -461.

[71] 李植斌：《浙江省海岛区资源特征与开发研究——以舟山群岛为例》，《自然资源学报》1997年第2期。

[72] 李占海、柯贤坤、周旅复、王爱军：《海滩旅游资源质量评比体系》，《自然资源学报》2000年第3期。

[73] 杨晓燕：《长三角区域旅游资源整合研究》，博士学位论文，上海师范大学，2005年。

［74］刘肖梅：《旅游资源可持续利用的经济学分析》，博士学位论文，山东农业大学，2007年。

［75］汪侠、顾朝林、刘晋媛、梅虎：《旅游资源开发潜力评价的多层次灰色方法——以老子山风景区为例》，《地理研究》2007年第3期。

［76］黄震方、袁林旺、黄燕玲、王霄、俞肇元：《生态旅游资源定量评价指标体系与评价方法——以江苏海滨为例》，《生态学报》2008年第4期。

［77］郑绳诗：《浅论海岛水资源的开发与节流——以岱山为例》，《水资源保护》1990年第2期。

［78］程祖德：《浅谈海岛水资源开发利用》，《水资源保护》1990年第1期。

［79］周发毅：《辽宁省海岛水资源现状及开发利用》，《东北水利水电》1993年第3期。

［80］赵奎寰：《中国海岛水资源现状及开发途径》，《海洋与海岸带开发》1993年第2期。

［81］乐志奎：《海岛水环境污染现状及水资源保护对策探讨》，《水资源保护》1996年第2期。

［82］陈成金、程祖德：《论海岛水资源开发配置保护管理》，中国水利学会优秀论文集，北京，1999年，第4页。

［83］李宜革：《旅游海岛水资源承载力模型及应用研究》，博士学位论文，湖南大学，2003年。

［84］范南屏、李军、许建国、励德祥：《海岛非传统水资源的开发利用》，《浙江建筑》2007年第4期。

［85］苏志强、周延年、韦甦、李军：《海岛水资源的污染破坏及对策》，中国环境科学学会论文集，北京，2010年，第4页。

［86］陈松华：《海岛地区提高水资源保障能力对策探析——以舟山市为例》，《浙江水利科技》2010年第1期。

［87］王晨、莫罹、朱玲：《对海岛地区水资源优化配置与供水规划的

思考》,《建设科技》2011年第22期。

[88] 张俊娥、高季章:《国内外海岛水资源的开发利用》,《中国防汛抗旱》2012年第1期。

[89] 王锐浩、单科、黄鹏飞、初喜章、王晓丽、李东洋、陈琛:《边远海岛非常规水资源价值评价研究》,《生态经济》2014年第12期。

[90] 裴古中:《海岛城镇水资源工程问题探讨》,《市政技术》2014年第1期。

[91] 张秀芝、王静、郝建安、成玉、张雨山:《海岛海水资源利用模式》,《水资源保护》2015年第3期。

[92] 聂汉江、陈莹、赵辉、杨健、何珊:《海岛型城市开发利用非常水源存在的问题与对策——以舟山市为例》,《水利经济》2015年第4期。

[93] 戴丽芳、丁丽英:《基于模糊综合评价的海岛旅游环境承载力预警研究》,《聊城大学学报》(自然科学版)2012年第4期。

[94] 郭力泉、叶芳、钟海玥、应晓丽、刘超、俞仙炯:《舟山群岛新区实施创新驱动发展战略研究》,《浙江海洋学院学报》(人文科学版)2015年第4期。

[95] 高吉喜:《可持续发展理论探索:生态承载力理论、方法与应用》,中国环境科学出版社2001年版,第24页。

[96] 张耀光、胡宜鸣、高辛苹:《海岛人口容量与承载力的初步研究——以辽宁长山群岛为例》,《辽宁师范大学学报》(自然科学版)2000年第3期。

[97] 狄乾斌、韩增林、刘锴:《海岛地区人口容量与海洋水产资源承载力初步研究——以大连长海县为例》,《中国渔业经济》2007年第2期。

[98] 程静跃:《舟山群岛发展产业生态系统的生态承载力研究》,博士学位论文,浙江工业大学,2009年,第4页。

[99] 白玉翠:《基于生态足迹的长山群岛土地承载力分析》,《中国科

技信息》2009 年第 14 期。

[100] 田红霞、于长英、郑海霞：《新一轮土地利用规划中海岛土地资源承载力研究——以大连市长海县为例》，《国土资源科技管理》2010 年第 2 期。

[101] 刘述锡、崔金元：《长山群岛海域生物资源承载力评价指标体系研究》，《中国渔业经济》2010 年第 2 期。

[102] 李蕾、李京梅：《基于生态足迹模型的海岛生态资源利用的评价研究——以长岛县为例》，《海洋开发与管理》2011 年第 9 期。

[103] 吴涛：《海岛土地利用变化及其生态承载力评价》，博士学位论文，广州大学，2013 年，第 32 页。

[104] 刘明：《岛群资源、生态环境承载力评估理论和方法基本框架初探》，《发展研究》2013 年第 4 期。

[105] 涂振顺、杨顺良：《无居民海岛生态承载力评价方法构建》，《海洋开发与管理》2014 年第 10 期。

[106] 魏超、叶属峰、过仲阳、刘汉奇、邓邦平、刘星：《海岸带区域综合承载力评估指标体系的构建与应用——以南通市为例》，《生态学报》2013 年第 18 期。

[107] 孙芳芳、叶有华、喻本德、谭清良、吴国昭、张原、林石狮：《广东大鹏半岛资源环境承载力评估研究》，《生态科学》2014 年第 6 期。

[108] 董俊丽、任栋：《基于经济文化强省建设目标的山东经济社会承载力研究》，《东岳论丛》2012 年第 5 期。

[109] 石忆邵、尹昌应、王贺封、谭文垦：《城市综合承载力的研究进展及展望》，《地理研究》2013 年第 1 期。

[110] 朱颐和、姜思明：《武汉市 2016 年城市基础设施承载力分析》，《湖北工业大学学报》2015 年第 6 期。

[111] 王国恩、胡敏：《城市容量研究的趋势与展望》，《城市问题》2016 年第 1 期。

[112] 苏盼盼、叶属峰、郭仲阳、宋韬：《基于 AD-AS 模型的海岸带

生态系统综合承载力评估——以舟山海岸带为例》，《生态学报》2014 年第 3 期。

[113] 朱正涛：《基于云模型的海岛旅游环境承载力多层次模糊综合评价》，博士论文，国家海洋局第一海洋研究所，2015 年，第 18 页。

[114] 于庆东：《中国海岛经济的特点》，《海洋信息》1999 年第 9 期。

[115] 张耀光：《中国海岛县经济类型划分的研究》，《地理科学》1999 年第 1 期。

[116] 张耀光、刘桓、张岩、王圣云：《中国海岛县的经济增长与综合实力研究》，《资源科学》2008 年第 1 期。

[117] 吴强、刘以宏、赵文：《海岛经济发展比较研究》，《山东省农业管理干部学院学报》2008 年第 5 期。

[118] 王明舜：《中国海岛经济发展模式及其实现途径研究》，博士学位论文，中国海洋大学，2009 年，第 15 页。

[119] 王明舜：《中国海岛经济发展的基本模式与选择策略》，《中国海洋大学学报》（社会科学版）2009 年第 4 期。

[120] 陈东景、李培英、郭惠丽：《中国海岛县经济发展水平综合评价》，《海洋开发与管理》2010 年第 11 期。

[121] 韩增林、狄乾斌：《中国海洋与海岛发展研究进展与展望》，《地理科学进展》2011 年第 12 期。

[122] 秦伟山、张义丰：《国内外海岛经济研究进展》，《地理科学进展》2013 年第 9 期。

[123] 马仁锋、梁贤军、李加林、孙艳峰、马波：《演化经济地理学视角海岛县经济发展路径研究——以浙江省为例》，《宁波大学学报》（理工版）2013 年第 3 期。

[124] 刘艳、江海旭、李悦铮、俞金国：《辽宁省长海县经济发展水平及存在的问题——基于主成分分析法》，《河南科学》2014 年第 5 期。

[125] 宣磊：《浅谈中国海岛经济发展模式》，《当代经济》2014 年第

1期。

[126] 陈秋明：《基于生态—经济的无居民海岛开发适宜性研究》，博士学位论文，厦门大学，2009年，第27页。

[127] 何松琴、倪定康、刘志刚：《舟山市无居民海岛保护与利用管理之思考》，《海洋开发与管理》2012年第7期。

[128] 黄琳、黄波：《岱山县无居民海岛开发现状、问题及管理对策》，《中国渔业经济》2012年第5期。

[129] 张杰、杨秀来、叶畅、姜华帅：《舟山无居民海岛开发利用及功能定位研究》，《农村经济与科技》2012年第7期。

[130] 石海莹、黄厚衡、洪海凌：《海南省无居民海岛开发利用现状及管理对策浅析》，《海洋开发与管理》2013年第6期。

[131] 陈予荷、吴棋明、黄凌云、吴泽世、许栋梁：《福建省无人居住海岛的开发与保护》，《科技和产业》2014年第7期。

[132] 张盼盼、张凤成、李博：《无居民海岛开发模式研究》，《海洋开发与管理》2014年第4期。

[133] 罗民刚：《广东省海岛资源开发与相关产业选择》，《热带地理》1996年第3期。

[134] 张耀光、陶文东：《中国海岛县产业结构演进特点研究》，《经济地理》2003年第1期。

[135] 张耀光、王国力、肇博、王圣云、宋欣茹：《中国海岛县际经济差异与今后产业布局分析》，《自然资源学报》2005年第2期。

[136] 楼东、谷树忠、朱兵见、刘盛和：《海岛地区产业演替及资源基础分析——以舟山群岛为例》，《经济地理》2005年第4期。

[137] 王广成：《县域海岛生态经济模型及其发展模式研究》，《生态经济》2007年第11期。

[138] 杨占法、吴强：《中国海岛经济管理体制与经济发展模式的比较——以长岛县和长海县为例》，《福建金融管理干部学院学报》2008年第5期。

［139］罗迎新、陈碧珊：《中国海岛县经济开发模式的探讨——以广东南澳县为例》，《嘉应学院学报》2008年第2期。

［140］关晓吉、王广成：《海岛县产业结构演进模式及优化对策》，《山东工商学院学报》2008年第4期。

［141］杨邦杰、吕彩霞：《中国海岛的保护开发与管理》，《中国发展》2009年第2期。

［142］王明舜：《中国海岛经济发展模式及其实现途径研究》，博士学位论文，中国海洋大学，2009年，第25页。

［143］俞金国、王丽华：《海岛县产业结构及转型对策研究——以长海县为例》，《资源与产业》2010年第3期。

［144］王文静、任伟海：《中国海岛经济价值分析及其开发保护策略——以舟山群岛为例》，《浙江海洋学院学报》（人文科学版）2010年第4期。

［145］李泽、孙才志：《中国海岛县旅游资源开发潜力评价》，《资源科学》2011年第7期。

［146］张耀光：《中国海岛县产业结构新演进与发展模式》，《海洋经济》2011年第5期。

［147］赵锐、杨娜：《中国海岛县域经济发展特征及优势产业分析》，《海洋经济》2011年第5期。

［148］张广海、包乌兰托亚：《中国海岛休闲渔业发展研究》，《中国渔业经济》2012年第6期。

［149］朱坚真、吕金静：《海岛开发模式及其对策研究》，《福建江夏学院学报》2012年第6期。

［150］方春洪、吴姗姗、梁湘波：《中国海岛旅游发展影响因素研究——以12海岛县为例》，《海洋经济》2013年第2期。

［151］张广海、刘真真：《中国海岛县（区）产业结构演变与经济空间格局》，《改革与战略》2013年第1期。

［152］金嘉诚、杨远馨、张丽萍、黄秀丽：《浙江海岛经济的模式选择——基于梅山保税区的调研分析》，《中国市场》2014年第

6 期。

[153] 周红英、李广炎：《保护生物多样性实现海岛可持续发展》，《山东环境》1998 年第 4 期。

[154] 张少萍、陈涛：《大力发展生态渔业促进海岛可持续发展》，《山东环境》1999 年第 4 期。

[155] 宁凌：《海岛开发与可持续发展的对策研究——兼论广东省海岛资源开发》，《海洋开发与管理》2001 年第 5 期。

[156] 黄民生：《福建海岛脆弱环境特征与可持续发展对策》，《海南师范学院学报》（自然科学版）2002 年第 1 期。

[157] 张登义、王曙光、苏纪兰、汪品先、杨朝仕：《海岛可持续发展面临威胁》，《人民政协报》2003 年 4 月 21 日第 1 版。

[158] 彭超、文艳、韩立民：《构筑海岛可持续发展的保障体系》，《中国海洋大学学报》（社会科学版）2005 年第 2 期。

[159] 孙培立、孙才志、王娟娟：《海岛经济与环境系统协调度评价分析》，《海洋开发与管理》2007 年第 1 期。

[160] 吴元欣：《以继续解放思想为动力 破解海岛可持续发展难题》，《汕头日报》2008 年 3 月 17 日第 6 版。

[161] 李丽琼：《全国海岛县经济发展比较分析》，《统计科学与实践》2010 年第 9 期。

[162] 柯丽娜、王权明、宫国伟：《海岛可持续发展理论及其评价研究》，《资源科学》2011 年第 7 期。

[163] 王震、李宜良：《海岛经济可持续发展模式探究——以浙江省六横岛经济建设为例》，《中国渔业经济》2011 年第 4 期。

[164] 张耀光、张岩、刘桓：《海岛（县）主体功能区划分的研究——以浙江省玉环县、洞头县为例》，《地理科学》2011 年第 7 期。

[165] 王奇、夏溶矫：《中国海岛地区可持续发展与产业选择研究》，《中国渔业经济》2012 年第 1 期。

[166] 朱德洲：《中国海岛县生态经济协调开发模式研究》，《海洋开发与管理》2012 年第 1 期。

［167］柯丽娜、王权明、耿亚冬、张蕾：《基于非结构性决策模糊集理论的海岛可持续发展能力评价模型及其在长海县的应用》，《海洋湖沼通报》2013年第1期。

［168］王巍：《长岛县经济与环境协调发展研究》，博士学位论文，中国海洋大学，2013年，第9页，第42页。

［169］柯丽娜、王权明、李永化、曹永强：《基于可变模糊集理论的海岛可持续发展评价模型——以辽宁省长海县为例》，《自然资源学报》2013年第5期。

［170］庄孔造：《海岛城镇经济与环境协调发展评价指标体系构建》，《生态经济》2013年第9期。

［171］张耀光、崔立军：《辽宁区域海洋经济布局机理与可持续发展研究》，《地理研究》2001年第3期。

［172］李金克、王广成：《海岛可持续发展评价指标体系的建立与探讨》，《海洋环境科学》2004年第1期。

［173］张颖辉：《长山群岛生存与环境支撑系统可持续发展能力研究》，博士学位论文，辽宁师范大学，2005年，第32页。

［174］王明舜：《中国海岛经济发展模式及其实现途径研究》，博士学位论文，中国海洋大学，2009年，第45页。

［175］郭惠丽、陈东景、吴桑云：《中国海岛可持续发展评价指标体系的构建》，《全国商情》（理论研究）2009年第24期。

［176］刘伟：《海岛旅游环境承载力研究》，《中国人口、资源与环境》2010年第2期。

［177］王晶、赵锦霞、刘大海、吴桑云：《基于生态足迹的海岛旅游承载力模型及祥云岛实证分析》，浙江省海洋学会、浙江省海洋与渔业局、国家海岛开发与管理研究中心2010年海岛可持续发展论坛论文集，宁波，2010年7月，第8页。

［178］丁丽英：《福建沿海旅游环境承载力预警系统研究——以平潭岛为例》，《佳木斯教育学院学报》2011年第1期。

［179］张耀光、张岩、刘桓：《海岛（县）主体功能区划分的研究——

以浙江省玉环县、洞头县为例》,《地理科学》2011 年第 7 期。

[180] 肖建红、于庆东、刘康、陈东景、陈娟、肖江南:《海岛旅游地生态安全与可持续发展评估——以舟山群岛为例》,《地理学报》2011 年第 6 期。

[181] 林东:《基于生态足迹的海岛旅游生态安全评价模型研究》,《内江师范学院学报》2012 年第 12 期。

[182] 杨松艳:《海岛旅游环境承载力及其预警研究》,博士学位论文,中国海洋大学,2012 年,第 49 页。

[183] 潘慧琴、黄少辉、叶玉瑶:《海岛型旅游地生态安全评价——以海陵岛为例》,《广东农业科学》2013 年第 20 期。

[184] 林晓燕、薛雄:《基于生态足迹的南澳岛生态旅游开发探析》,《海洋开发与管理》2014 年第 8 期。

[185] 周杏雨、许学工:《中国重要海岛县产业结构升级过程比较研究》,《生态经济》2015 年第 3 期。

[186] 蒙吉军编著:《综合自然地理学》,北京大学出版社 2005 年版,第 4 页。

[187] 冯之浚:《循环经济与绿色发展》,浙江教育出版社 2013 年版,第 112 页。

[188] 叶文虎、甘晖:《文明的演化——基于三种生产四种关系框架的迈向生态文明时代的理论案例和预见研究》,科学出版社 2015 年版,第 46 页。

[189] 马乐腾:《人类生态学——可持续发展的基本概念》,商务印书馆 2012 年版,第 102 页。

[190] 王开运等:《生态承载力复合模型系统与应用》,科学出版社 2007 年版,第 68 页。

[191] 韩俊丽、段文阁:《城市水资源承载力基本理论研究》,《中国水利》2004 年第 7 期。

[192] 蓝丁丁、韦素琼、陈志强:《城市土地资源承载力初步研究——以福州市为例》,《沈阳师范大学学报》(自然科学版)2007 年

第 4 期。

[193] 谭文垦：《城市综合承载力理论、评估方法和实证研究》，中国建筑工业出版社 2014 年版，第 121 页。

[194] 史宝娟、郑祖婷、郭东岩：《资源、环境、人口增长与城市综合承载力》，冶金工业出版社 2014 年版，第 232 页。

[195] ［德］杜能：《孤立国同农业和国民经济的关系》，吴衡康译，商务印书馆 1986 年版，第 92 页。

[196] ［美］赫希曼：《经济发展战略》，曹征海等译，经济科学出版社 1991 年版，第 215 页。

[197] 陈国伟：《浙江省海岛地区供水配置探讨》，《水利规划与设计》2006 年第 1 期。

[198] 任国岩、蒋天颖：《长三角知识密集型服务业集聚特征与成因》，《经济地理》2015 年第 5 期。

[199] 林道辉、杨坤、周荣美、朱利中、沈学优：《可持续发展的定量评价与限制因子分析》，《浙江大学学报》（理学版）2001 年第 1 期。

[200] 李美娟、陈国宏、陈衍泰：《综合评价中指标标准化方法研究》，《中国管理科学》2004 年第 10 期。

[201] 陈佳贵：《中国地区工业化进程的综合评价和特征分析》，《经济研究》2006 年第 6 期。

[202] 李健：《海岸带可持续发展理论及其评价研究》，博士学位论文，大连理工大学，2005 年，第 47 页。

[203] 栾维新、申娜：《长山群岛可持续发展的社会经济支撑系统研究》，《太平洋学报》2005 年第 10 期。

[204] 廖重斌：《环境与经济协调发展的定量评判及其分类体系——以珠江三角洲城市群为例》，《热带地理》1999 年第 6 期。

[205] 仇方道：《县域可持续发展综合评价研究》，《经济地理》2003 年第 3 期。

[206] 侯增周：《山东省东营市生态环境与经济发展协调度评估》，《中

国人口、资源与环境》2011 年第 7 期。

[207] 吴文恒、牛叔文：《甘肃省人口与资源环境耦合的演进分析》，《中国人口科学》2006 年第 2 期。

[208] 陈阳：《基于金融发展与经济增长关联性的中国金融稳定综合测评》，博士学位论文，中国海洋大学，2015 年，第 52 页。

[209] 孙婧：《日本再工业化战略对中国船舶制造业贸易竞争力影响研究》，博士学位论文，中国海洋大学，2015 年，第 49 页。

[210] 李子奈：《计量经济学》，高等教育出版社 2010 年版，第 138 页。

[211] 张晓峒：《计量经济学基础》，南开大学出版社 2014 年版，第 119 页。

[212] A. 科林·卡梅伦、普拉温·K. 特里维迪：《微观经济计量学——方法与应用》，上海财经大学出版社第 2010 年版，第 213 页。